미디어 리터러시 교육
어떻게 할 것인가?

미디어 교육을 궁금해하는 사람들을 위한 모든 것

미디어 리터러시 교육 어떻게 할 것인가?

권영부 지음

지식프레임

책을
펴내며

한동안 신문활용교육(NIE)을 중심으로 미디어 교육이 활발하게 이뤄졌다. 그러나 수년 전부터 신문활용교육의 텍스트에 해당하는 종이신문 구독자가 급격하게 줄어들고 있어 종이신문과 함께 인터넷 기반의 뉴스를 활용하자는 뉴스활용교육이 시작되었다. 그런 와중에 가짜뉴스가 사회 문제로 불거지면서 뉴스 이해, 뉴스 생태계와 미디어 이해, 뉴스 활용, 뉴스에 대한 책임과 권리 등을 중심에 둔 뉴스 리터러시 교육이 강조되었다. 그런데 'FANG'이라고 불리는 페이스북(Facebook)과 아마존(Amazon), 넷플릭스(Netflix), 구글(Google) 유튜브 등의 디지털 미디어가 급속하게 팽창하면서 미디어 세계의 지형이 상상을 초월할 정도로 빠르게 변화하고 있다. 이처럼 미디어가 달라지면 메시지도 변화하고 수용자가 세계를 인식하는 방식도 달라지기 마련이다. 따라서 우리는 이 같은 미디어 생태계의 변화를 주목해야 한다.

미디어는 우리 주변을 떠도는 공기와 같다. 하루라도 미디어를 벗어나 살수 없다. 이런 상황에서 우리를 둘러싼 미디어와 미디어 텍스트에 대한 이해를 돕는 미디어 리터러시 교육의 필요성은 두말할 나위가 없다. 미디어 리터러시 교육은 기존의 미디어와 새로운 미디어에 대한 교육을 모두 포괄한다.

이 때문에 바다처럼 아주 너른 품을 가졌다. 미디어 리터러시 교육이 다룰 영역도 높은 산봉우리와 험한 고개처럼 까마득해 보인다. 그렇지만 발돋움을 위한 발판을 마련하여 옹골차게 넘어가야 한다. 미디어 리터러시의 당위성만 주장하지 말고, 미디어 리터러시 교육 활동 사례를 창출하여 서로 나누면서 실행할 동력을 마련해야 한다.

포노 사피엔스(phono sapiens)라고 불리는 요즘 학생들은 스마트폰이 또 다른 신체가 되어버린 새로운 세대이다. 이들은 각종 디지털 미디어, 온라인 게임을 즐기고 있다. 대면 접촉 못지않게 사회관계망서비스(SNS)를 통한 상호작용에 많은 시간을 보낸다. 그런데 주어진 문장에서 사실과 의견을 식별하는 우리 학생들의 능력은 어느 정도일까? 2021년 5월 발표한 경제협력개발기구(OECD)의 〈21세기 독자 : 디지털 세상에서의 문해력 개발(21st-Century Readers : Developing Literacy Skills in a Digital World)〉 보고서에 따르면 회원국들의 평균 식별률이 47%인데 비해 우리나라 학생들은 25.6%에 그쳐 꼴찌였다. '정보가 주관적이거나 편향적인지를 식별하는 방법에 대해 교육을 받았는가?'를 묻는 조사에서도 한국은 폴란드·이탈리아·그리스·브라질 등과 함께 평균 이하 그룹에 속했다.

이런 세대들에게 미디어와 미디어 텍스트를 사회문화적 맥락에서 이해하고 평가할 수 있는 능력을 기르는 교육, 미디어를 창의적으로 활용하여 사회적인 문제 해결에 참여하는 능력과 태도를 기르는 교육에 대해 우리는 진지하게 고민해 봐야 한다. 그러기 위해서는 미디어 리터러시 교육을 국가 교육의 중심에 두고 체계적으로 실천할 수 있는 정규 교육과정을 만들어야 한다.

한국에서 대중들이 미디어 리터러시 교육에 관심을 두게 된 결정적인 계기는 정치 과정의 선거 때문일 것이다. 선거철이 되면 가짜뉴스와 허위조작정보가 기승을 부린다. 대통령, 국회의원 등의 선거 과정에서 상대방을 비방하기 위해 가짜뉴스와 허위조작정보를 만들어 미디어를 통해 무차별적으로 살포하면서 투표하는 사람들을 혼란에 빠뜨린다. 나아가 가짜뉴스와 허위조작정보의 문제는 비단 선거철만의 문제가 아니라 일상의 문제로 고착되고 있다. 이 때문에 비판적 미디어 읽기에 바탕을 둔 팩트 체크(fact check)를 통해 진위를 가리는 미디어 리터러시 교육의 중요성을 대다수가 인식하게 되었다. 더불어 잘못된 미디어 콘텐츠를 무비판적으로 수용하는 문제를 개선하기 위한 비판적 사고력을 키우는 교육의 중요성도 강조하게 되었다.

미디어 리터러시 교육을 알차게 하려면 읽기 쓰기에 기초한 리터러시 역량을 다지는 활동이 무엇보다 앞서야 한다. 학생들의 실질 문맹 문제가 심각한 상황이다. 읽고 쓸 수는 있지만, 복잡한 내용의 정보는 이해하지 못하는 실질 문맹자가 갈수록 증가하고 있다. 미디어와 미디어 텍스트에 담긴 정치, 경제, 사회, 문화적 메시지를 비판적으로 읽고 이해하고 분석하는 역량을 키우지 않은 상태에서 팩트 체크 형식의 비판적 미디어 수용 교육이나 창의적 미디어 활용과 생산 교육이 제대로 이뤄질 수 없다. 이런 차원에서 미디어 리터러시 교육의 불균형 상태를 눈여겨봐야 한다. 미디어 리터러시 분야의 이론적인 연구 자료와 개론 성격의 책들은 있지만, 미디어 리터러시 교육을 실천한 현장 사례를 담은 책은 태부족 상태이다. 이론만 있고 실천이 없는 교육은 허상에 불과하다. 이론에 대한 천착과 함께 교육 현장에서 실천 사례가 다양하게 창출되어야 균형 잡힌 미디어 리터러시 교육이 안정적으로 자리 잡을 수 있을 것이다.

이 책의 집필은 미디어 리터러시 교육 실천가로서 고민거리였던 다음과 같은 질문에서 비롯된 것이다.

- 세계 최고의 디지털 환경에서 자란 디지털 네이티브에게 인쇄 미디어를 어떻게 가르칠까?
- 읽기 쓰기 역량이 갈수록 쇠퇴하는데, 미디어 리터러시 교육이 제대로 될까?
- 별도 과목이 없는데 미디어 리터러시 교육을 누가 어떻게 할 것인가?
- 왜 미디어 리터러시만 무성하고 미디어 리터러시 교육은 지지부진할까?
- 가짜뉴스를 가려내고 허위조작정보를 판별하는 비판적 미디어 수용 교육만이 미디어 리터러시 교육일까?
- 팩트 체크가 무성한 만큼 오피니언 체크도 왕성해야 하지 않을까?
- 창의적 미디어 활용과 생산 교육을 할 때는 비판적 미디어 읽기가 필요 없을까?
- 미디어 리터러시 교육으로 어떻게 민주시민 역량을 키울 수 있을까?

이런 질문에 대한 대답을 일정 정도 담았지만, 책이라는 한정된 공간에 모두를 담기는 어려운 상황이다. 필자가 그동안 개발·실천한 꽤 많은 프로그램 중에서 우선 리터러시 역량 강화, 비판적 미디어 수용, 창의적 미디어 활용과 생산, 민주시민교육 등에 관한 질문과 성찰을 사례 중심으로 소개하고, 또 다른 사례와 프로그램은 이후에 차근차근 풀어낼 예정이다.

이 책은 모두 5부로 구성되어 있다.

1부는 미디어 리터러시 교육의 이해를 다룬다. 미디어 교육 변화, 미디어 리터러시와 미디어 리터러시 교육에 대한 이해, 미디어 리터러시 교육의 배경, 미디어 리터러시 교육을 위해 필요한 텍스트와 콘텍스트의 의미 등을 정리했다.

2부는 리터러시 역량 강화 교육을 위해 미디어 텍스트에 기반한 읽기 쓰기를 바탕으로 이해·분석·해석·창작·소통·종합하는 역량과 문제 상황에 해결책을 제시하는 역량을 키우는 활동을 여러 가지 사례를 중심으로 세세하게 펼쳐냈다.

3부는 비판적 미디어 수용 교육을 위한 상황적, 개념적 이해와 사실과 의견 구별 활동, 취재보도준칙을 이용한 활동, 수행평가 활동, 미디어 역학자 되기 프로젝트 등을 통해 비판적 미디어 읽기에 기초한 비판적 미디어 수용 교육 사례를 정리했다.

4부는 창의적 미디어 활용과 생산 교육을 위한 성취기준 재구조화 방안을 비롯하여 게이미피케이션, 노노그램, 어반 폴리, 만다라트, 소셜 네트워크 게임 등을 통한 교육 사례와 창의·융합력을 키우기 위한 마을 만들기 프로젝트 수업의 실천 사례를 구체적으로 정리했다.

마지막 5부는 민주시민 역량을 키우는 미디어 리터러시 교육 사례를 정리했다. 이를 위해 디지털 시민성이 강조되는 시대의 민주시민교육과 미디어 리터러시 교육의 관계, 민주시민 미디어 일기 쓰기, 현상기반학습에 기초한 주제 중심 통합형 민주시민교육, 섬네일 디자인, 다크 투어리즘, 커뮤니티 매핑, 웹 접근성 강화, 인터랙티브 스토리 만들기 등을 통한 민주시민교육 방안을 구체적으로 갈무리했다.

이 책에는 인쇄 미디어인 신문 기사와 소셜미디어인 유튜브를 활용한 실천 사례와 프로그램을 중점적으로 담았다. 미디어 리터러시 교육의 스펙트럼은 너무도 넓어 이 책에 담은 내용은 그야말로 한 점에 불과하다. 또한 에세이적 표현에서 출발하여 다양한 표현 방식의 활동 사례를 정리했지만, 이 역시 이 책에 모두 담아내는 데 한계가 있었다. 그렇지만 아날로그 자원과 디지털 자원에 기초한 교육 사례들이 디딤돌이 되어 이후 미디어 리터러시 교육에 관한 이론적 담론과 실천적 사례들이 폭포수처럼 쏟아지기를 기대한다.

마지막으로 출판을 위해 애써 주신 도서출판 지식프레임과 교과와 비교과 활동 시간에 미디어 리터러시 교육에 성실하게 참여해 준 학생들에게 뜨거운 마음을 담아 감사함을 전한다. 그리고 학교 안팎에서 척박한 미디어 리터러시 교육을 개척하고 있는 교육 동지들께도 감사한 마음을 가득 담아 드린다. 더불어 삶의 든든한 배경인 가족들에게도 고마움을 전한다.

2021년 11월
잠실벌 둔촌 언덕에서

권영부

목차
Contents

Part 3 비판적 미디어 수용 교육

Part 4 창의적 미디어 활용과 생산 교육

Part 5 민주시민 역량을 키우는 미디어 리터러시 교육

Media Literacy Education

'미디어 리터러시 교육'은 '모든 종류의 의사소통 수단을 기반으로 접근, 분석, 평가, 창조, 행동할 수 있는 역량을 신장시키는 교육'이고, 리터러시 역량 강화 교육, 비판적 미디어 수용 교육, 창의적 미디어 활용과 생산 교육이 조화와 균형을 이루며 운영되어야 한다. 나아가 디지털 시민성 함양을 위한 민주시민교육, 디지털 윤리교육 등으로 확장하여 외연을 단단하게 다져야 한다.

Part 1
미디어 리터러시
교육의 이해

01
미디어 교육의 변화

우리의 일상을 살펴보면 신문, TV, 광고, 인터넷, SNS 등과 같은 미디어를 사용하지 않고 살아가기 힘든 환경이다. 하루 내내 미디어가 던져놓은 촘촘한 연결망 속에서 살아간다고 해도 지나친 말이 아니다. 이처럼 우리의 일상을 지배하는 미디어는 잰걸음으로 진화하고 있지만, 정작 미디어 교육은 아주 더딘 걸음으로 나가고 있다.

미디어가 일상화된 시대를 살아가려면 미디어 교육의 대중화가 필요하다. 하지만 교육 현장에는 미디어 교육을 전담할 정규 교과도 없고, 지도할 교사도 드물다. 일선 학교에서 이뤄지는 일회성 미디어 교육으로는 교육 효과를 기대하기 어려운 현실이다. 이런 문제를 타결하려면 체계화된 커리큘럼을 만들고, 학교 안팎에서 미디어 교육을 적극적으로 실시하여 다양한 사례를 만들고 전파하는 활동을 능동적으로 해야 할 것이다.*

　과거에는 언론기관이 생산했던 뉴스, 정보를 대중이 소비했지만, 이제는 미디어의 발달로 인하여 누구나 뉴스, 정보를 생산하고 공유할 수 있는 프로슈머(prosumer)** 시대가 되었다. 이런 상황에서 미디어를 통해 보고 듣는 메시지를 읽고 선별하거나 비판적으로 이해하고 분별 있게 소비하는 교육, 사회적인 쟁점에 대한 자기 의견을 미디어를 사용하여 생산하는 교육이 어느 때보다 절실하다. 더군다나 미디어의 종류가 계속 증가하는 현실에 발맞춰 그에 맞는 교육 방법도 창출되어야 한다.

　미디어 교육은 다양한 미디어를 통해 접하는 메시지를 선별·비판적으로 이해하고 분별 있게 이용하며, 자기 의견이나 생각을 미디어를 통해 표현하고 소통할 수 있는 '미디어 리터러시' 능력을 갖춘 수용자를 양성하는 교육이다. 미디어 교육의 범위는 신문, 방송 등 전통적인 미디어에서 넓게는 영화, 광고 등 모든 종류의 미디어와 그 미디어가 제공하는 콘텐츠를 포함한다. 최근에는 미디어 환경의 급격한 변화에 따라 인터넷, SNS 등 온라인 미디어와 서비스도 그 대상이 되고 있다.***

　한국의 미디어 교육은 1995년에 시작된 신문활용교육(Newspaper In Education)이 출발점이다. 한동안 신문사가 주축이 되어 교과와 비교과 수업

---

* 프랑스 국립미디어정보교육센터 클레미(CLEMI)는 1983년 교육부 산하 기관으로 설립되어 미디어 교육의 이해 관계자가 모여 매년 2회 전체 회의를 열어 교육 내용과 방향을 결정하고, 국가적 차원에서 법적 제도적 장치를 만들어 미디어 교육을 실시하고 있다. 특히 미디어 교육을 연구하고 다른 교과 교사와 협업할 수 있는 도큐몽(document, 사서 겸 미디어 교육 전문 교사)이 있어 클레미에서 만든 프로그램을 학교 현장에서 체계적으로 교육할 수 있다.

** 생산자(producer)와 소비자(consumer)의 합성어로 미디어 수용자이자 동시에 생산자 역할을 하는 사람을 뜻한다.

*** 한국언론진흥재단 미디어교육포털(ForMe). https://www.forme.or.kr/sub.cs?m=15(검색일 : 2021.6.4)

때 신문활용교육이 활발하게 이뤄졌다. 한국신문협회는 신문활용교육의 목적을 '스스로를 책임질 수 있는 교양 있는 민주시민을 양성하고, 비판적인 읽기 능력을 키우는 데 있다'고 규정하고 있다.[*] 더불어 신문활용교육의 목표로 '수 년마다 개정되는 교과서와 달리 신문에는 날마다 새롭고 교육적 가치가 있는 정보들이 풍부하기 때문에 신문과 교과서를 서로 보완해 가르치고, 신문 제작 과정을 공부함으로써 정보가 전달 과정에서 어떻게 왜곡될 수 있고, 정보들을 어떻게 취사 선택해야 하는지 익히는 것'이라고 정의하고 있다. 이미 검증된 신문활용교육의 효과는 종합적인 사고 및 학습 능력 향상, 독해 및 쓰기 능력 향상, 논리성과 비판력 증진, 창의력 증진, 문제해결 및 의사결정 능력 배양, 올바른 인성 함양, 민주시민의식 고취, 공동체에 대한 관심 및 적응 능력 제고, 정보 및 자료의 검색·분석·종합·활용 능력 제고, 언론 출판의 자유에 대한 인식 제고 등이 있다.[**]

이런 효과에도 불구하고 신문 구독률과 열독률이 해를 거듭할수록 줄어들고 있어 신문활용교육은 난관에 부닥쳤다. 대신 인터넷을 통해 접할 수 있는 뉴스를 활용하는 이른바 뉴스활용교육(News In Education)이 2015년 무렵부터 거론되었다. 뉴스활용교육은 기존의 종이신문 중심의 미디어 교육을 인터넷신문의 영역까지 확장했다는 점에서 의의가 있지만, 신문활용교육과 차별화된 뉴스활용교육 프로그램이 드물다. 미디어 텍스트만 종이신문에서 인터

---

[*] 한국신문협회. http://www.presskorea.or.kr/education/nieint.php?m=5&sm=36&tm=42 (검색일 : 2021.6.4)

[**] 두산백과. https://terms.naver.com/entry.nhn?docId=1227439&cid=40942&categoryId=31755 (검색일 : 2021.6.9)

넷신문으로 바뀐 모양새라 아쉬운 점이 있다.

뉴스활용교육이 이뤄지는 과정에서 가짜뉴스[*]가 사회적 쟁점으로 부상했다. 가짜뉴스에 대한 경각심을 키워야 한다는 교육의 필요성에 따라 2016년부터 뉴스 리터러시 교육(News Literacy Education)을 실천해야 한다는 목소리가 등장했다. 뉴스 리터러시 교육은 뉴스활용교육에 덧붙여 뉴스를 활용하는 과정에서 비판적 뉴스 읽기의 필요성을 강조하는 교육이라고 할 수 있다. 그런데 다양한 미디어가 대중화되고, 디지털 기반의 소셜미디어가 우리의 일상을 지배하는 상황에서 가짜뉴스와 허위조작정보^{**}를 비롯한 여러 문제들이 급부상하면서, 2019년부터는 미디어 교육의 중심에 미디어 리터러시 교육(Media Literacy Education)이 자리를 잡게 되었다. 이런 환경에서 기존의 신문·뉴스활용교육, 뉴스 리터러시 교육을 미디어 리터러시 교육이 끌어안는 형국으로 미디어 교육 생태계가 구축되고 있다.^{***} 이런 일련의 흐름 속에서 미디어

---

[*] 가짜뉴스는 정보의 폭포 현상, 그리고 동조화 폭포 현상과 관련 있다. 전자는 앞선 사람이 하는 말이나 행동을 보고 다른 사람들이 따라서 하는 것이고, 후자는 자기가 아는 대부분의 사람이 어떤 가짜뉴스를 믿으면 자기도 그 가짜뉴스를 믿는 경향을 말한다. 즉 우리가 판단을 내릴 때 타인의 생각과 행동에 의존하려는 경향을 보인다는 것이다 (Cass R. Sunstein, 2009. 내용 재구성).

[**] 가짜뉴스는 허위조작정보가 발생시키는 복잡한 문제들을 모두 아울러 지칭하기에 부적합하다는 비판도 있다. 허위조작정보로 불릴 만한 정보들의 사례를 살펴보면 실질적으로 완전히 가짜라기보다는 사실과 가짜를 섞은 것이 포함되는 경우가 많으며, '뉴스'의 형식뿐만 아니라 조작된 영상, 메시지, 광고, 시각적 밈(Meme) 등 다양한 매체와 행위들로 구성된 경우가 다수이기 때문이다. 또한 허위조작정보에 있어 주목해야 할 점은 어떤 매체인가가 아니라 정보의 유통 과정에서 일어나는 행동인 게시, 댓글달기, 공유하기, 트윗 또는 리트윗 같은 행위들인데, 가짜뉴스라는 용어가 이를 포함하기 어렵기 때문이다(가짜뉴스(fake news)에서 허위조작정보(disinformation)로, 김민정, 미디어와 인격권, 2019 vol. 5, 통권 8호). 하지만 현실적으로 가짜뉴스라는 말이 광범위하게 사용되고 있어 여기서는 가짜뉴스와 허위조작정보를 동시에 언급한다.

[***] 한국의 미디어 교육이 신문활용교육, 뉴스활용교육, 뉴스 리터러시 교육, 미디어 리터러시 교육으로 변화한 과정은 필자의 경험과 꾸준히 미디어 교육을 실행하고 있는 한국언론진흥재단의 미디어 교육 사업 방향 변화에 기초하여 정리한 것이다. 이런 흐름은 한국적 상황에서 이뤄진 것이다. 미국의 경우에는 신문 리터러시, 비주얼 리터러시, 인포메이션 리터러시, 미디어 리터러시, 비평 리터러시, 뉴스 리터러시, 알고리즘 리터러시, 디지털 리터러시로의 변화 과정을 겪고 있다.

교육이 다루는 내용 요소도 [표1-1]처럼 변화하고 있다.

[표1-1] 미디어 교육의 내용 요소 변화

구분	내용 요소
신문활용교육, 뉴스활용교육, 뉴스 리터러시 교육	뉴스 중심의 교육
미디어 리터러시 교육	뉴스, 지식, 정보 등을 포괄하는 교육

신문·뉴스활용교육, 뉴스 리터러시 교육이 뉴스에 기초한 교육이라면, 미디어 리터러시 교육은 뉴스, 지식, 정보 등을 포괄하는 교육으로 영역이 확장되었다. 이런 변화는 인터넷, 컴퓨터, 스마트폰 등과 같은 디지털 미디어가 우리의 일상 속에 깊숙이 뿌리를 내리고 있는 환경이라 당연한 변화로 볼 수 있다. 그렇다고 해서 문자 텍스트에 기초한 신문·뉴스활용교육, 뉴스 리터러시 교육을 구시대의 낡은 유물로 여겨서는 안 된다. 학교에서 이뤄지는 수업·평가가 여전히 인쇄 미디어에 기반을 둔 문자 텍스트를 중심으로 이뤄지고 있기 때문이다.

신문·뉴스활용교육, 뉴스 리터러시 교육은 여전히 현장성이 있고, 유의미한 미디어 교육의 영역이다. 물론 기존의 방법론에 매몰되지 않고, 변화한 미디어 환경과 교육 환경을 고려하여 교육 대상의 수준이나 목적에 맞는 창의적인 교육 방법을 창출하여 활용성을 높여야 한다. 더불어 새로운 형식의 미디어 리터러시 교육 방법을 창출하는 것도 중요하지만, 자신이 계속해 오고 있

는 영역을 심화시키는 것도 미디어 리터러시 교육의 발전을 위해 소중한 일
이다.

Media Literacy

02
미디어 리터러시란 무엇인가?

미디어 리터러시는 '미디어(Media)'와 '리터러시(Literacy)'[*]라는 두 개의 핵심어로 구성된 합성어이다.

'미디어'는 뉴스, 지식, 정보, 사상과 정서 등을 전달하고 공유하는 수단으로 책, 신문, 전화, 라디오, 사진, 광고, 영화, 텔레비전, 컴퓨터, 인터넷, 이동통신 기기 등과 그에 관련된 콘텐츠, 소셜미디어 등을 포괄한다. 미디어는 인간 사회에서 자신의 의사나 감정 또는 객관적 정보를 서로 주고받을 수 있도록 마련된 수단을 가리키는 말로 정의될 수 있다. 새로운 미디어의 등장과 미디어 관련 기술의 발전으로 인해 현대 사회의 미디어는 단순한 수단이 아니라 인간이 사는 사회 전체를 통제하는 기능까지도 떠맡고 있다.

'리터러시'는 '글을 읽고 쓸 줄 아는 능력'을 말한다. 문자화된 기록물을 통

---

[*] 문해력, 문식성 등으로 번역되지만, 리터러시가 지닌 포괄성을 살리기 위해 여기서는 원어를 그대로 사용한다.

해 지식과 정보를 획득하고 이해할 수 있는 능력이다. 하지만 새로운 미디어 텍스트의 등장과 미디어 관련 기술의 발달로 인해 리터러시의 개념이 '미디어의 의도를 파악하고 비판적으로 수용한 뒤에 의미를 전달하는 능력'까지 포함하는 것으로 확장되었다(홍유진·김양은, 2013).

이런 흐름을 반영하여 '리터러시'는 단순히 글을 읽고 쓸 줄 아는 능력을 뛰어넘어 '읽기 쓰기를 기반으로 다양한 텍스트를 이해·분석·해석·창작·소통·종합하여 문제 상황을 해결하는 개별 역량'으로 폭넓게 규정될 수 있다. 이렇게 리터러시 개념이 폭넓게 정의되어야 전통적인 인쇄 미디어는 물론 새로운 형태의 영상 미디어, 디지털 미디어 및 관련 콘텐츠에 대한 이해와 교육을 할 수 있다.

교육 현장에서 보면 미디어를 비롯한 다양한 텍스트를 읽고 이를 바탕으로 자기 생각을 논리적인 글쓰기로 마무리할 수 있는 학생들이 갈수록 줄어들고 있다. 서너 문단만 넘어가도 읽기를 싫어하고, 자기 생각을 200자 내외로 정리하는 것조차 힘겨워한다. 문자화된 기록물을 통해 지식과 정보를 획득하고 이해하는 리터러시의 역량은 갈수록 떨어지고 있다. 신문을 꾸준히 보면서 필요한 기사를 찾아 읽고 정리하는 학생은 보기 어렵다. 우스갯소리로 신문을 보는 학생이 있으면 천연기념물로 보호해야 한다는 말이 있을 정도다.

요즘 학생들은 신문을 미디어의 범주에서 제외하는 형국이다. 소셜미디어의 발달로 인해 이런 현상은 점점 깊어지고 있다. 디지털 미디어 중심의 사회로 전환되는 과정에서 일어날 수 있는 자연스러운 현상이지만, 그냥 내버려둘 문제는 아닌 만큼 이를 해소할 방안을 찾아야 한다.

미디어 리터러시는 미디어 텍스트의 종류에 따라 다양한 이름으로 분화될 수 있다. 뉴스를 텍스트로 삼으면 뉴스 리터러시, 유튜브를 텍스트로 삼으면 유튜브 리터러시, 게임을 텍스트로 삼으면 게임 리터러시가 가능한 것이다. 나아가 특정 주제에 따라 노인 문제를 중심에 두면 노인 리터러시, 청소년 문제를 다루면 청소년 리터러시, 학교의 교육과정을 중심에 두면 교육과정 리터러시가 가능하다.

리터러시 역량을 키우면 텍스트의 종류나 주제에 상관없이 핵심 내용을 파악하고 문제 상황을 제대로 짚어낸 뒤 합리적인 해결책을 제시할 힘이 생긴다. 이것이 리터러시 역량을 키워야 할 가장 큰 이유이다. 미디어 리터러시는 그 시대에 통용되는 지배적인 커뮤니케이션 양식을 해독하고 부호화할 수 있는 능력을 포함하기 때문에 그 개념은 고정적이 아니라 기술의 발달과 시대적 상황에 따라 다양하게 변화한다(전경란, 2015).

미국의 미디어 리터러시 전국 콘퍼런스에서는 미디어 리터러시를 '시민이 정보에 접근하고, 정보를 분석하며, 특정한 결과를 얻기 위해 정보를 생산하는 능력을 의미한다'라고 규정했다. 영국의 방송통신 규제기관인 오프콤 (Ofcom, Office of communication)에 의하면, 미디어 리터러시는 '다양한 매체적인 맥락 안에서 미디어에 접근(access)하고, 미디어를 이해(understand)하며, 창의적인 제작(create)을 할 수 있는 능력'으로 정의한다.

한국은 미디어 교육을 '미디어로 필요한 정보를 찾고 제공되는 정보를 비판적으로 이해하는 데서 나아가, 미디어를 활용하여 정보와 문화를 생산하고 사회에 참여하는 역량을 기르는 교육'으로 규정하고 있다(교육부, 2019).

한편 미국에서는 교사, 미디어 산업체 관계자, 미디어 교육 연구자 등이 모여서 만든 미디어교육전국연합회(NAMLE, National Association for Media Literacy Education)에서 2018년에 미디어 리터러시를 설명하는 한 장짜리 자료를 만들어 배포했다. 여기서는 미디어 리터러시를 '모든 종류의 의사소통 수단을 기반으로 접근, 분석, 평가, 창조, 그리고 행동하는 능력'*이라고 규정한다. NAMLE의 한 장짜리 자료 [그림1-1]을 통해 미디어 리터러시의 의미를 구체적으로 알아보자.

[그림1-1] NAMLE의 미디어 리터러시 규정

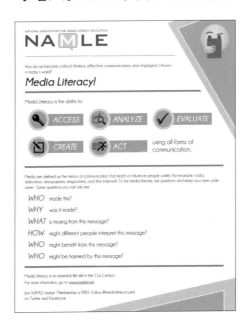

---

* 미디어교육전국연합회. https://namle.net/wp-content/uploads/2020/09/media_literacy_onesheet. pdf(검색일 : 2021.5.18)

NAMLE은 '오늘날 어떻게 하면 비판적 사고를 하는 사람, 효과적으로 의사소통하는 사람, 참여하는 시민이 될 수 있을까?'라는 핵심 질문을 통해 미디어 리터러시에 대한 교육적 방향성을 표출하고 있다. 이러한 핵심 질문에 대한 구체적 실천 방향 차원에서 미디어 리터러시는 '모든 종류의 의사소통 수단을 기반으로 접근, 분석, 평가, 창조, 그리고 행동하는 능력'이라 규정한다. 또한 미디어를 사람들에게 널리 영향을 미치는 의사소통 수단으로 정의하고, 미디어 리터러시 역량을 갖추기 위한 질문을 [표1-2]처럼 제시한다.

[표1-2] 미디어 리터러시 역량을 갖추기 위한 질문

- 누가 만들었나?
- 왜 만들었나?
- 무엇이 이 메시지에서 누락되었나?
- 다른 사람이 어떻게 이 메시지를 해석할 수 있나?
- 누가 이 메시지를 통해 이득을 볼 수 있나?
- 누가 이 메시지를 통해 피해를 볼 수 있나?

미디어 리터러시 역량을 갖추려면 특정한 미디어 텍스트를 무조건 믿고 수용하기보다 어떤 사람이 어떤 의도를 가지고 생산했는지, 자신의 신념에 따라 의도적으로 누락시킨 메시지는 없는지를 따져보는 질문을 해야 한다. 나아가 다른 해석의 가능성은 없는지, 특정 개인이나 집단에게 이득이나 피해를 줄 수 있는지도 질문해 보고, 문제 상황을 발견했다면 해결책을 모색해 봐야 한다.

미디어 텍스트에 대해 의문을 가지고 질문해야 본질을 파악할 수 있다. 그 래야 가짜뉴스나 허위조작정보가 발붙일 자리를 잃게 될 것이고, 그만큼 미디 어에 대한 신뢰성도 커질 것이다. 미디어 텍스트 공급자가 제공한 뉴스, 지식, 정보 등을 무조건 소비하는 것은 필요하지도 않은 상품을 무턱대고 구매하는 꼴이다. 시장에서 물건을 구매할 때 물건 상태를 꼼꼼하게 살피는 것처럼 질 문을 바탕으로 질 좋은 미디어 텍스트를 가려서 소비해야 한다.

학생들을 미디어를 잘 읽고 쓸 줄 아는 사람으로 기르기 원한다면 미디어 교육이 꼭 필요하다. 즉 체계적이고 지속적인 지원을 받는 교수학습 프로그 램이 필요한데, 이것은 학생을 포함한 모두를 위한 프로그램이 되어야 한다 (David Bukingham, 2019). 따라서 미디어 리터러시 교육은 학교에서만 이뤄질 것이 아니라 미디어에 노출된 세상의 모든 사람을 위한 교육이 되어야 한다. 미디어 리터러시는 단순히 미디어를 이용한다고 해서 저절로 생기는 것이 아 니다. 미디어 기업이나 정부에게 무작정 맡겨둘 일도 아니다. 미디어 리터러 시 교육은 우리 모두에게 주어진 막중한 책무라는 사회적인 인식이 필요하다.

03
미디어 리터러시 교육과 교육과정

NAMLE이 규정한 '미디어 리터러시'는 이미 교육 활동을 담보한 개념이다. '모든 종류의 의사소통 수단을 기반으로 접근, 분석, 평가, 창조, 행동할 수 있는 역량'은 교육을 통해 키울 수 있기 때문이다. 따라서 접근, 분석, 평가, 창조, 행동할 수 있는 역량을 교과는 물론 비교과 활동을 통해서도 교육할 방안을 찾아 실행해야 한다.

미디어 리터러시의 하위 역량을 교육 차원에서 보면, '접근'은 읽기와 쓰기에 기초한 '리터러시 역량 강화 교육'을 통해 신장시킬 수 있다. 이를 위해 전략적인 검색, 탐구, 발견을 통해 관련 자료를 수집하고 이해하는 역량을 키우는 교육을 해야 한다. 주의 깊게 듣고, 자세히 읽고, 정보를 분류하고, 메모를 정리하는 등 공식적이거나 비공식적인 정보 수집 방법도 교육해야 한다 (Renee Hobbs, 2017).

'분석'은 미디어의 메시지가 지닌 목적, 미디어 수용자의 특성, 메시지의 질, 특정한 관점, 잠재적 효과나 결과를 파악하기 위한 비판적 사고 역량과 밀접한 관련성이 있다. '평가'는 정보의 신뢰성, 타당도, 적절성, 이념성 등을 따질 수 있는 역량이다. 분석과 평가는 미디어 텍스트의 비판적 미디어 읽기에 기초한 '비판적 미디어 수용 교육'을 통해 함양할 수 있다. 비판적 미디어 수용 교육은 '주어진 미디어 텍스트를 기반으로 옳고 그름을 판단한 뒤에 문제 상황을 설정하여 이에 대한 해결책을 제시하는 힘'에서 비롯된다. 이러한 역량이 부족하면 가짜뉴스나 허위조작정보를 그대로 수용하여 잘못된 판단이나 왜곡된 신념을 가질 수 있다.

'창조'는 자기 표현에 대한 자신감을 가지고 창조적으로 미디어나 미디어 콘텐츠를 구성하거나 생성할 수 있는 능력을 말한다. '행동'은 사회적 쟁점이나 현안 해결을 위해 의제 설정에 기초하여 주체적으로 사회 문제 해결에 참여하는 사회 참여 역량을 말한다. 창조와 행동은 창의적 미디어 활용과 생산 교육을 통해 강화할 수 있다. 참여 문화를 지원하는 디지털 기기와 소셜미디어의 발달로 인해 사회 문제에 대처하고 행동하는 역량을 갖추는 일은 예전보다 많이 수월해졌다. 창의적 미디어 활용과 생산 교육은 미디어 텍스트를 활용하는 활동이나 인포그래픽스, 카드뉴스, 브이로그, 영상, 애니메이션, 리믹스, 소셜미디어 같은 미디어나 미디어 콘텐츠를 제작하는 활동, 시민 주도성 신장을 위해 사회적인 문제의 해결 방안을 제시하는 사회 참여 활동 등을 통해 키울 수 있다. 이런 일련의 교육은 서로 긴밀하게 연계되어 있다. 마치 복잡한 기계 장치처럼 한 부분을 움직이면 연결된 다른 부분도 잇따라 함께 움직이는 원리와 같다.

　최근 들어 가짜뉴스나 허위조작정보 문제의 심각성을 인식시키기 위해 팩트 체크 중심의 비판적 미디어 수용 교육이 한창이다. 가짜뉴스와 허위조작정보가 만연하면 허위 여론의 형성으로 민주주의를 훼손할 우려가 있으므로 당연히 교육해야 한다. 그런데 이것이 미디어 리터러시 교육의 전부인 양 인식하는 것은 문제가 있다. 지나치게 한쪽으로 경도된 미디어 리터러시 교육은 경계해야 한다. 비판적 미디어 수용 교육에만 치중하면 미디어에 대한 부정적인 인식을 증폭시켜 미디어가 지닌 순기능까지 훼손시킬 수 있다. 미디어 텍스트를 의심하는 차원에서 이뤄지는 비판적 미디어 수용 교육은 당연하지만, 자칫 지나치게 냉소적인 사람을 키우는 교육으로 흘러가지 않도록 유의해야 한다.

　이런 맥락에서 보면, '미디어 리터러시 교육'은 '모든 종류의 의사소통 수단을 기반으로 접근, 분석, 평가, 창조, 행동할 수 있는 역량을 신장시키는 교육'이고, 리터러시 역량 강화 교육, 비판적 미디어 수용 교육, 창의적 미디어 활용과 생산 교육이 조화와 균형을 이루며 운영되어야 한다. 나아가 디지털 시민성 함양을 위한 민주시민교육, 디지털 윤리교육 등으로 확장하여 외연을 단단하게 다져야 한다.

　조화와 균형을 이루는 미디어 리터러시 교육의 문제를 '아동학대 사건'을 예로 들어 알아보자.

[표1-3] 아동학대 사건과 미디어 리터러시 교육

교육 영역	교육 활동	하위 역량
리터러시 역량 강화 교육	다양한 미디어 텍스트를 읽고 아동학대 사건의 실체를 파악하는 활동	접근 역량
비판적 미디어 수용 교육	아동학대 사건을 다루는 미디어의 보도 형태를 비판적 관점에서 살피는 활동	분석, 평가 역량
창의적 미디어 활용과 생산 교육	아동학대 사건 보도 지침 마련을 위한 청원 활동 및 관련 커뮤니티 결성	창조, 행동 역량

아동학대 사건을 미디어 리터러시 교육 차원에서 다루려면, 우선 미디어 텍스트에 접근하여 읽기 쓰기에 기초한 리터러시 활동으로 아동학대 사건의 실체를 정확하게 파악해야 한다. 다음으로 아동학대 사건을 다루는 미디어의 보도 형태를 비판적 차원에서 분석하고 평가하는 활동을 해야 한다. 예컨대 아동학대 사건 보도를 보면 대부분 가해자가 의붓아버지, 계모 등과 같이 피해를 받은 아동과 비혈연 관계라는 사실만 강조하고 있다. 이런 언론의 보도 형태가 반복될수록 아동학대 사건의 본질인 사회 시스템의 문제는 뒷전으로 밀릴 수 있다. 마지막으로 아동학대 사건이 지나치게 선정적이고 자극적으로 다뤄지는 문제를 해결하기 위한 활동을 해야 한다. 아동학대 사건은 개인의 문제로 보도할 게 아니다. 가정이나 사회에서 아동을 제대로 보호하지 못하는 사회 시스템의 문제로 파악하여 보도해야 한다. 이런 상황을 고려하여 아동학대 사건의 보도 지침 마련을 위한 청원 활동과 관심 있는 사람들의 연대 강화

를 위한 커뮤니티를 결성하여 적극적으로 활동해야 한다. 이처럼 미디어 리터러시 교육은 리터러시 역량 강화, 비판적 미디어 수용, 창의적 미디어 활용과 생산 교육이 조화롭게 이뤄져야 한다.

학교 현장에서 미디어 리터러시 교육을 실천하는 데에는 여러 가지 어려움이 있다. 그중에서 가장 큰 문제는 미디어 교육을 독립적으로 가르칠 과목*이 없고, 전문성을 갖춘 교사도 드물다는 것이다. 초·중·고의 교육과정 성취기준을 보면 미디어 교육을 할 수 있는 기반은 일부 조성되어 있지만, 공통 과목인 국어과에 [자료1-1-①, ②, ③]처럼 국한되어 있고 산발적으로 설계되어 있다.

[자료1-1-①] 초등학교 국어과의 미디어 리터러시 교육 관련 교육과정 성취기준

[6국01-05]매체 자료를 활용하여 내용을 효과적으로 발표한다.

[6국02-05]매체에 따른 다양한 읽기 방법을 이해하고 적절하게 적용하며 읽는다.

[6국03-02]목적이나 주제에 따라 알맞은 내용과 매체를 선정하여 글을 쓴다.

[자료1-1-②] 중학교 국어과의 미디어 리터러시 교육 관련 교육과정 성취기준

[9국01-11]매체 자료의 효과를 판단하며 듣는다.

[9국02-07]매체에 드러난 다양한 표현 방법과 의도를 평가하며 읽는다.

---

* 2021년 한국언론진흥재단에서 서울특별시교육감 인정 도서로 고등학교용 〈청소년과 미디어〉가 발행되었지만, 학교 교육과정 운영의 난맥상 때문에 널리 전파되어 사용되는 데는 한계가 있을 것이다.

[9국02-08]도서관이나 인터넷에서 관련 자료를 찾아 참고하면서 한 편의 글을 읽는다.

[9국03-01]쓰기는 주제, 목적, 독자, 매체 등을 고려한 문제해결 과정임을 이해하고 글을 쓴다.

[9국03-08]영상이나 인터넷 등의 매체 특성을 고려하여 생각이나 느낌, 경험을 표현한다.

[자료1-1-③] 고등학교 국어과의 미디어 리터러시 교육 관련 교육과정 성취기준

[10국02-02]매체에 드러난 필자의 관점이나 표현 방법의 적절성을 평가하며 읽는다.

[10국03-05]글이 독자와 사회에 끼치는 영향을 고려하여 책임감 있게 글을 쓰는 태도를 지닌다.

고등학교 국어과의 일반 선택 과목에 중에도 미디어 리터러시 교육을 할 수 있는 교육과정 성취기준은 [자료1-2]처럼 구체성이 없고 제한적이다.

[자료1-2] 고등학교 국어과 선택 과목의 미디어 리터러시 교육 관련 교육과정 성취기준

화법과 작문

[12화작03-01]가치 있는 정보를 선별하고 조직하여 정보를 전달하는 글을 쓴다.

[12화작04-01]화법과 작문의 사회적 책임을 인식하고 의사소통 윤리를 준수하는 태도를 지닌다.

독서

[12독서02-01]글에 드러난 정보를 바탕으로 중심 내용, 주제, 글의 구조와 전개 방식 등 사실적 내용을 파악하며 읽는다.

[12독서02-02]글에 드러나지 않은 정보를 예측하여 필자의 의도나 글의 목적, 숨겨진 주제, 생략된 내용을 추론하며 읽는다.

[12독서02-03]글에 드러난 관점이나 내용, 글에 쓰인 표현 방법, 필자의 숨겨진 의도나 사회·문화적 이념을 비판하며 읽는다.

[12독서03-01]인문·예술 분야의 글을 읽으며 제재에 담긴 인문학적 세계관, 예술과 삶의 문제를 대하는 인간의 태도, 인간에 대한 성찰 등을 비판적으로 이해한다.

[12독서03-02]사회·문화 분야의 글을 읽으며 제재에 담긴 사회적 요구와 신념, 사회적 현상의 특성, 역사적 인물과 사건의 사회·문화적 맥락 등을 비판적으로 이해한다.

[12독서03-06]매체의 유형과 특성을 고려하여 글의 수용과 생산 과정을 이해하고 다양한 매체 자료를 주체적이고 비판적으로 읽는다.

문학

[12문학02-04]작품을 공감적, 비판적, 창의적으로 수용하고 그 결과를 바탕으로 상호 소통한다.

[12문학02-05]작품을 읽고 다양한 시각에서 재구성하거나 주체적인 관점에서 창작한다.

[12문학02-06]다양한 매체로 구현된 작품의 창의적 표현 방법과 심미적 가치를 문학적 관점에서 수용하고 소통한다.

그나마 고등학교 국어과의 선택 과목 중 하나인 '언어와 매체' 과목에는 미디어 리터러시 교육을 할 수 있는 근거가 겨우 명시되어 있다. '언어와 매체'

과목의 내용 체계와 '매체 언어의 탐구와 활용' 영역의 '일반화된 지식'*은 [표1-4]와 같다.

[표1-4] '언어와 매체' 내용 체계 일부

영역	핵심 개념	일반화된 지식	내용 요소	기능
매체 언어의 탐구와 활용	• 인쇄 매체 • 전자 매체 • 대중 매체 • 복합 양식성	• 매체 언어는 소리, 음성, 이미지, 문자, 동영상 등 다양한 기호가 함께 어우러져 의미를 만들어내는 복합 양식의 특성을 지닌다. • 매체 언어에 대한 이해는 인간관계 형성 및 정보 사회와 문화의 이해에 도움을 준다. • 다양한 매체 자료에 대한 이해는 매체 자료를 비판적으로 수용하고 창의적으로 생산하는 데 활용된다.	• 매체의 소통 방식 • 매체 자료의 수용 • 매체 자료의 생산 • 매체 언어의 표현 방법 • 매체의 영향력과 가치 • 매체 문화의 향유	• 문제 발견하기 • 맥락 이해·활용하기 • 자료 수집·분석하기 • 자료 활용하기 • 지식 구성하기 • 지식 적용하기 • 내용 구성하기 • 표현·전달하기 • 비평하기 • 성찰하기 • 소통하기 • 점검·조정하기

'언어와 매체' 과목의 미디어 리터러시 교육과 관련된 '매체 언어의 탐구와 활용' 단원의 교육과정 성취기준은 [자료1-3]과 같다.

---

* 교육부(2015). 국어과 교육과정(교육부 고시 제2015-74호 [별책 5])

[자료1-3] '매체 언어의 탐구와 활용' 단원의 교육과정 성취기준

[12언매03-01]매체의 특성에 따라 정보가 구성되고 유통되는 방식을 알고 이를 의사소통에 활용한다.

[12언매03-02]다양한 관점과 가치를 고려하여 매체 자료를 수용한다.

[12언매03-03]목적, 수용자, 매체의 특성을 고려하여 다양한 매체 자료를 생산한다.

[12언매03-04]매체 언어의 창의적 표현 방법과 심미적 가치를 이해하고 향유한다.

[12언매03-05]매체 언어가 인간관계와 사회생활에 미치는 영향을 탐구한다.

[12언매03-06]매체를 바탕으로 하여 형성되는 문화에 대해 비판적으로 이해하고 주체적으로 향유한다.

상황이 이렇다 보니 국어과 이외의 교과에서 미디어 리터러시 교육을 하려면 교육과정 성취기준을 교사가 스스로 재구조화하여 수업과 평가 활동을 설계하여 실천하거나 수행평가, 동아리 활동, 학교 행사, 자유학년제의 주제 선택 활동 등을 위한 프로그램을 설계하여 구현해야 하는 실정이다.

미디어 리터러시 교육 방법은 다양하다. 앞서 말한 리터러시 역량 강화 교육, 비판적 미디어 수용 교육, 창의적 미디어 활용과 생산 교육 등을 통해 실천할 수도 있고, 디지털 시민성 함양과 연계된 민주시민교육을 통해서도 실천할 수 있다. 또는 미디어 중심 접근법, 주제 중심 접근법, 다중적 접근법을 통해서도 실천할 수 있다.

'미디어 중심 접근법'은 특정 미디어를 고른 뒤, 해당 미디어의 특성을 포함하여 미디어가 내용을 표현하고 소통하는 방식을 중점적으로 다루는 방법이다. '주제 중심 접근법'은 특정한 주제에 대하여 다양한 미디어가 그 주제를 다루고 있는 방식과 미디어에서 재현되고 있는 내용을 확인하고, 이에 대한 의견을 표현·공유하는 과정에 초점을 맞춘다. '다중적 접근법'은 미디어가 생산, 소비, 공유되는 맥락에 대한 이해를 기반으로 미디어 텍스트를 맥락과 함께 학습할 수 있도록 하는 방법이다. 이 방법을 취할 경우 미디어 리터러시 교육은 미디어에 대한 지식뿐만 아니라 미디어가 생산되고 소비, 공유되는 맥락에 대한 정치 경제적 이해에도 관심을 가질 수 있어야 한다(김아미, 2015).

Media Literacy

04
미디어 리터러시 교육은 왜 필요한가?

미디어는 정치, 경제, 사회, 문화, 스포츠 등 모든 일상과 연계되어 있고, 현대 생활의 중심축을 이루고 있다. 미디어 리터러시 교육은 미디어 텍스트 속에 숨은 메시지를 읽거나 특정한 미디어 기기를 사용하는 방법을 익히는 교육에 국한되지 않고 미디어의 작동과 소통, 재현, 생산되는 여러 가지 방식에 대한 비판적 이해와 함께해야 한다.

한국에서 미디어 리터러시 교육이 강조되는 시대적 배경에는 여러 이유가 있다.

첫째, 인쇄 미디어의 쇠락 때문이다. 한동안 신문 중심의 인쇄 미디어에 기반을 둔 문자 텍스트 중심의 교육이 왕성하게 이뤄졌다. 하지만 영상과 이미지 중심의 인터넷, 컴퓨터, 스마트폰으로 대변되는 디지털 미디어의 등장으로 상황이 반전되었다. 인쇄 미디어 시대에 중시하던 풍부한 어휘력을 바탕으로

긴 글을 읽고 문제를 해결하는 역량은 갈수록 쇠퇴하고 있다. 이런 상황에서 인쇄 미디어 중심의 교육과 구별되는 새로운 차원에서 뉴스, 지식, 정보를 읽고, 비판적으로 수용하며 창의적으로 활용하고 생산하는 미디어 리터러시 교육에 대한 사회적 요청이 날로 커지고 있다.

둘째, 언론의 신뢰성 추락 때문이다. 디지털 미디어의 발전과 1인 미디어의 난립으로 특정 언론사가 똑같은 제목의 기사를 계속해서 전송하거나, 기사의 본문 내용과는 다른 자극적인 제목의 기사를 포털 사이트에 게재해 의도적으로 클릭 수를 늘리거나, 다른 언론사의 뉴스를 베끼는 행위가 자주 나타나고 있다. 심지어 가짜뉴스와 허위조작정보를 직접 생산하여 전파할 때도 있다. 이런 일들이 쌓이면서 뉴스, 지식, 정보에 대한 신뢰성이 추락하여 급기야 비판적 미디어 읽기에 기초한 새로운 문법의 미디어 리터러시 교육을 강력하게 요구하는 상황이 되었다.

셋째, 소셜미디어의 발달에 따라 새로운 형태의 커뮤니케이션이 나타났기 때문이다. 소셜미디어는 사람들이 정보와 경험, 생각과 의견 등을 공유하기 위해 사용하는 플랫폼이자 미디어로서 측정 가능한 기술을 활용해 사회적 상호작용을 가능하게 한다(설진아, 2017). 소셜미디어는 인터넷 사용이 가능한 네티즌이라면 누구나 쉽게 참여할 수 있는 기술적 접근 용이성을 가지고 있다. 이런 특성 때문에 가짜뉴스와 허위조작정보가 아무런 제약 없이 소셜미디어를 통해 전파되고 있다. 이런 상황이 계속되면 정보의 권위에 종속되어 왜곡된 신념을 고착화할 수 있으므로 미디어 리터러시 교육을 강력하게 요구하고 있다.

넷째, 민주시민교육을 강화하기 위해서이다. 민주시민교육은 민주주의의 가치를 이해하고, 민주시민 역량을 키워 개인의 욕망과 집단의 이해가 바람직하게 만나도록 교육하는 데 있다. 그런데 특정한 개인과 집단에 의해 생산된 가짜뉴스와 허위조작정보가 미디어를 통해 전파되고 활개를 치면 허위 여론이 형성되어 민주주의의 가치를 훼손시키거나 후퇴시킬 수 있다. 실제로 주기적으로 실시되는 대통령, 국회의원, 지방자치단체장 선거 때마다 온갖 가짜뉴스와 허위조작정보가 난무하면서 국민의 올바른 선택을 가로막는 경우가 있다. 이런 상황을 그대로 두면 민주주의의 가치 손상은 물론 사회 갈등을 유발하기 때문에 여당과 야당을 불문하고 미디어 리터러시 교육을 강력하게 요구하는 상황이다.

마지막으로, 디지털 윤리 교육, 저작권 교육 등으로 외연이 확장되고 있기 때문이다. 디지털 미디어 환경의 발달에 따라 디지털 윤리 교육이 한층 강조되고 있다. 개인의 권리뿐 아니라 타인의 권리를 존중하고 준수하는 것은 중요하다. 하지만 특정 개인이나 집단을 열등하다고 주장하는 혐오 표현이 디지털 미디어를 통해 퍼지고 있다. 혐오 표현을 감별하는 역량을 키우지 않으면 특정 개인이나 집단에 치유하기 어려운 상처를 입히게 된다. 또한 미디어 교육 때 다양한 미디어 자료를 사용하게 된다. 이때 저작권에 대한 인식 부족으로 타인의 저작물을 함부로 사용하면 곤경에 빠질 수 있다. 이처럼 여러 차원에서 미디어 리터러시 교육의 외연이 계속해서 확장되고 있다.

미디어 리터러시 교육이 활성화되려면 그동안 이뤄진 인쇄 미디어에 기초한 신문·뉴스활용교육, 뉴스 리터러시 교육을 통해 읽기 쓰기에 기초한 리터러시 역량을 충분히 다진 뒤에 디지털 미디어 기반의 교육으로 옮겨가는 게 교육적으로 나은 방식이다. 이를 위해 미디어 리터러시 교육은 아날로그 자원에서 디지털 자원으로 이동할 수 있도록 설계할 필요가 있다.

그 이유는 첫째, 문자 텍스트에 기반을 둔 리터러시는 인간의 고유한 영역인 창조력을 발휘하기 위한 발판이기 때문이다. 문자 텍스트 기반의 읽기 쓰기는 깊이 있는 사유와 문제 상황을 합리적으로 해결하기 위해 반드시 익혀야 하는 기술이다. 사유의 깊이는 문자 텍스트를 읽은 글의 길이에 비례한다. 영상 미디어를 보기만 하고 문자 텍스트를 읽지 않으면 생각이 깊어지지 않고, 읽기만 하고 쓰지 않으면 생각의 논리가 부족하여 사유 체계가 혼탁해진다.

물론 인쇄 미디어와 디지털 미디어의 읽기 차이에 대응할 방안도 찾아야 한다. 인쇄 미디어 기반의 표준화된 텍스트를 잘 읽는 일은 그곳에 기록된 모든 단어를 읽는 것이다. 디지털 미디어에서의 읽기는 단어들을 건너뛰면서 자신에게 필요한 관련 정보를 찾아내어 읽는 것이다. 이 때문에 무엇에 집중해야 할지를 아는 만큼이나 무엇을 건너뛰어야 할지를 아는 것도 중요하다는 인식을 해야 한다.

둘째, 교육 현장은 여전히 인쇄 미디어 영역인 문자 텍스트에 기반을 둔 리터러시 역량을 강조하기 때문이다. 학교에서 이뤄지는 수업·평가는 문자 텍스트에 대한 접근 역량 없이 실행하기 어려운 영역이다. 디지털 미디어가 발전했지만 아직은 교과서도 문자 텍스트이고, 정기고사도 문자 텍스트로 되어 있다. 나아가 대학의 논문도 문자 텍스트로 완성되고, 사회생활 중에 접하는 중요 문서 역시 모두 문자 텍스트 기반이다. 예컨대 부동산 매매 계약서도 문자 텍스트이고, 여러 사람이 다 같이 지키기 위해 작성한 사회생활에 필요한 규약도 마찬가지이다. 나아가 국회에서 제정한 법률이나 행정부에서 제정한 명령인 대통령령·총리령·부령과 같은 법령도 문자 텍스트로 이뤄져 있고, 외국과의 무역 거래 문서나 외교 문서도 모두 문자 텍스트 중심이다.

그렇지만 인쇄 미디어 기반의 텍스트를 넘어 보다 이미지 지향적으로 변해가는 지금의 환경에서 텍스트는 예전보다 훨씬 분산적으로 널리 공유되고 있다. 이제 '이 텍스트는 누가 썼고 누가 읽는다'는 선형적 단순함이 기능하지 않게 되었다. 문자화된 단어의 권위 역시 예전처럼 영향력을 발휘하지 못하고 있다. 이런 상황에 대처하기 위한 심층적인 연구와 대응 교육이 시급하게 마련되어야 한다.

05

텍스트와 콘텍스트 이해하기

미디어의 본질은 뉴스, 지식, 정보를 전달하고 사람 사이의 의사소통을 돕는데 있다. 그런데 최근에는 미디어가 인간 생활의 모든 면에서 가장 중요하고 빈번하게 접촉되면서 인간의 가치관, 행동은 물론 사회 체계를 규정하는 영역까지 확장되어 마치 생활 환경 같은 존재가 되었다. 이런 상황에서 미디어 리터러시 교육을 할 때 반드시 짚고 넘어갈 영역이 텍스트(text)와 콘텍스트(context)에 대한 이해이다.

텍스트는 라틴어 동사에서 파생된 명사로서 '직물, 조직'이라는 뜻이었다. 일반적으로 텍스트라고 하면 본문을 뜻하는 경우가 많고, 번역서의 경우에는 원전을 뜻한다. 예전에는 본문과 원전처럼 주로 문자로 이뤄진 하나의 작품이 텍스트였지만, 새로운 미디어 기술 환경의 구축과 인터넷의 발달에 따라 이전과 다른 미디어 텍스트가 속속 등장하고 있다. 신문, 방송, 광고, 영화 등과 같은 전통적인 미디어도 텍스트이고, 페이스북, 유튜브, 트위터, 인스타그램 등과 같은 소셜미디어도 텍스트의 범주에 포함된다.

미디어 텍스트는 메시지를 담고 있어 이를 제대로 해석할 수 있는 비판적 사고 역량을 키우는 것이 필요하다. 만약에 메시지를 비판적으로 해석하는 사고 역량이 부족하면, 특정한 사람이 지닌 편견이나 고정관념 등에 의해 잘못 생산된 뉴스, 지식, 정보를 무조건 수용할 수 있다. 미디어 텍스트에 대한 비판적 사고 역량이 부족할수록 가짜뉴스와 허위조작정보는 더욱 기승을 부릴 것이다. 가짜뉴스와 허위조작정보 생산자를 무력화시키는 최고의 방법은 텍스트에 대한 비판적 읽기 능력을 키우는 것이다.

콘텍스트는 문맥, 앞뒤 관계, 배경, 사회문화적 상황, 사정, 자연적 환경 등과 같은 시공간을 포함하여 소통과 연계된 말을 의미한다. 텍스트를 해석할 때 필요한 정보인 사전 지식이나 배경지식 등이 콘텍스트에 해당한다. 콘텍스트가 부족하면 텍스트를 제대로 이해하고 설명하기 어렵다. 이런 문제를 해결하려면 텍스트 생산자가 콘텍스트를 구체적으로 제공해야 한다. 그렇지 않으면 콘텍스트의 부족을 빌미 삼아 텍스트를 특정 집단에 유리하게 해석·왜곡한 뒤에 전파하여 사회적 문제를 일으킬 수도 있다.

미국의 대통령이었던 도널드 트럼프(Donald John Trump)는 트위터에 자신의 정치적 입장을 자주 몇 개의 문장으로 단출하게 밝혔다. 몇 문장의 텍스트가 트위터에 올라오는 순간 저마다 정치적으로 해석하여 이를 전파하는 경우가 있었다. 이런 상황에서 콘텍스트의 부족에 따른 억측이 나오기도 했고, 이런 억측들이 미디어를 통해 전파되면서 정치적 논쟁거리가 되기도 했다. 이처럼 텍스트와 그에 관련된 콘텍스트에 대한 이해는 미디어의 본질인 의사소통의 문제와 직결된다. 그러므로 텍스트 생산자는 독자의 이해를 돕는 콘텍스트를 구성하는 일에 충실해야 한다.

보통 신문에 실린 사진 밑에는 캡션(caption)이라는 해설문이 있다. 바로 이 캡션이 콘텍스트에 해당한다. 만약 사진이라는 텍스트만 있고 캡션이 없다면 그냥 흔한 한 장의 사진에 불과할 수 있다. 캡션이 없다면 사진의 실체를 정확하게 이해하기 어려울 수 있고, 개인의 신념에 따라 자의적으로 해석하여 텍스트의 실체를 왜곡할 수도 있다.

[그림1-2] 신문의 사진과 캡션

© 강원일보

[그림1-2]의 사진에 '추석 물가 비상인데 가을장마까지'라는 캡션이 없으면 그냥 비 오는 날의 골목 풍경을 찍은 사진에 불과할 것이다. 그러나 추석 명절을 준비하는 시민들이 물가 오름세를 걱정하고 있다는 설명을 했기 때문

에 보도사진이 전달하려는 메시지를 정확하게 이해할 수 있다. 캡션이 없으면 사진에 담긴 메시지를 자기 멋대로 해석할 소지가 있다.

이처럼 보도사진을 활용하여 텍스트와 콘텍스트의 관계를 알아보는 교육을 할 수 있다. 먼저 캡션을 없앤 사진 한 장을 보여주고 어떤 메시지를 전달하려는지 적게 한다. 다음으로 그 사진에 해당하는 캡션을 보여준 뒤에 자신이 적은 캡션과 비교하게 한다. 마지막으로 사진이라는 텍스트가 전달하려는 메시지를 잘못 읽었을 때 생길 수 있는 문제를 바탕으로 토론 활동을 하면 된다. 이런 활동을 하면 '하나의 보도사진으로부터 얼마나 다양한 해석이 나올 수 있는가?'를 현장감 있게 경험할 수 있다. 또한 텍스트와 콘텍스트의 관계를 정확하게 이해할 수 있고, 자신이 미디어 텍스트 생산자가 되었을 때 어떻게 콘텍스트를 구성할 것인가를 생각해 보는 시간이 될 수 있다.

텍스트와 콘텍스트에 대한 분명한 이해는 미디어 리터러시 교육의 출발선에서 반드시 필요하다. 모든 텍스트는 이데올로기적이기 때문이다. 모든 텍스트는 특정한 입장에서 쓰이게 마련이다. 따라서 어느 한쪽으로 치우치지 않은 객관적인 텍스트란 있을 수 없고, 중립적인 관점에서 이루어지는 읽기 쓰기, 보기, 말하기도 존재할 수 없다(Janet Evans 외, 2011). 인쇄 텍스트든 영상 텍스트든 필자나 제작자의 이념적 성향이 담겨 있기 마련이다. 이 때문에 리터러시 역량을 키우는 과정에서 비판적 읽기를 바탕으로 텍스트에 대한 깊이 있는 해석이 요구되는 것이다.

텍스트와 콘텍스트에 대한 이해 역량을 키우려면 다음과 같은 질문을 바탕으로 실행할 수 있다.

[자료1-4] 텍스트와 콘텍스트에 대한 이해력을 높이는 질문[*]

- 하나의 미디어 텍스트로부터 얼마나 다양한 해석이 나올 수 있는가?
- 미디어 텍스트에 나오는 상황이나 메시지와 관련된 경험을 해본 적이 있는가? 만약에 있다면 실제 생활에서 경험한 것과 얼마나 비슷한가?
- 다른 사람들은 그 미디어 텍스트에 어떻게 반응하는가?
- 동일한 텍스트가 그것을 제작한 사람이나 집단의 배경 정보에 따라 어떻게 달리 인식되는가?
- 동일한 텍스트가 미디어에 따라 달리 보도되었을 때 사람들은 어떤 미디어를 가장 믿는가?

'텍스트를 얼마나 잘 이해하는가?'의 문제는 '텍스트에 관하여 얼마나 많은 것을 알고 있는가?'라는 콘텍스트의 문제와 연결된다. 개인이 지닌 콘텍스트인 사전 지식이나 배경지식이 풍부해야 텍스트를 제대로 읽을 수 있기 때문이다. 이 문제를 2021년 8월에 있었던 충북 진천 국가공무원 인재개발원에서 아프가니스탄 특별입국자 초기 정착 지원과 관련해 브리핑하는 도중 법무부 차관에게 뒤쪽에서 무릎을 꿇고 우산을 받쳐주고 있는 관계자 사진이 보도되면서 불거진 '황제 의전' 논란으로 생각해 보자. 비가 억수로 쏟아지는 브리핑 현장에서 무릎 꿇고 우산을 받쳐주고 있는 사진만 보면 법무부는 당연히 몰매를 맞을 수밖에 없다. 그러나 '처음에는 법무부 차관 바로 옆에서 우산을 든

---

* 한국언론진흥재단 미디어 리터러시, [기획연재] 미디어 리터러시와 비판적 사고 #4(내용 일부 수정). https://dadoc.or.kr/2618(검색일 : 2021.6.10)

관계자가 카메라에 잡히자 거슬린 기자들이 직원에게 뒤로 가라고 요구하고, 그래서 직원은 차관 뒤에서 우산을 들고 있었는데 우산을 들고 있던 관계자 손이 카메라에 잡히자 앉으라고 요구했고, 우산을 들고 쭈그리고 앉게 된 직원은 브리핑이 계속되자 불안정한 자세 때문에 무릎을 꿇게 되었다'는 콘텍스트가 제공되었다면 좋은 장면을 찍기 위해 관계자에게 이런저런 요구를 한 기자들의 취재 윤리가 도마 위에 오를 수 있다.

이처럼 미디어 텍스트를 정확하게 읽기 위해서는 반드시 사전 지식이나 배경지식에 해당하는 콘텍스트가 충분해야 한다. 한편 황제 의전 논란을 통해 한 장의 사진을 두고 '하나의 미디어 텍스트로부터 얼마나 다양한 해석이 나올 수 있는가?', '다른 사람들은 그 미디어 텍스트에 어떻게 반응하는가?' 등의 질문을 바탕으로 비판적 사고 영역을 넓혀가면서 텍스트와 콘텍스트에 대한 이해력을 탄탄하게 다질 수 있다.

텍스트와 콘텍스트에 대한 이해력을 높이기 위해 사진을 활용할 수도 있지만, 문자 텍스트를 활용할 수도 있다. 예를 들어 신문의 사설을 읽을 때 주요 쟁점에 대한 이해가 부족하면 사설에서 주장하는 바를 정확하게 이해하기 어렵다. 이때 사설에서 다루는 쟁점에 관련된 기사 읽기를 먼저 해야 한다. 예를 들어 '언론중재법'에 관한 특정 신문의 사설을 읽을 때 그에 관련된 기사를 통해 쟁점의 실체를 먼저 파악해야 이해도가 높아진다. 이럴 때는 사설이 텍스트에 해당하고, 기사가 콘텍스트 구실을 한다.

미디어 리터러시 교육의 출발선에서 반드시 이뤄져야 할 것이 읽기 쓰기 역량을 키우는 기초 문해 교육이다. 읽기 쓰기에 기초한 단계별 리터러시 역량을 키우지 않고 '비판적 미디어 수용 교육'과 '창의적 미디어 활용과 생산 교육'을 한다는 것은 그야말로 사상누각에 불과하다.

Part 2
리터러시 역량
강화 교육

Media Literacy

01
읽기 쓰기의 진화

미디어 리터러시 교육의 출발점인 '접근' 역량은 리터러시의 기초인 읽기 쓰기를 통해 강화할 수 있다. 이런 역량을 키우려면 [표2-1]처럼 세 가지 차원의 교육이 수반되어야 한다.

[표2-1] 리터러시 역량 강화를 위한 단계별 활동

단계별	교육 활동 내용	관련 역량
1단계	읽기 쓰기 역량을 키우는 활동	기초 문해 역량
2단계	이해·분석·해석·창작·소통·종합하는 활동	비판적 사고와 창의적 사고 역량
3단계	문제 상황을 파악하여 해결책을 제시하는 활동	문제해결 역량

첫 번째는 읽기 쓰기 역량을 키우는 교육이다. 다양한 텍스트에 기초한 읽기 쓰기 활동 없이는 어떤 교육도 시작될 수 없기 때문이다.

두 번째는 이해·분석·해석·창작·소통·종합하는 역량을 키워야 한다. 주어진 텍스트를 이해하고, 얽혀 있거나 복잡한 것을 풀어내고, 그것을 바탕으로 새로운 것을 만들고, 소통하고 종합하는 역량은 체계적인 교육을 통해 달성될 수 있다.

세 번째는 문제해결 역량을 요구한다. 주어진 상황이나 텍스트를 바탕으로 문제 상황을 파악하여 해결책을 제시하는 역량은 리터러시 교육의 마지막 단계라고 할 수 있다.

미디어 텍스트를 바탕으로 리터러시 역량을 키우려면 미디어가 지닌 각각의 특성을 이해하고 그에 맞는 리터러시 방법이 필요하다. 미디어마다 지식과 정보를 제시하는 언어의 측면, 정보의 양과 질, 정보 제공의 속도와 보존 방법, 정보 제공자 범위의 폐쇄성과 개방성 등에서 차이가 있기 때문이다.*

미디어의 종류에는 인쇄, 음성, 영상, 디지털 미디어 등이 있다. 신문, 잡지 등과 같이 활자를 통해 정보를 전달하는 인쇄 미디어는 복잡하고 깊이 있는 정보를 전달하는 데 유용하나 징보 전달의 속도가 상대적으로 느리다. 라디오같이 소리로 정보를 전달하는 음성 미디어는 적은 비용으로 정보 전달이 가능하나 시각 정보를 다루기 어렵다. 텔레비전, 영화와 같이 소리와 영상을 통해 정보를 전달하는 영상 미디어는 다수의 사람에게 동시에 빠른 속도로 공감각

---

* 교육부 고시 제2015-74호 [별책 5]. 국어과 교육과정. 선택 중심 교육과정 : 언어와 매체. [12언매03-01] 성취기준 해설

적인 정보 전달이 가능하나 상대적으로 깊이 있는 정보 전달에는 한계가 있다 (손영찬 외, 2018). 사회관계망서비스(SNS)와 같은 디지털 미디어는 정보의 생산자와 소비자 사이의 쌍방향 의사소통이 가능하고 기존의 미디어보다 신속하게 정보 전달이 이뤄지지만 무책임하고 왜곡된 정보를 양산하고 전파할 수 있다. 따라서 미디어의 특성과 종류를 고려한 다양한 방식의 읽기 쓰기가 필요하다.

미디어 리터러시 교육의 출발선에서 반드시 이뤄져야 할 것이 읽기 쓰기 역량을 키우는 기초 문해 교육이다. 읽기 쓰기에 기초한 단계별 리터러시 역량을 키우지 않고 '비판적 미디어 수용 교육'과 '창의적 미디어 활용과 생산 교육'을 한다는 것은 그야말로 사상누각에 불과하다.

읽기는 사고 형성을 위한 출발점이지만, 무작정 읽기만 하면 텍스트의 본질을 정확하게 파악할 수 없다. 의미를 파악하고 그에 기초한 쓰기를 해야 한 묶음의 온전한 사고가 형성될 수 있다. 제대로 된 사고를 형성하려면 수 세기에 걸쳐 입증된 인쇄 미디어의 문자 텍스트를 기반으로 읽기 쓰기 역량을 다지면서, 음성, 영상, 디지털 미디어 등의 특성을 고려하여 그에 대한 자기 생각이나 느낌, 경험을 표현하는 능력을 길러야 한다. 그런데 만 15세 이상의 학생을 대상으로 하는 OECD 국제 학생평가 프로그램(PISA)에 따르면 [표2-2]처럼 한국 학생들의 읽기 수준은 해를 거듭할수록 하락하고 있다.

[표2-2] 한국 학생들의 읽기 수준 변화

연도(년)	평균 점수(점)	최하위 수준 변화(%)
2009	539	5.8
2012	536	7.5
2015	517	13.6
2018	514	15.1

　읽기 역량이 하락하면 사유에 기초한 쓰기도 쇠퇴할 수밖에 없다. 특히 기본적인 어휘력의 부족으로 텍스트를 읽지 못하는 상황이 계속되면 학생과 교사, 학생과 부모, 세대와 세대 사이의 소통에 문제가 발생할 수 있고, 이는 의사소통을 근본으로 하는 민주주의의 가치를 훼손할 수 있다.

　읽기 쓰기 역량을 키우려면 인쇄 미디어를 통한 문자 텍스트 중심의 읽기 쓰기 역량을 다지면서 디지털 미디어에서의 온라인 대화, 인터넷 게시판 댓글, 블로그, SNS 등에 자기 생각이나 느낌을 표현하도록 해야 한다.

　읽기는 생각의 길을 여는 씨앗이고, 쓰기는 창의적인 표현을 위한 마중물이기 때문에 읽기 쓰기가 제대로 되지 않으면 그 땅에는 튼튼한 열매가 맺힐 수 없다. 읽기 쓰기는 씨줄과 날줄과도 같아 이것이 없다면 아무리 훌륭한 베틀이 있어도 아름다운 옷감을 짤 수 없다. 미디어 리터러시 교육도 마찬가지이다. 제대로 읽고 쓰게 할 것인가에 대한 질문과 성찰이 없으면 그것은 실오

라기가 빠진 쓸모없는 옷감에 지나지 않을 것이다.

읽기 쓰기는 진화하고 있다. 따라서 [표2-3]을 통해 진화 과정에 대한 이해가 충분해야 시대 상황에 맞는 활동을 설계하여 현장성 있는 교육을 할 수 있다.

[표2-3] 읽기 쓰기의 진화

구분	진화 과정	
개인 차원	읽기	쓰기
사회공동체 차원	소통하기	참여하기
미디어 교육 차원	비판적 미디어 읽기	창의적 미디어 활용과 생산하기

개인 차원의 읽기는 단순히 텍스트를 독해하는 행위이지만, 사회공동체 차원의 읽기는 소통하기로 귀결된다. 다시 말해 문자 텍스트와 영상 텍스트를 읽는 행위는 사회에서 일어나는 다양한 문제를 파악하는 소통의 통로 역할을 하기 때문이다. 나아가 미디어 교육 차원에서의 읽기란 단순히 신문, 잡지 등과 같은 인쇄 텍스트를 독해하는 것만이 아니라 사진, 만평, 광고, 영상은 물론 소셜미디어를 비롯한 여러 종류의 미디어를 비판적 관점에서 '보는 행위'를 포함하는 넓은 영역이다. 이런 흐름에서 보면, 읽기의 본질은 지적 탐구를 위한 발현점이고, 세상을 올바르게 보고 사유 공간을 넓히기 위한 의식의 확장

행위라고 할 수 있다.

쓰기는 개인 차원에서는 읽기를 통해 사유한 것을 구체적으로 서술하는 행위일 수 있지만, 사회공동체 차원에서의 쓰기는 사회 문제 해결 과정에 참여하는 방법이기도 하다. 미디어 교육 차원의 쓰기는 인포그래픽스 그리기, 카드뉴스 만들기, 영상 제작과 편집 활동, 특정 후보자를 지원하기 위한 선거운동용 알림판 제작, 특정 문제의 해결을 요구하는 청원서 작성 등과 같은 다양한 형태의 '만드는 행위'를 포함한다고 할 수 있다. 이런 맥락에서 보면, 쓰기의 본질은 사회 구성원들 사이의 상호작용에 기초한 사회적인 행위이고, 사회·문화적 상황 맥락 안에서 문제 상황을 해결해 나가는 목표 지향적 생산 행위라고 할 수 있다.

개인 차원과 사회공동체 차원의 읽기 쓰기는 서로 연동되어 있다. 개인 차원의 읽기 쓰기 역량이 떨어지면 사회공동체 차원의 소통과 그에 바탕을 둔 창의적 미디어 활용과 생산 활동도 난관에 부닥칠 수 있다.

소셜미디어의 발달은 사회공동체 차원의 소통과 참여를 강화했지만, 역설적으로 개인 차원의 읽기 쓰기 역량을 쇠퇴시키는 결과를 초래했다. 스마트폰을 신체의 일부로 느끼는 학생들을 보면 일상적인 읽기 쓰기는 가능하지만, 상대방의 의도와 목적을 따져보는 비판적 미디어 읽기 능력과 상황과 맥락을 고려한 글쓰기 능력은 점점 하락하고 있는 실정이다.

02
기사 기반의 읽기 쓰기

인쇄 미디어에 기초한 읽기 쓰기 방법 중에서 가장 손쉽게 실천할 수 있는 것이 문자 텍스트에 해당하는 신문 기사 스크랩 활동이다. 스크랩은 원래 필요한 자료만 모아 나중에 쉽게 찾아보기 위해 신문, 잡지 따위에서 글이나 사진을 오려 정리한 뒤에 읽기 쓰기와 연계시키는 활동이다. 그동안 기사 스크랩은 종이신문을 중심으로 이뤄졌지만, 종이신문 구독자가 줄어든 현실을 반영하여 인터넷신문을 복사하거나 캡처하는 것도 스크랩의 범주에 포함하고 있다. 한편 유튜브 영상을 보고 주요 내용을 캡처하는 것도 스크랩의 범주에 포함될 수 있다. 새로운 미디어가 계속해서 등장하고 있어 스크랩의 범주도 폭넓게 잡아야 한다.

기사 스크랩을 통한 읽기 쓰기 역량 강화를 위한 활동을 할 때는 먼저 [활동지2-1-①] 양식을 활용하여 공책에 기사 스크랩 활동을 하면 된다. 이때 왼쪽에는 종이신문이나 인터넷신문의 기사를 오려 붙이고, 오른쪽에는 스크랩한 기사를 읽고 네 가지 항목을 차근차근 정리하면 된다.

[활동지2-1-①] 기사 읽기 쓰기 역량 강화 활동지

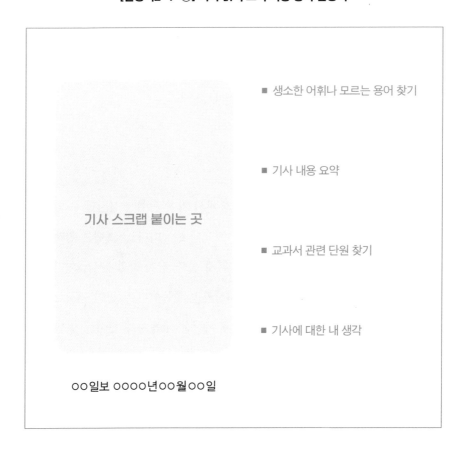

다음으로 공책을 사용하지 않을 때는 [활동지2-1-②]와 같은 활동지를 이용하면 된다. 정리가 끝난 활동지는 클리어 파일에 모아서 관리하면 된다.

[활동지2-1-②] 기사 읽기 쓰기 역량 강화 활동지

기사를 활용한 읽기 쓰기	
학번( ) 이름( )	
기사 제목	
기사 출처	
기사 스크랩 붙이는 곳	
생소한 어휘나 모르는 용어 찾기	
기사 내용 요약	
교과서 관련 단원 찾기	
기사 내용에 대한 내 생각	

활동지 속의 '기사 제목' 칸에는 스크랩한 기사의 헤드라인을 기록하면 되고, '기사 출처'에는 스크랩한 기사의 언론사와 그 뉴스가 발행된 날짜를 기록한다.

'생소한 어휘나 모르는 용어 찾기'는 기사의 내용을 정확하게 이해하고 분석하기 위한 어휘력 신장 활동이다. 이 활동이 사소해 보일 수 있지만, 리터러시 역량을 강화하려면 반드시 해야 할 활동이다. 어휘력이 부족하면 텍스트의 내용을 제대로 파악할 수 없고 중도에 읽기를 포기할 때도 있다. 이 때문에 기사를 읽을 때 생소한 어휘나 모르는 용어가 있으면 그곳에 동그라미를 치거나 형광펜으로 표시한 뒤에 그 뜻을 찾아 정확하게 이해해야 한다. 어휘력이 빈약하면 감정적으로 빈곤해질 수 있다. 어휘력이 풍부하면 다른 사람을 이해하고 설득할 힘도 생긴다. 한마디로 어휘력은 삶을 풍요하게 하는 원천인 것이다.

'기사 내용 요약'은 말 그대로 기사를 읽고 주요 내용을 요약하는 것이다. 보도 기사의 경우에는 사실과 의견, 원인과 결과 등을 중심으로 핵심 내용을 간추리면 된다. 의견 기사인 칼럼이나 사설의 경우에는 주장과 근거를 중심으로 요약하고, 요약할 문장의 수는 기사의 분량에 따라 자유롭게 결정하면 된다.

'교과서 관련 단원 찾기'는 스크랩한 기사의 핵심 내용과 관련이 있는 교과서의 관련 단원을 찾아 정리하면서 기사 속의 현실과 교과서 내용 사이의 연결성을 확인하면 된다. 이때 기사 속의 현실과 교과서의 개념, 원리, 내용을 연결해 지식의 적용과 확장의 의미를 깨닫게 해야 한다.

‘기사 내용에 대한 내 생각’은 이제까지 정리한 내용과 기사 전문에 나타난 핵심 내용 등을 바탕으로 자기 생각을 논리적으로 정리하는 것이다. 가능하면 논증적인 글쓰기를 통해 자신의 주장을 확실하게 드러낸 뒤 그에 합당한 근거를 설정하고, 근거를 구체적인 예시를 들어 설명하면 된다.

만약 기사 스크랩을 통한 읽기 쓰기 역량 강화 활동지의 모든 항목을 정리하는 게 힘든 교육 환경이라면 처음에는 ‘생소한 어휘나 모르는 용어 찾기’와 ‘기사 내용 요약’ 활동까지만 하고, 일정한 시간이 지난 뒤에 ‘교과서 관련 단원 찾기’와 ‘기사 내용에 대한 내 생각 정리’ 활동을 추가하면 된다. 어휘력이 풍부한 학생이라면 ‘생소한 어휘나 모르는 용어 찾기’를 생략할 수도 있다. 개인별 능력 차이를 고려하여 ‘기사 내용 요약’과 ‘기사 내용에 대한 내 생각’만 정리하도록 단순화시킬 수 있다.

‘기사 읽기 쓰기 역량 강화 활동’은 단순해 보일 수 있지만, 미디어 리터러시의 기본을 다질 수 있는 고품질의 활동이다. 스크랩 활동을 할 때 모든 항목을 구체적으로 정리하는 게 결코 쉬운 일이 아니기 때문이다.

한편 [활동지2-1-①, ②]의 ‘교과서 관련 단원 찾기’는 교과 수업과 함께 할 때 효율성이 높지만, 동아리 활동이나 창의적 체험활동, 방과 후 수업 활동 때는 교과서와의 연계성이 약하므로 걸림돌이 될 수 있다. 이럴 때는 ‘[활동지2-1-③]처럼 ‘교과서 관련 단원 찾기’를 ‘기사 관련 정보 정리’로 대체하면 된다.

[활동지2-1-③] 기사 읽기 쓰기 역량 강화 활동지

기사를 활용한 읽기 쓰기	
학번( ) 이름( )	
기사 제목	
기사 출처	
기사 스크랩 붙이는 곳	
생소한 어휘나 모르는 용어 찾기	
기사 내용 요약	
기사 관련 정보 정리	
기사 내용에 대한 내 생각	

'기사 관련 정보 정리'는 스크랩한 기사의 핵심 내용에 대한 이해를 증진하기 위한 활동이다.

[자료2-1] 기사 관련 정보 정리

이주열 총재 "경제 개선되면 완화조치 정상화 준비"

(상략) 24일 이주열 총재는 '주요 현안에 대한 문답'이라는 서면을 통해 이같이 밝혔다. 앞서 이 총재는 소통 강화 차원에서 최근 경제 상황과 한은 관련 현안에 대한 기자들의 질문을 받았다. 이 총재는 문답집에서 "소비자물가 상승률이 2분기 중 기저효과 등으로 1%대 후반으로 상승하고 연간으로는 지난 전망치(1.3%)보다 높아질 것으로 보이지만, 여전히 물가안정목표 수준(2%)을 밑돌 것"이라고 예상했다. 이어 "코로나가 빠르게 진정돼 억눌렸던 수요가 분출될 경우 인플레이션이 일시적으로 높아질 수는 있겠으나, 지속적으로 확대될 가능성은 크지 않을 것"이므로 "지금은 인플레이션 리스크 확대를 우려해 통화정책으로 대응할 상황은 아니다"라고 밝혔다. (하략) - 〈한겨레신문, 2021.3.24〉

예를 들어 [자료2-1] 같은 기사를 스크랩했을 때, 제시된 기사의 핵심 내용은 '코로나 19로 인해 억제된 수요가 폭증하면 그에 따른 인플레이션이 우려되지만, 통화정책으로 대응할 정도는 아니다'라는 것이다. 결론적으로 이 기사와 관련된 핵심 정보는 '인플레이션'이기 때문에 인플레이션의 발생 원인이나 해결 방법 등을 조사하여 정리하면 된다.

03
유튜브 기반의 읽기 쓰기

신문 기사 스크랩 활동 경험이 쌓이면 이를 바탕으로 소셜미디어를 대표하는 유튜브(YouTube) 영상을 보고 읽기 쓰기 활동을 할 수 있다. '당신(You)'과 '브라운관(Tube, 텔레비전)'의 합성어인 유튜브는 여러 가지 매력이 있다.

첫째, 유익한 정보를 제공하는 귀중한 정보 보따리이다.

둘째, 잠시도 지루할 틈 없는 재미를 제공한다.

셋째, 뛰어난 광고 효과로 경제를 활성화하는 동력이 된다.

넷째, 여론을 형성하여 사회를 변화시키는 도구 역할을 한다(구본권, 2020).

이런 매력을 지닌 유튜브가 정치, 경제, 사회, 문화 등의 시사 영역은 물론 학습, 취미 등의 분야와 관련된 지식과 정보를 제공하면서 우리의 일상 속에 깊숙이 침투해 있다. 이런 상황을 고려하여 유튜브 영상을 통한 읽기 쓰기 역량을 강화할 필요가 있다.

유튜브를 스크랩한다는 말은 해당 영상을 보고 필요한 화면을 캡처하는 일로 이해하면 된다. 앞서 말했듯이 다양한 미디어 텍스트가 새롭게 등장하는 환경이므로 스크랩의 범주도 폭넓게 확장되어야 한다. 종이신문을 가위로 오려 붙이는 것, 인터넷신문에서 필요한 부분을 복사하는 것, 유튜브 화면을 캡처하는 행위, 영화의 한 장면을 편집하는 활동 등을 모두 스크랩 활동으로 여겨야 한다.

[활동지2-2] 유튜브 읽기 쓰기 활동지

유튜브 섬네일 캡처
붙이는 곳

■ 생소한 어휘나 모르는 용어 찾기

■ 유튜브 주요 내용 요약

■ 교과서 관련 단원 찾기

■ 유튜브 내용에 대한 내 생각

• 유튜브 제목 :

• 유튜브 주소 :

• 주요 내용 :

• 시청 일자 :   년   월   일

유튜브 스크랩 활동에 기반을 둔 읽기 쓰기 역량 강화 활동을 공책에 할 때는 [활동지2-2] 형식을 참고하면 된다. 이 형식은 기사 스크랩 활동에 적용한 방식이지만 한 편의 유튜브를 보고 정리하는 과정에서도 그대로 적용할 수 있다.

공책의 왼쪽에는 자신이 본 유튜브의 섬네일을 캡처하고 출력하여 붙인 뒤그 아래에 유튜브 주소와 주요 내용, 시청한 날짜를 정리한다. 오른쪽에는 유튜브 영상을 보면서 알게 된 생소한 어휘나 모르는 용어를 정리하고, 주요 내용을 요약한다. 이어서 유튜브의 핵심 내용과 관련된 교과서의 단원을 찾아간략하게 정리하고, 유튜브의 주요 내용에 대한 자기 생각을 논리적으로 서술하면 된다.

활동지를 이용할 경우에는 앞서 알아본 '[활동지2-1-②]의 기사 읽기 쓰기역량 강화 활동지'와 같은 형식으로 [활동지2-3]처럼 만들어 사용하고 그 결과물을 클리어 파일에 정리하면 된다.

유튜브 텍스트에 기초한 읽기 쓰기를 강화해야 하는 이유는 다른 사람이생산한 영상을 보면서 하염없이 시간만 낭비하는 중독 행위에서 벗어나 우리주변의 다양한 문제를 직시하고 이를 비판적 사고에 기초하여 창의적인 방안으로 해결할 수 있는 사유 역량을 키우기 위해서이다. 사유 역량이 없으면 파도타기 형식으로 계속하여 이어지는 관련 영상을 아무 생각 없이 몰입하여 보게 된다.

유튜브 텍스트를 통한 읽기 쓰기 역량 강화 활동에 필요한 주제는 교사가 선정하거나 학생들이 자율적으로 결정할 수 있다. 팀별 활동을 할 때는 팀

[활동지2-3] 유튜브 텍스트를 통한 읽기 쓰기 활동지

유튜브 텍스트를 통한 읽기 쓰기	
학번( ) 이름( )	
유튜브 제목	
유튜브 주소	
주요 내용	
시청 일자	

유튜브 섬네일과 주요 장면 캡처 붙이는 곳

생소한 어휘나 모르는 용어 찾기	
유튜브 내용 요약	
교과서 관련 단원 찾기	
유튜브 내용에 대한 내 생각	

마다 다른 주제를 주거나, 똑같은 주제를 준 뒤에 정리한 내용을 서로 비교하는 활동을 할 수도 있다.

주제를 정할 때는 범위를 최대한 좁혀 구체적으로 제시해야 한다. 예를 들어 '유튜브 영상을 보고 한국 경제의 현안을 정리하시오'라는 주제를 주면 봐야 할 영상의 범위가 넓어 어떻게 정리해야 할지 갈피를 잡지 못할 수 있다. 이때는 '한국 경제 현안 중에서 1인 가구 증가에 따른 문제점을 유튜브 영상을 보고 정리하시오'처럼 범위를 구체화하여 주제를 제시해야 한다. [그림 2-1]은 유튜브 텍스트를 통한 읽기 쓰기 결과물 사례이다.

[그림2-1] 유튜브 텍스트를 통한 읽기 쓰기 결과물

유튜브 텍스트를 통한 읽기 쓰기	
학번(　　　) 이름(　　　)	
유튜브 제목	세계 아파트 가격 비교, 한국 아파트 순위는?
유튜브 주소	https://www.youtube.com/watch?v=r7GUaRLko-0
시청 일자	2021년 7월 24일

생소한 어휘나 모르는 용어 찾기	넘베오(numbeo): 세계에서 가장 큰 생활비 비교 사이트로, 주택 지표, 범죄율 및 의료의 질을 포함한 삶의 질 정보를 확인할 수 있는 글로벌 데이터베이스
유튜브 내용 요약	세계 주요 도시의 아파트 매매 가격과 임대 가격을 서울과 비교
교과서 관련 단원 찾기	[통합사회: 삶의 이해와 환경] 사람이 사람답게 살아가려면 질 높은 정주 환경의 조성과 삶의 질을 유지하기 위한 경제적 안정이 중요하다.
유튜브 내용에 대한 내 생각	내가 살고 있는 서울의 아파트 가격이 자꾸 오른다고 걱정하는 사람들이 많아 다른 나라의 아파트 매매 가격과 임대가격이 어느 정도인지 알고 싶었다. 2년 전과 지금 상태를 비교하기 위해 이 유튜브를 봤다. 다른 나라의 주요 도시의 아파트 가격도 상당히 높다는 것을 알게 되었다. 아파트 가격 상승이 우리나라만의 문제가 아니라 다른 나라도 문제일 것이라는 생각이 들었다. 과연 다른 나라는 이 문제를 어떻게 해결하는지 계속 알아봐야겠다.

04
미디어 일기를 통한 읽기 쓰기

일기는 그날그날 겪은 일이나 생각, 느낌 따위를 적는 개인의 기록이다. 쳇바퀴처럼 돌아가는 일상을 살아가는 학생들에게 일기 소재를 찾는 게 쉬운 일은 아니다. 이때 미디어 텍스트를 일기 소재로 삼으면 소재의 빈곤에서 탈출할 수 있다. 미디어는 매일매일 온갖 소식을 전하고 있으므로 일기 소재가 풍부한 어장 역할을 한다. 하루 한 건씩 일기 소재를 그냥 건져 올리면 된다.

사실 단발성 일기로는 읽기 쓰기 중심의 리터러시 효과를 기대하기 어렵다. 미디어 일기는 일상적으로 접하는 미디어 텍스트가 모두 일기의 소재가 될 수 있으므로 지속성을 유지할 수 있다는 강점이 있다. 특히 인쇄 미디어를 대표하는 신문에는 본보기가 될 수 있는 정제되고 논리적인 글들이 수두룩하다. 일기 소재를 찾는 과정에서 이런 글들을 자주 읽다 보면 쓰기 역량도 키울 수 있다. 미디어 일기는 인쇄 미디어에 기반을 둔 신문일기 쓰기에서 출발하여 유튜브 일기 쓰기로 변화시킬 수 있다.

신문일기 쓰기 ·················

신문일기*란 하루 동안 관심 있게 읽은 신문의 기사나 사설 등을 스크랩한 뒤 그에 대한 자신의 의견을 쓰는 것이다. 매일 막연하게 글쓰기를 한다면 똑같은 일상 속에서 글을 쓸 내용이 없지만, 신문 기사를 활용해 글을 쓰면 소재가 풍부해져 다방면으로 생각의 폭을 넓힐 수 있다.

신문일기 쓰기는 신문에서 필요한 자료를 찾고, 그 자료를 이해한 뒤 자신의 관점에서 비판하고 평가하는 것이다. 비판적 사고력과 창의력을 바탕으로 일기를 쓰는 복합적인 과정을 거치게 되므로 읽기 쓰기 역량이 크게 향상된다. 신문의 수많은 자료와 기사들 가운데 자신의 관심사를 스크랩하는 과정에서 관찰력과 정보처리 능력 등도 성장할 수 있다.

신문일기 쓰기는 스크랩한 신문 기사를 일기장 한편에 붙인 다음 다른 한편에 자기 생각을 서술한다. 일반적으로 신문 주요 내용에 대한 자기 입장을 정리한다. 이때 신문 주요 내용에 대한 동의나 지지 혹은 반대나 비판 등의 내용을 함께 서술해도 된다.

주제를 정하지 않고 매일매일 일기 주제를 바꿔가면서 쓸 수도 있지만, 한 달 간격으로 일기 주제를 바꾸면 다양한 글을 접하고 쓰는 데 도움이 된다. 예를 들어 첫 달에는 경제 분야 일기를, 다음 달에는 정치 분야, 다음 달에는 사

---

* 조선일보(2007.12.23) '시사문제 약하다면 신문일기 써보세요'(필자의 인터뷰 기사를 재구성). https://www.chosun.com/site/data/html_dir/2007/12/23/2007122300677.html(검색일 : 2021.6.25)

회·문화 분야의 신문일기를 작성하다 보면 다양한 현상을 여러 각도로 볼 수 있는 힘이 생긴다.

자신이 몰입할 수 있는 주제가 있다면 그와 관련된 기사만 스크랩해 장기간에 걸쳐 신문일기를 쓰는 방법도 좋다. 특정 학과 진학을 원하는 학생이라면 그 분야의 기사를 스크랩해 자기 생각을 정리함으로써 해당 분야에 식견이 쌓일 것이다.

기사만 정리하다 보면 지겨울 수 있다. 이럴 때는 신문포토일기나 신문만화일기를 작성하면 된다. 신문포토일기는 신문에 등장하는 다양한 사진을 활용해 일기를 쓰는 것이고, 신문만화일기는 신문의 시사만화를 활용하는 것이다. 시사만화는 현재 쟁점이 되는 사회 문제를 4컷 또는 1컷에 압축적으로 표현한 것으로 시사만화 속의 갈등 내용, 갈등의 주체, 갈등의 해결 방법 등을 생각하면서 일기를 쓰면 논리력을 키우는 데 도움이 된다.

가족이나 친구, 교사와 함께 신문일기를 쓰는 방법도 있다. 누군가 먼저 신문일기를 쓰면 그 뒤에 다음 차례의 사람이 연이어 쓰는 형식이다. 이를 통해 같은 기사를 다른 사람들은 어떻게 보고 있는지 비교 분석할 수 있다.

이처럼 신문일기는 딱딱한 주제 중심의 글쓰기를 두려워하는 학생들에게 자유롭게 일기 소재를 선택할 기회를 주기 때문에 읽기 쓰기에 쉽게 접근할 수 있도록 도와준다.

유튜브 일기 쓰기 ·················

유튜브는 사용자가 자신의 관심 분야나 사회적 쟁점에 관한 의견을 동영상으로 제작하여 올려 한국을 비롯한 지구촌에 사는 수많은 시청자에게 공유하는 체계이다. 유튜브의 등장은 문자 중심의 사고 체계를 영상 중심의 사고 체계로 전환한 일대 사건이라 할 수 있다. 상황이 이렇기에 유튜브를 활용한 일기를 생소하게 여길 필요는 없다. 미디어 생태계의 다양성을 추구하는 차원에서 일기 소재를 다양한 미디어를 통해 구하는 것은 자연스러운 현상이다.

유튜브 일기 쓰기는 두 가지 방법으로 작성할 수 있다.

첫째, 자신이 본 유튜브 영상을 일기 소재로 삼아 작성한다. 자신의 관심 분야에 관련된 유튜브 영상을 선택하여 전체 내용을 시청한 뒤 핵심 내용을 요약하고, 그에 대한 자기 의견을 논리적으로 정리하면 된다. 이때 핵심 내용을 만화로 그리는 형식, 가상의 인물을 정하여 문답하는 형식, 특정 인물에게 유튜브 내용을 편지로 전하는 형식 등 다양한 방식으로 정리하면서 자기 생각을 표출해도 된다.

유튜브 일기 쓰기에 적합한 형식은 [활동지2-4]와 같은 윈도우 패닝(window paning)*이다. 이를 이용하면 독특한 방식의 유튜브 일기 쓰기를 할 수 있다.

먼저, 활동지의 한가운데인 Ⓐ에는 해당 영상의 주제를 적는다. 그 주변의 ①에서 ⑧까지의 빈칸에는 유튜브 영상의 주요 내용과 관련된 핵심 단어나 떠오르는 이미지 8개를 각각의 칸에 기록한다. ①에서 ⑧까지의 빈칸에 유튜브 영상의 주요 장면을 캡처하여 붙여도 된다. 이후에 8개의 핵심 단어나 이미지 및 캡처한 유튜브 영상의 장면에 기초하여 전체 내용을 상기하면서 유튜브

---

* 윈도우 패닝은 단기 기억을 장기 기억으로 전환하는 것을 돕는 방식이며, 학생들이 스스로 학습한 내용을 상징 기호나 그림을 활용하여 정리하는 이미지 학습법이다.

[활동지2-4] 윈도우 패닝으로 유튜브 일기 쓰기 활동지

윈도우 패닝으로 유튜브 일기 쓰기		
학번( ) 이름( )		

<table>
<tr><td colspan="3" style="height:200px">유튜브 섬네일과 주요 장면 캡처하여 붙이는 곳</td></tr>
<tr><td>유튜브 제목</td><td colspan="2"></td></tr>
<tr><td>유튜브 주소</td><td colspan="2"></td></tr>
<tr><td>유튜브 시청일과 날씨</td><td colspan="2"></td></tr>
<tr><td>①</td><td>②</td><td>③</td></tr>
<tr><td>④</td><td>Ⓐ</td><td>⑤</td></tr>
<tr><td>⑥</td><td>⑦</td><td>⑧</td></tr>
<tr><td colspan="3">유튜브 일기 쓰기</td></tr>
<tr><td colspan="3" style="height:200px"></td></tr>
</table>

[그림2-2] 윈도우 패닝으로 유튜브 일기 쓰기 결과물

윈도우 패닝으로 유튜브 일기 쓰기	
학번( ) 이름( )	

유튜브 제목	네이버 vs 카카오 성공 방정식 / 성공하는 기업의 전략 / 경영 지식
유튜브 주소	https://www.youtube.com/watch?v=EKJHdl_am2M
유튜브 시청일과 날씨	2021년 3월 30일, 날씨(맑음)

 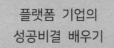 

유튜브 일기 쓰기

나는 막연히 경영학과에 들어가서 경영을 배우고 창업하여 CEO가 되고 싶었다. 하지만 이 유튜브를 보고 쉬운 일이 아님을 알게 되었다. 네이버와 카카오는 매일매일 변화하는 인터넷 환경에 맞추어 함께 변화하고 발전해 나가고 있는 것을 보고 감명 깊었다. 또 네이버가 프랑스어 네이버 사전을 개발할 때 직원들이 프랑스어를 배우는 일을 먼저 시작했다는 것을 보고 그들의 의지와 노력을 본받아야겠다는 생각을 했다.

일기를 작성한다. 유튜브 일기의 소재는 학생이 자유롭게 결정해도 되고, 교사가 지정해 줄 수도 있다. 윈도우 패닝을 이용한 유튜브 일기 쓰기 결과물은 [그림2-2]와 같다.

둘째, 자신의 일상이나 관심사를 영상화하여 유튜브에 탑재하는 형식으로 작성할 수 있다. 이 형식은 쓰기 중심의 일기를 영상 중심의 일기로 전환한 것이다. 지금은 문자 텍스트와 영상 텍스트가 공존하는 세상이므로 반드시 글쓰기 중심의 일기만 고집할 필요가 없다. 유튜브 영상을 탑재하는 것도 일기 쓰기이다. 실제로 브이로그(vlog)를 통해 자신의 일상을 공개하는 사람들이 갈수록 늘고 있다. 영상을 촬영할 때는 전문 유튜버처럼 고가의 장비를 사용하여 다채로운 영상을 촬영하지 않아도 된다. 개인이 소지한 스마트폰을 이용하여 그날그날의 자기 사유를 기록하는 영상을 만들면 된다. 다만 재산권, 초상권, 저작권 등을 침해하지 않도록 영상 제작 때 각별히 신경을 써야 한다.

05
칼럼·사설과 유튜브 기반의 읽기 쓰기 심화 활동

칼럼·사설과 유튜브 기반의 읽기 쓰기 심화 활동은 비판적 사고력을 키우기 위한 활동이다. 비판적 사고력은 주어진 글이나 상황을 깊이 있게 이해하기 위해 이모저모를 되새기고 따지는 사고 역량이다.

비판적 사고력은 반성적 사고와 평가적 사고에 기초해 이뤄진다.

반성적 사고는 글쓴이가 글을 쓴 의도나 목적이 무엇인지, 독자에게 던지는 문제의식이 무엇인지, 글쓴이가 사용한 자료나 소재는 무엇인지, 글쓴이가 생각하는 해결책은 무엇인지, 글에 나오는 개념이나 이론은 무엇인지, 글 속에 담긴 함축은 무엇인지, 글쓴이의 관점은 무엇인지를 반성적으로 살피면서 글쓴이의 견해가 무엇인지를 정확하게 되새기며 확인하는 과정이다.

평가적 사고는 글쓴이의 주장과 근거는 무엇인지, 근거 설명은 구체적인지, 주장을 뒷받침하는 근거는 타당한지, 어느 쪽을 대변하고 있는지, 이 글을 낸 의도는 무엇인지 등을 비판적으로 검토하여 글쓴이의 견해를 수용할지 말지를 따지는 과정이다.

칼럼과 사설을 활용한 심화 활동이 '글쓴이'의 견해를 중심으로 되새기고 따지는 활동이라면, 유튜브를 활용한 심화 활동은 '동영상 제작자'의 생각을 중심으로 되새기고 따지는 과정이라고 여기면 된다. 칼럼과 사설은 글로 표현하는 자기주장이고, 유튜브는 영상으로 표현하는 자기주장이기 때문에 글쓴이와 동영상 제작자는 본질적으로 같은 성격의 표현 주체라고 할 수 있다.

칼럼, 사설, 유튜브 등의 미디어 텍스트를 활용한 읽기 쓰기 심화 활동의 목적은 반성적 사고와 평가적 사고에 기초하여 비판적 사고력을 키우는 데 있지만, '팩트 체크' 못지않게 '오피니언 체크'도 중요하다는 것을 강조하기 위함이기도 하다.

칼럼을 활용한 '반성적 사고'를 키우는 읽기 쓰기 심화 활동

칼럼을 바탕으로 반성적 사고를 키우는 읽기 쓰기 심화 활동을 할 수 있다. 칼럼은 사회 여러 분야의 전문가가 정치, 경제, 사회, 문화 등의 쟁점에 대해 자기 논리를 밝힌 글이 대부분이다. 칼럼은 글쓴이가 특정한 쟁점에 관한 주장을 하면서 그에 따른 근거를 내세워 독자를 설득하거나 이해시킨다. 또 사회적 쟁점에 대한 문제 상황의 해결 방안이나 문제해결을 위한 기준을 제시하기도 한다. 이 때문에 [활동지2-5]를 활용하여 칼럼 읽기를 반복하면 우리 사회의 현안을 짚어보고 깊이 있게 이해할 때 도움이 된다.

[활동지2-5] 칼럼을 활용한 '반성적 사고'를 키우는 읽기 쓰기 심화 활동지

칼럼을 활용한 읽기 쓰기 심화 활동	
학번( ) 이름( )	
칼럼 제목	
칼럼 출처	( )일보/신문, 년 월 일

칼럼 스크랩 붙이는 곳

쓴 의도나 목적은 무엇인가?	
독자에게 던지는 문제의식은 무엇인가?	
글쓴이가 사용한 자료는 무엇인가?	
글쓴이가 생각하는 해결책은 무엇인가?	
글에 나오는 기본 개념이나 이론은 무엇인가?	
글 속에 담긴 전제조건은 무엇인가?	
이 글이 함축하는 것은 무엇인가?	
글쓴이의 관점(시각, 방향성)은 무엇인가?	

[그림2-3] 칼럼을 활용한 '반성적 사고'를 키우는 읽기 쓰기 심화 활동 결과물

칼럼을 활용한 읽기 쓰기 심화 활동지

학번( ) 이름( )	
칼럼 제목	신뉴딜과 한국 경제의 길
칼럼 출처	(경향)일보/신문, 2021년 9월 8일

2021년 09월 08일
27면 (오피니언)

신뉴딜과 한국 경제의 길

1930년대 대공황의 와중에서 미국의 프랭클린 루스벨트 대통령은 뉴딜 정책을 시행했다. 정부지출확대와 일자리창출 사업을 통한 경기부양이 목적이지만 동시에 노동권과 사회보장 강화, 반독점 규제와 같은진보적 프로그램이 추진되었다. 뉴딜이 경기부양에 큰 효과가 있었는지는 논쟁의 대상이지만 경제 사상의 흐름을 만들었다는 데는 큰 이견이 없다. 뉴딜은 경제 사상의 주류가 정부를 최소화하고 시장을 최대화해야 인류가 행복해질 수있다고 믿는 고전적자유주의에서 개인의 행복추구권을 실현하기 위해서는 국가가적극 개입해야 한다는 뉴딜 자유주의로 이동하는 계기를 만들었다.

1980년대부터 득세하여 신자유주의라고 불리게 된 고전적 자유주의의 세찬 복귀는 21세기에 들어와 힘을 잃었다. 그러나 어떤 사조가 이를 대체하고 있는지 불분명하다. 2008년 세계금융위기가 촉발한 월스트리트 점령운동은 세계가 진보적 자유주의로 회귀할 것을 암시하는 듯했다. 그러나 엉뚱하게도 주요 국가의 사회 분위기는 반대 방향으로 뛰었다. 영국의 브렉시트운동, 미국의 트럼프, 이탈리아의 오성운동, 프랑스의 국민연합 등 새로운 우파 세력의 득세는 세계가 다원주의에 기반을 둔자유주의적 질서에서 이탈하여 포퓰리스트가 지배하는 인종적 민족주의의 흔돈으로 퇴행할지도 모른다는 불안감을 자아냈다. 동시에 중국과 일본에서는 부국강병형 민족주의가 부활하여이 흐름에 가세했다.

최근이런한 분위기에 큰 변화가 생겼다. 팬데믹에 대한 과감한 대응과 미국의 민주당 정부 출범과 함께 시작된 일련의 정책은경제정책의 중심을 좌측으로 성큼 이동시켰다. 신진국정부들은 GDP의 16%에이르는막대한 재정을 팬데믹 대응에 퍼부었다. 그 결과 미국과 유럽에서 GDP 대비정부부채비중이 마지노선이라던 100%를 초과하는 일이 일상이되었다. 또한 미국과 유럽의 중앙은행은 세계금융위기 당시에는 여러 해에 걸쳐 분산 매입했던양의 정부재권을 단1년에 매입하면서 거대한 양의 화폐를 시장에 쏟아부었다. 그 결과 유럽과 미국의 중앙은행이 보유하는 정부재권은 총발행액의 20%를 크게 초과하여 중앙은행의 정부부채를 사실상 화폐화하는 단계에 다가갔다. 또하나의거시정책 금기가 깨졌다.

이에 더해 미국의 조바이든 정부는 장기간에 걸쳐 대형 재정지출 정책을 추진하고 있다. 이는 전통적 개인지연 수요 견인 정책과 함께 정부가 인프라 건설과 신산업 투자에 적극적 역할을 함으로써 민간 투자를 선도하겠다는 정부 주도 공급사이드 정책을 포함하고 있다. 동시에 바이든 정부는 반도체, 배터리, 전기차 등의 산업에서 보조금에 기반한 강한 산업정책을 추진하고 있다. 그동안 세계무역 질서를 유지했던 WTO 체제와 크게 충돌하는 정책이다. 탄소중립정책또한 정부가 시장 실패를 교정하기 위해 시장을 규제하고 민간 투자 유인을 적극적으로 형성하겠다는 강력한 형태의산업정책이다. 그리고 공약했던 최저임금 상승도, 노동조합강화 법안은 상원에서 막혀 있지만 새로운 무역 질서 형성을 통해 인권과 노동권 강화를 도모하고있다.

이러한 움직임이 지속된다면 루스벨트의 뉴딜에 못지않은 거대한 변화의 시작이 될 수 있다. 또한신흥국은 선진국과 다르게 움직일 때 모난 돌이 되어 정을 맞기 쉬운 국제정치와 금융의 현실에서 한국 경제가 정부의 역할을 강화할수있는 공간을확장할 수 있다.

그러나 국제금융 시장에서 신흥국과 선진국 사이의 회색지대에 놓여 있는 한국 경제가 어디까지 움직일 수 있는지에 대해서는 냉철한 판단이 필요하다. 인구당 확진자 수가 우리의 수십 배에 달했고 성장률 하락폭이 우리의 4배에서 6배나 되었던 미국과 유럽의 상황을 고려하지 않고 한국이 작년에 기록한 GDP 대비 4~5% 재정수지 적자는 선진국에 비해 크게 낮았다고 주장하는 것은 냉철한 판단과거리가 멀다. 선진국 중앙은행이 자산 가격과 부채가 크게 부풀어오르는 것을 방치하고 인플레이션과 고용 목표에 집중하는 것도 그대로 따라할 수 없다. 선진국의재정정책과 통화정책 정상화의 스케줄과 여파에 불확실성이 가득하고 미·중 무역갈등이 언제 다시 금융시장을 휘저을지 모르는 상황에서 더욱 그렇다. 탄소중립의 앞길도 험난하다. 서비스 중심의 선진국에서는 일부 산업이지만 한국에서는 주력 산업의 대부분이 큰 조정을 해야 한다. 더구나 선진국에 비하면 아직 시작도 못했다는 같은 시점에 종착역에 도착할 것이 요구되는 탄소중립은 재정과 성장에 선진국에서보다 큰 압박을 가할 것이다. 변화의 바람을 현명하게 다스리는 지혜가 어느때보다 필요한 시점이다.

쓴 의도나 목적은 무엇인가?	현재 한국의 경제 정책이 나아가야 할 방향을 조언하기 위해서이다
독자에게 던지는 문제의식은 무엇인가?	한국의 경제 방향을 설정하려면 냉철한 판단이 필요하다고 말한다
글쓴이가 사용한 자료는 무엇인가?	GDP 대비 재정 비율, GDP 대비 정부 부채 비중, GDP 대비 재정 수지 적자 등의 수치한
글쓴이가 생각하는 해결책은 무엇인가?	정부의 역할을 강화하되, 우리의 상황을 직시하고 선진국의 정책 변화에 대비해야 한다
글에 나오는 기본 개념이나 이론은 무엇인가?	고전적 자유주의, 뉴딜 자유주의, 신자유주의, 진보 자유주의 등이 있다
글 속에 담긴 전제조건은 무엇인가?	신자유주의는 21세기에 적합하지 못하다 / 한국은 경제 방향을 바꿔야 한다
이 글이 함축하는 것은 무엇인가?	선진국이 진보적 자유주의로의 흐름을 시작하며 한국도 이 흐름을 인정하고 있어야 함을 함축한다
글쓴이의 관점(시각, 방향성)은 무엇인가?	한국만의 진보적 자유주의로 만들어야 한다

칼럼 스크랩에 기초한 읽기 쓰기 심화 활동은 글쓴이의 의도나 문제의식, 글쓰기 소재와 해결책, 전문가 차원에서 사용하는 개념이나 이론, 전제 조건이나 함축, 관점이나 시각 등을 알아보기 위해 진행하는 것이다. 심화 활동 초기에는 특정 칼럼을 교사가 스크랩한 뒤에 이를 바탕으로 교사와 학생이 함께 활동지 속의 질문에 대한 답을 논의하는 활동을 하고, 이 활동이 익숙해지면 학생들이 중심이 되어 스크랩과 논의 활동을 하고 내용을 정리하면 된다.

칼럼 스크랩에 기초한 심화 활동을 계속하면 사회 현안에 대한 논쟁 수업이 가능하다. 사회 문제에 대해 학생들이 자기 입장을 논리적으로 펼치는 게 쉽지는 않지만, 사회적 쟁점과 관련된 칼럼을 읽고 스스로 분석하고 비판하며 사고하는 경험을 할 수 있기 때문이다. [그림2-3]을 통해 알 수 있듯이 특정 사회 현안에 관한 칼럼을 반복적으로 읽고 정리하는 활동을 하면 전문가들이 어떤 논리의 글쓰기를 통해 상대방을 설득하는지를 알 수 있어 사회 현안 논쟁 수업을 진행하는 데 도움이 된다.

유튜브를 활용한 '반성적 사고'를 키우는 읽기 쓰기 심화 활동

칼럼을 활용한 '반성적 사고'를 키우는 읽기 쓰기 심화 활동을 한 뒤에 유튜브 읽기 쓰기 심화 활동을 할 수 있다. 유튜브는 지식이나 정보를 제공하기도 하지만, 사회적 쟁점에 관한 자기주장을 펼치는 일종의 영상 칼럼이기도 하다. 디지털 세대들에게 유튜브는 영상으로 만든 교과서 역할을 한다. 유튜브는 세상살이에 필요한 기초 지식을 굳이 교과서를 통해 구하는 시대가 아니라는 것을 증명하는 생산물이다.

유튜브에는 타인에게 도움을 주는 알찬 내용이 담긴 영상도 있지만, 편향적이고 부정확한 내용을 담은 부실한 영상도 많다. 이런 측면에서 유튜브를 반성적 사고 관점에서 살피는 활동이 어느 때보다 절실하다. 이런 상황을 고려하여 칼럼 스크랩을 통해 익힌 방법처럼 [활동지 2-6-①]를 활용하여 유튜브를 분석하고 평가하는 힘을 키울 수 있다.

[활동지2-6-①] 유튜브를 활용한 '반성적 사고'를 키우는 읽기 쓰기 심화 활동 정리 공책

유튜브 섬네일 캡처 붙이는 곳	■ 영상의 의도나 목적은 무엇인가? ■ 시청자에게 던지는 문제의식은 무엇인가? ■ 영상에 사용한 자료는 무엇인가? ■ 영상이 제시하는 해결책은 무엇인가? ■ 영상에 나오는 기본 개념이나 이론은 무엇인가? ■ 영상에 담긴 전제조건은 무엇인가? ■ 영상이 함축하는 것은 무엇인가? ■ 영상의 관점(시각, 방향성)은 무엇인가?
• 유튜브 제목 : • 유튜브 주소 : • 주요 내용 : • 시청 일자 : 년 월 일	

[활동지2-6-②] 유튜브를 활용한 '반성적 사고'를 키우는 읽기 쓰기 심화 활동지

유튜브를 활용한 읽기 쓰기 심화 활동	
학번( ) 이름( )	
유튜브 제목	
유튜브 주소	
주요 내용	
시청 일자	년 월 일

유튜브 섬네일과 주요 장면 캡처하여 붙이는 곳

영상의 의도나 목적은 무엇인가?	
시청자에게 던지는 문제의식은 무엇인가?	
영상에 사용한 자료는 무엇인가?	
영상이 제시하는 해결책은 무엇인가?	
영상에 나오는 기본 개념이나 이론은 무엇인가?	
영상에 담긴 전제조건은 무엇인가?	
영상이 함축하는 것은 무엇인가?	
영상의 관점(시각, 방향성)은 무엇인가?	

[그림2-4] 유튜브를 활용한 '반성적 사고'를 키우는 읽기 쓰기 심화 활동 결과물

유튜브를 활용한 읽기 쓰기 심화 활동	
학번( ) 이름( )	
유튜브 제목	코로나 불평등, 벼랑 끝 사람들
유튜브 주소	https://www.youtube.com/watch?v=F7X2XtJz4IY
주요 내용	코로나19로 인해 일터에서 쫓겨난 사람들이 노숙인이 되어 힘들게 살아가는 내용과 그 사람들을 돕는 사람들 이야기
시청 일자	2021년 8월 14일

영상의 의도나 목적은 무엇인가?	코로나로 인해 가난한 사람들의 힘겨운 생활을 알리기 위해 만들었다.
시청자에게 던지는 문제의식은 무엇인가?	노숙인을 개인의 문제로 볼 게 아니라 사회적 시스템의 문제로 봐야 한다.
영상에 사용한 자료는 무엇인가?	쪽방촌 현장 취재와 노숙인 인터뷰
영상이 제시하는 해결책은 무엇인가?	구체적인 해결책은 제시하지 않고 있지만, 정부의 개입이 필요하다는 생각이 든다.
영상에 나오는 기본 개념이나 이론은 무엇인가?	홈리스, 소득, 노숙인, 불평등, 무료급식
영상에 담긴 전제조건은 무엇인가?	코로나 시기를 어떻게 극복해야 하느냐하는 문제를 담고 있다.
영상이 함축하는 것은 무엇인가?	이런 시기에 과연 우리 사회와 정부는 어떻게 해야 하나를 함축하고 있다.
영상의 관점(시각, 방향성)은 무엇인가?	코로나로 인해 심해지는 불평등의 문제를 어떻게 해결할 것인가에 대한 문제제기를 하고 있다.

유튜브를 활용한 '반성적 사고'를 키우는 읽기 쓰기 심화 활동은 유튜브를 깊이 있게 볼 수 있도록 안내하는 역할을 한다. 공책에 정리하는 활동 대신에 [활동지2-6-②]와 같은 활동지를 이용해도 된다.

칼럼과 유튜브 스크랩에 기초한 심화 활동 때는 읽기에 버금가는 쓰기의 중요성을 강조해야 한다. 앞서도 언급했지만, 쓰기를 제대로 해야 자신의 의식을 논리적으로 드러내고 사고의 흐름을 구조화시킬 수 있다. 특히 미디어를 통해 접하는 우리 사회의 문제에 대한 자기 인식은 쓰기를 통해 다듬어지고 성숙해진다. 이런 활동이 정착되면 시사 문제에 관한 논평을 할 힘이 생기고, 문제 상황에 대한 비판적 논거도 마련할 수 있다. 이런 과정을 거치면 미디어를 보고 논리적으로 글쓰기를 할 힘이 생기고, 다른 사람의 글이나 영상을 비판할 수 있는 안목도 자연스레 커진다.

사설을 활용한 '평가적 사고'를 키우는 읽기 쓰기 심화 활동

사설은 대중의 의견을 반영한 게 아닌 신문사의 의견이기 때문에 주장이 강하게 드러나는 글이 대부분이다. 그런데 사설은 꼭 다뤄야 할 소재, 제기돼야 할 의제가 당시 사정이나 요구에 알맞게 다뤄지지 않을 때도 있다. 민감한 의제를 두고 펜이 굽거나 목소리가 꼬일 때도 있고, 힘 있고 권력 있는 사람의 이해와 입장을 대변하기에 급급해 보일 때도 있다. 또는 애매한 문제에 대해 공정과 형평을 빙자해 어느 한쪽 주장을 편들기보다 이쪽도 문제가 있고, 저쪽도 문제가 있다는 양비론을 펼치는 경우도 있다.

사회적인 쟁점을 두고 주장이 극명하게 갈리는 사설도 많다. 예컨대 모기

[활동지2-7] 사설을 활용한 '평가적 사고'를 키우는 읽기 쓰기 심화 활동지

비판적으로 사설 읽기 활동	
학번( ) 이름( )	
사설 제목	
사설 출처	( )일보/신문, 년 월 일

사설 스크랩 붙이는 곳

주장은 무엇인가? [Ⓐ]	
근거는 무엇인가? [Ⓑ]	
근거 설명은 구체적인가? [Ⓒ]	
주장을 뒷받침하는 근거는 타당한가?	
어느 쪽을 대변하고 있는가?	
사설을 낸 의도는 무엇인가?	
평점	☆☆☆☆☆☆☆☆☆☆

[그림2-5] 사설을 활용한 '평가적 사고'를 키우는 읽기 쓰기 심화 활동 결과물

비판적으로 사설 읽기 활동지

학번(　　　) 이름(　　　)

사설 제목	골목상권까지 진출한 빅테크들, 부작용 대책 시급하다
사설 출처	(경향)일보/신문, 2021년 9월 8일

2021년 09월 08일
27면 (사설/칼럼)

골목상권까지 진출한 빅테크들, 부작용 대책 시급하다

7일 국회와 참여연대에서 열린 두 행사는 대형 플랫폼기업 등 '빅테크'들의 불공정행위에 따른 부작용 실태를 잘 보여준다. 여당 의원·소상공인과 시민단체들은 카카오를 중심으로 한 '플랫폼대기업의 불공정거래 근절 및 골목상권 생태계 보호 대책 토론회'를, 11개 소상공인단체는 '쿠팡 시장침탈 저지 전국자영업피해대책위원회' 발족식을 열었다. (규제의 사각지대에서 생겨나는 빅테크 기업들의 부작용을 막을 대책 마련이 그만큼 시급하다는 것이다.)

카카오나 네이버·쿠팡 등은 이미 우월한 시장 지배력을 통한 갑질과 경쟁사의 싹을 자르는 문어발식 인수·합병(M&A) 등으로 비판받고 있다. 혁신기업으로 주목받기도 했지만, 규모를 키우자마자 공정경쟁이나 소비자 보호보다는 수익 극대화에 매달린다는 지적이 많다. 당장 카카오는 계열사가 45개 (2015년에서 118개(6월 기준)로 늘렸다. 대리운전은 물론 꽃배달·미용실까지 그야말로 문어발식 확장을 하고 있다. 소상공인들은 플랫폼의 독점적 지위를 이용한 불공정거래로 골목상권 생태계가 파괴되고 있다고 하소연한다. 중소상인·자영업자들은 쿠팡과 대형 플랫폼들이 상생협약 입증까지 진출, 자신들의 생존권이 위협받는다고 호소한다. 빅테크의 골목상권 장악과 불공정거래 사례는 허다하다. 일방적 거래조건 변경과 수수료 책정, 경쟁 사업자와의 거래를 막는 등의 거래조건 차별, 알고리즘 조작 의혹 등이 대표적이다. 최근 카카오모빌리티가 시도한 택시 '스마트 호출' 요금인상, 구글의 인앱결제 강요는 이들 빅테크기업의 폐해를 단적으로 보여준다.

코로나19 이후 플랫폼경제가 급성장하며 적절한 규제가 요구되자 미국과 유럽연합(EU) 등 주요국은 빅테크의 불공정 경쟁·거래를 막는 규제책 마련에 나섰다. 미국의 이른바 'GAFA'(구글·애플·페이스북·아마존) 규제, EU의 '디지털시장법'들이다.

그러나 국내의 경우 논의가 더디다. 빅테크의 불공정행위를 규제할 '온라인플랫폼공정화법' 제정 움직임 등이 있지만 속도는 미비하다. 소비자 보호를 위한 '전자상거래 소비자 보호법' 개정안, 최근 발의된 관련 법안들은 국회에서 잠자다시피 하고 있다. 국회와 정부는 더 이상 빅테크의 부작용을 막는 대책 마련에 주저해서는 안 된다. 빅테크들도 혁신을 통한 생산성 향상이란 기대와 정반대로 '생산성 역설'이 나타나고 있음을 자성하고, 규모에 걸맞은 사회적 책임감을 가져야 한다.

주장은 무엇인가? [A]	규제의 사각지대에서 생겨나는 빅테크 기업들의 부작용을 막을 대책 마련이 시급하다.
근거는 무엇인가? [B]	우월한 시장 지배력을 통해 갑질 문제나 경쟁사의 싹을 잘라 문어발식 인수·합병하고 있으며 소비자보호나 공정경쟁 에는 관심을 두지 않고 수익 극대화에 매달리기 때문이다.
근거 설명은 구체적인가? [C]	구체적이다. 계열사를 늘려서 불공정 거래로 소상공인들과 중소자영업·자영업자 들이 생존권을 위협받는 사례를 들었고, 구글과 카카오모빌리티의 사례를 구체적으로 들었기 때문이다.
주장을 뒷받침하는 근거는 타당한가?	타당하다. 많은 사람들의 생존권을 위협받고 있고, 대책이 없어 대책 마련이 시급한 것이 맞기 때문이다.
어느 쪽을 대변하고 있는가?	소상공인과 시민단체들을 대변하고 있다. 플랫폼기업들의 부정적인 부분만을 초점으로 보고 피해 사례를 대변하는 이들의 사례를 보기 때문이다.
사설을 낸 의도는 무엇인가?	국회와 정부에서 대책 마련이 시급함을 알리고 많은 이들이 피해를 입고 있음을 알리기 위해서이다.
평점	★★★★★★★☆☆☆

089

업의 부회장에 대한 사면을 둘러싸고 한쪽은 '사면해야 한다'는 논리를 전개하고, 다른 쪽은 '사면하지 말아야 한다'는 의견을 내고 있다. 또 한쪽은 골목 상권 보호를 위해 카카오, 네이버, 쿠팡과 같은 플랫폼 기업을 '강력하게 규제해야 한다'는 주장을 하고, 다른 쪽은 '규제 일변도의 정책은 도움이 되지 않는다'는 의견을 낸다.

사설을 읽고 평가적 사고를 키우는 읽기 쓰기 심화 활동은 [활동지2-7]에 기초해 할 수 있다. 이 활동을 할 때 사설을 읽고 주장 부분은 Ⓐ, 근거 부분은 Ⓑ, 근거 설명 부분은 Ⓒ로 표시하며 해당 부분에 밑줄을 치면서 읽는다. 그 뒤에 주장과 근거 사이의 관계를 살피고, 어느 쪽을 대변하는지, 사설을 낸 의도가 무엇인지를 따져 평점을 매긴다. 보통 수준을 별 다섯 개로 정하고 그 이하와 그 이상에 해당하는 별에 색칠하면 된다. 사설을 활용하여 평가적 사고를 키우는 읽기 쓰기 심화 활동의 결과물은 [그림2-5]와 같다.

유튜브를 활용한 '평가적 사고'를 키우는 읽기 쓰기 심화 활동

유튜브를 활용한 '평가적 사고'를 키우는 읽기 쓰기 심화 활동을 할 때는 주제를 지나치게 넓게 잡기보다 세부적인 주제를 명확하게 제시해야 한다. 예를 들어 '사회적 약자에 대한 인권 침해'라는 주제보다 '청소년의 노동 인권'이나 '성소수자의 인권 문제'처럼 세부적인 주제를 제시해야 학생들의 참여와 활동이 한층 수월해진다.

유튜브를 활용한 평가적 사고를 키우는 읽기 쓰기 심화 활동은 [활동지2-8]에 기초하여 실시하면 된다.

[활동지2-8] 유튜브를 활용한 '평가적 사고'를 키우는 읽기 쓰기 심화 활동지

유튜브를 활용한 읽기 쓰기 심화 활동	
학번( ) 이름( )	
유튜브 제목	
유튜브 주소	
주요 내용	
시청 일자	년 월 일

유튜브 섬네일과 주요 장면 캡처하여 붙이는 곳

주장은 무엇인가?	
근거는 무엇인가?	
근거 설명은 구체적인가?	
주장을 뒷받침하는 근거는 타당한가?	
어느 쪽을 대변하고 있는가?	
동영상을 올린 의도는 무엇인가?	
평점	☆☆☆☆☆☆☆☆☆☆

사설과 유튜브를 활용한 '평가적 사고'를 키우는 읽기 쓰기 심화 활동을 따분하게 느낄 수도 있다. 그렇지만 이런 실천 경험의 유무에 따라 미디어를 읽는 안목이 달라진다. 더불어 반성적 사고와 평가적 사고에 기초한 비판적 사고력을 신장할 수 있다. 비판적 사고력이 부족하면 타인의 생각을 맹목적으로 추종하게 되고, 세상을 제대로 볼 수 있는 시력을 잃게 될 수 있다.

또한 칼럼·사설과 유튜브를 활용한 반성적 사고와 평가적 사고를 키우는 읽기 쓰기 심화 활동은 가짜뉴스와 허위조작정보 등을 가리는 팩트 체크 중심의 비판적 미디어 수용 교육을 위한 심화 활동 역할도 한다. 팩트 체크가 '사실' 확인 중심의 활동이라면, 반성적 사고와 평가적 사고를 키우는 활동은 '사실'은 물론 '의견'까지 포괄하는 검증 활동이다.

06
통계 리터러시 역량 키우기

미디어 텍스트에는 그래프, 도표 같은 통계가 있다. 신문을 보면 주요한 사안의 핵심 내용을 쉽게 알 수 있도록 통계를 제시한 기사가 꽤 있다. 유튜브에서도 특정 주제에 관한 상황적 이해를 돕기 위해 통계를 적극적으로 활용한다.

통계는 경험적 연구나 조사를 알아보기 쉽게 정리한 것이다. 글보다 수치가 중심이 되는 자료이다. 또한 어떤 주장을 할 때 숫자를 사용하므로 분명해 보여서 사람들을 설득하기 좋은 재료이다. 하지만 자신의 주장을 강력하게 표현하려고 통계를 과장하거나 중요하지 않은 통계를 중요한 것처럼 다루는 경우가 있다. 이 때문에 통계를 정치적, 사회적, 역사적 맥락 속에서 비판적으로 읽는 눈을 가져야 한다.

통계를 수학과 동일시하여 무조건 어렵다고 여기고 아예 접근하지 않으려는 경향이 있다. 이런 상황을 고려하여 통계 리터러시 역량을 키우려면 [표

2-4]처럼 단계별로 접근해야 한다.

[표2-4] 통계 리터러시 단계별 활동

단계	활동 내용
1단계	통계의 구성 요소를 살피는 활동
2단계	통계를 읽고 원인과 결과를 찾아 쓰는 활동
3단계	원인과 결과 분석에 기초한 해결책 쓰기 활동

1단계는 통계를 스크랩한 뒤에 통계를 구성하는 여러 가지 요소를 알아보는 읽기 활동에 주력하는 시간이다. 학생들에게 통계 텍스트를 보여주면 수학의 표준편차, 평균값, 정규분포, 표본평균 등을 떠올려 지레 겁먹고 분석하기를 주저한다. 이런 상황을 극복하려면 우선 학생들의 실생활과 밀접한 통계를 골라 분석하는 활동을 해야 한다. 예를 들어 청소년 비만율, 아침 식습관 등의 통계를 제시하고 수학적인 분석보다 '출처', '조사 기관', '조사 내용' 등을 하나씩 살펴보면서 통계가 전달하려는 내용을 정리하는 것이다. 그래야 통계 분석에 대한 두려움을 줄이고 통계를 자연스레 읽는 역량을 키울 수 있다.

2단계는 주어진 통계를 원인과 결과 요소 중심으로 분석하는 시간이다. 통계는 원인이나 결과 요소를 중심으로 표현된다. 원인을 중심으로 나타낸 통계를 통해서 결과를 추론해 보거나, 결과를 중심으로 나타낸 통계를 통해서 원인을 생각하는 활동을 하면 인과 관계를 이해하는 데 도움이 된다. 예를 들어 청소년의 비만율은 결과 중심의 통계이다. 이런 통계는 청소년의 비만을 초래한 원인을 생각하면서 원인과 결과의 인과성을 판단할 수 있다. 또한 집값 상승의 원인을 구체화한 통계를 사용한다면 이를 바탕으로 이후 어떤 결과가 나올지를 추론할 수 있다.

3단계는 원인과 결과 분석에 기초하여 문제 상황을 도출한 뒤에 해결책을 내보는 쓰기 활동 시간이다. 제시된 통계를 구성 요소별로 살펴 무엇을 전달하려는지 파악하고, 그에 기초하여 원인과 결과를 분석한 뒤에 문제 상황을 찾아 해결책을 내보는 활동을 해야 통계 리터러시 활동이 완성된다. 예를 들어 청소년 비만율에 관한 통계를 살핀 뒤에 문제 상황인 비만을 줄이기 위한 해결책으로 즉석 음식 줄이기, 아침 식사하기, 매일 운동하기, 야식하지 않기 등의 구체적인 방안을 제시하면 된다.

1. 통계의 구성 요소를 살피는 활동 ·················

통계의 구성 요소를 살피는 활동은 미디어에 등장하는 그래프와 도표를 스크랩한 뒤에 조사 내용, 조사 기관, 조사 기간, 조사 지역, 조사 대상, 통계 단위, 조사 방법(전수조사, 표본조사), 통계 출처 등을 찾아 정리하는 과정이다(권영부 외, 2019). 통계의 구성 요소를 살펴볼 때는 [활동지2-9]와 같은 활동지를 사용하면 된다.

[활동지2-9] 통계의 구성 요소를 살피는 활동지

통계의 구성 요소를 살피는 활동			
학번		**이름**	

통계 스크랩 붙이는 곳

조사 내용		조사 기관	
조사 기간		**조사 지역**	
조사 대상		**통계 단위**	
조사 방법	전수조사( ) 표본조사( )	**통계 출처**	
알게 된 것			

'조사 내용'은 통계의 제목에 해당하는 것으로 일반적으로 통계표의 위 또는 아래에 있다. '조사 기관'은 통계를 조사한 기관으로 통계청, 한국은행, 삼성경제연구소 등을 들 수 있다. '조사 기간'은 언제부터 언제까지 조사한 것인지를 찾아 정리한다. '조사 지역'은 통계 조사를 한 특정 개인, 지역, 국가 등을 알아보고 기록한다. '조사 대상'은 누구를 대상으로 한 것인지를 파악하여 정리하면 된다. '통계 단위'는 %, 명 등의 단위를 확인한 뒤에 기록한다. 단위가 복수일 경우도 있으므로 정확하게 살피도록 지도한다.

'조사 방법'은 전수조사, 표본조사 여부를 해당 괄호에 동그라미로 표시하면 된다. 전수조사는 통계 조사에서 통계적 관찰의 대상이 되는 집단 전체인 모집단 전부를 조사하는 방법이고, 표본조사는 어느 집단의 특성을 알고자 할 때 집단의 일부를 조사하여 집단 전체의 특성을 추정하는 방법을 말한다.

'통계 출처'는 제시된 통계의 수집 경로를 정리하면 된다. 특정 신문과 방송사 또는 통계청, 한국은행, 정부 기관 등이 통계 출처가 된다. 이때 통계 출처가 조사 기관과 같을 수도 있고, 그렇지 않을 수도 있다.

'알게 된 것'에는 통계를 통해 새롭게 알게 된 사실을 정리한다.

통계의 구성 요소를 읽는 활동을 한 뒤에는 [활동지2-10]을 활용하여 주어진 통계를 두 사람이 함께 읽는 '통계로 대화 나누기' 활동을 할 수 있다.

[활동지2-10] 통계로 대화 나누기 활동지

통계로 대화 나누기 활동					
학번		**이름**		**학번**		**이름**	

통계 스크랩 붙이는 곳

조사 내용		조사 기관	
조사 기간		조사 지역	
조사 대상		통계 단위	
조사 방법	전수조사( ) 표본조사( )	통계 출처	

질문한 사람 ( )	대답한 사람 ( )

이 활동은 똑같은 활동지를 두 사람에게 나눠주고 시작한다. 두 사람이 함께 통계를 읽고 각자 질문을 만들어 상대방과 교환한 뒤에 그에 대한 대답을 적고 다시 교환하여 질문과 답변한 내용에 관한 의견을 나누면 된다. 이 형식은 통계의 구성 요소도 살피고, 통계가 전하려는 메시지를 여러 각도로 분석할 수 있다는 이점이 있다.

[그림2-6] 통계로 대화 나누기 활동 결과물

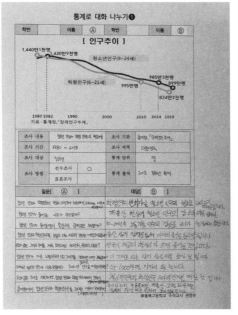 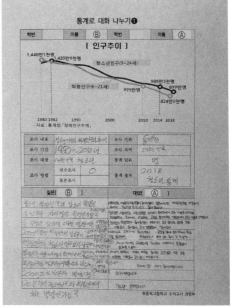

[그림2-6]처럼 통계로 대화 나누기 활동을 할 때는 통계 텍스트를 각자 잘 읽고, 두 명(Ⓐ와 Ⓑ)이 각자 질문을 만든 뒤 서로 교환하여 그 질문에 대한 답

을 작성하는 활동을 진행하면 된다. 왼쪽 결과물을 보면 ⒜학생의 '청소년 인구와 학령 인구 그래프가 비슷하게 나타나는 이유가 무엇일까?'라는 질문에 대해 ⒝학생은 '학령 인구 변화가 곧 청소년 인구 변화이기 때문이다'라는 대답을 했다. 또 ⒜학생의 '청소년 인구가 줄어든 이유가 무엇일까?'라는 질문에 대해 ⒝학생은 '저출산 현상이 청소년 인구의 감소 이유이다'라는 대답을 했다. 오른쪽 결과물도 같은 방식으로 정리했다. ⒝학생이 제시된 통계를 보고 '청소년과 학령 인구 감소 원인은?'이라고 질문하자, 그에 대해 ⒜학생은 '여성의 사회 진출이 늘어나면서 결혼에 대한 가치관 변화로 저출산이 나타났기 때문이다'는 대답을 했고, 다시 ⒝학생이 '두 인구의 차이점은 무엇인가요?'라는 질문을 하자 ⒜학생은 '청소년 인구는 사회생활을 하기 전 준비 단계에 있는 사람을 조사한 것이고, 학령 인구는 국가가 정한 교육을 받아야 하는 연령대의 인구이다'라는 대답을 하고 있다. 이런 방식으로 각자의 질문에 대답을 되풀이하는 활동을 통해 통계가 전하는 메시지를 정확하게 이해할 수 있는 역량을 키울 수 있다.

2. 통계를 읽고 원인과 결과를 찾아 쓰는 활동 ·················

통계에 나타난 원인과 결과를 분석하는 일은 문제 상황을 정확하게 진단하여 그에 맞는 해결책을 내기 위한 과정이다. '원인'은 어떤 일을 일어나게 한 까닭이고, '결과'는 원인으로 인해 일어난 일이다. '인간의 에너지 사용량이 대폭 증가하여 이산화탄소의 배출량이 증가했다'라는 상황에서 인간의 에너지 사용량 증가는 원인이고, 이산화탄소의 배출량 증가는 결과이다. '남북극의 얼음이 녹아 해수면이 상승해 육지가 줄어들고 있다'는 말에서는 남북극의 얼음이 녹은 게 원인이고, 해수면 상승과 육지 면적 감소가 결과이다. 이 말들은 인간의 에너지 사용의 변화, 남북극 얼음의 해빙 정도를 측정한 원인 요소에 기초한 통계와 이산화탄소 배출량 증가, 해수면 상승에 따른 육지 면적 감소라는 결과 요소에 기초한 통계를 바탕으로 나온 것이다. 그런데 원인과 결과 분석 활동이 과학 텍스트에 기초한 활동에만 국한되는 것은 아니다. 미디어 텍스트를 기반으로 한 팩트 체크 과정에서도 이는 매우 중요하다. 주어진 통계의 허위조작 여부를 판단하는 기준 역시 인과 분석에 기초해야 하기 때문이다.

일본군 위안부 피해자를 매춘부로 규정해 논란을 일으킨 미국의 마크 램지어(John Mark Ramseyer)는 1923년 일본 간토 대지진 당시 조선인이 일본인 자경단에 목숨을 잃은 것은 맞지만, 조선인이 방화 등 범죄를 저질렀기 때문에 일본인이 대응한 것이라는 취지의 주장을 했다. 그에 대한 통계적 근거로 당시 일본에 사는 조선인 중에서 남성 비율이 훨씬 높았고, 그중에서도 젊은 남성이 많았다는 인구 통계를 제시하며 젊은 남성들은 세계 어디서든 인구학적으로 범죄율이 높다는 일반론으로 재일조선인 전체를 범죄 집단으로 간주하는 해괴한 논리를 펼쳤다.[*] 이런 얼토당토않은 논리가 통계를 통해 나왔다는 사실에 주목해야 한다. 이런 상황을 이해하여 통계 분석의 중대성에 기초한 통계를 읽고 원인과 결과를 분석하는 활동을 제대로 해야 한다.

---

[*] 연합뉴스(2021.2.21) "간토 조선인 학살 왜곡한 램지어 논문 상당히 수정하기로". https://www.yna.co.kr/view/MYH20210221003600038?section=search(검색일 : 2021.4.22)

[활동지2-11] 통계 읽고 원인과 결과 쓰기 활동지

통계 읽고 원인과 결과 쓰기 활동			
학번		이름	
통계 스크랩 붙이는 곳			
조사 기관		통계 출처	
원인 요소			
결과 요소			
인과 관계의 합리성 여부			
인과 형식으로 정리하기			

통계 읽고 원인과 결과 쓰기 활동은 [활동지2-11]을 사용하면 된다. 활동지를 정리할 때 스크랩한 통계 속에 '조사 기관'과 '통계 출처'가 보이지 않을 때는 인터넷 검색을 통해 찾아 기록하면 된다. 만약 결과를 나타낸 통계라면 결과를 일단 기록하고, 그에 기초하여 원인을 추론하여 정리한다. '인과 관계의 합리성 여부'는 인과성이 타당한지 그렇지 않은지를 판단한 뒤에 이유를 정리하면 된다. 마지막으로 '인과 형식으로 정리하기'는 원인 요소와 결과 요소에 기초하여 한 문장으로 정리한다. 예를 들어 '2021년 상반기 전국에서 거래된 아파트의 90% 이상이 전용면적 $85m^2$ 이하의 중소형 아파트인데, 이는 2010년 81.58%보다 10% 포인트가량 늘어났다'는 통계를 분석했다면, '중소형 아파트 거래가 증가한 것은 가족 구성원의 변화와 집값 상승 때문이다'라고 인과 형식으로 정리하면 된다.

3. 원인과 결과 분석에 기초한 해결책 쓰기 활동 ··················

원인과 결과 분석에 기초한 해결책 쓰기는 2단계 활동에 기초하여 문제 상황에 대한 해결책을 내보는 글쓰기 활동에 주력하는 시간이다. 통계를 기반으로 원인과 결과를 분석하는 활동을 하면 자연스레 해결책을 고민하게 된다.

해결책을 제시하려면 문제 상황을 확정해야 한다. 문제 상황은 우리 생활 속에서 불편하거나 좀 더 나은 방향으로 바꾸고 싶은 일이나 상황을 말한다. 문제 상황을 제대로 분석해야 해결 방안을 찾을 수 있다.

문제 상황을 설정하고 해결책을 제시하는 활동은 문제해결 역량을 키우는 길이기도 하다. [활동2-12]를 사용하여 원인과 결과를 바탕으로 해결책을 써

[활동지2-12] 원인과 결과 분석에 기초한 해결책 쓰기 활동지

원인과 결과 분석에 기초한 해결책 쓰기 활동			
학번		**이름**	
통계 스크랩 붙이는 곳			
조사 기관		**통계 출처**	
원인 요소			
결과 요소			
인과 관계의 합리성 여부			
문제 상황 설정			
해결책 쓰기			

보는 것은 비판적 사고력을 키우는 방법이기도 하다.

문제 상황을 설정하고 그에 따른 해결책을 내려면 첫째, 스크랩한 통계와 관련된 기본 지식을 익혀야 한다. 기본 지식에는 스크랩한 통계를 명확하게 이해하는 데 필요한 개념적 지식은 물론 문제를 해결하기 위한 일반적인 절차 등에 대한 이해가 포함된다. 만약에 가짜뉴스 증가 문제를 조사한 통계를 보고 해결책을 제시하려면 가짜뉴스의 개념적 정의나 문제 상황을 해결하기 위해 어떤 절차가 필요한지를 알아야 한다.

둘째, 통계가 전하려는 문제가 발생한 특정 상황을 살펴야 한다. 통계는 이미 그 속에 특정한 문제 상황을 담고 있다. 그 상황을 정확하게 파악해야 해결책을 제시할 수 있다. 청소년 비만에 관한 통계는 이미 청소년들의 비만이 심각한 사회 문제이기 때문에 나온 것이다. 이런 통계를 바탕으로 읽기 쓰기 역량을 키우려면 청소년의 비만을 문제 상황으로 설정하고 그에 관련된 여러 측면의 해결책을 논리적인 글쓰기로 제시하면 된다. 문제 상황에 대한 해결책을 낼 때는 직접 경험한 사례나 다양한 미디어 텍스트를 통해 얻은 지식이나 정보에 기초하여 제시해도 된다.

원인과 결과 분석에 기초한 해결책 쓰기 활동 때 반드시 통계만 제시할 필요는 없다. [그림2-7]처럼 통계에 관련된 설명이 있는 기사를 제시하여 해결책을 제대로 낼 수 있도록 할 수도 있다. 다시 말해 통계라는 텍스트만 제시하지 말고, 제시된 통계를 이해하는 데 도움이 되는 콘텍스트에 해당하는 통계 기사가 포함된 것을 함께 스크랩하는 게 바람직하다.

[그림2-7] 원인과 결과 분석에 기초한 해결책 쓰기 활동 결과물

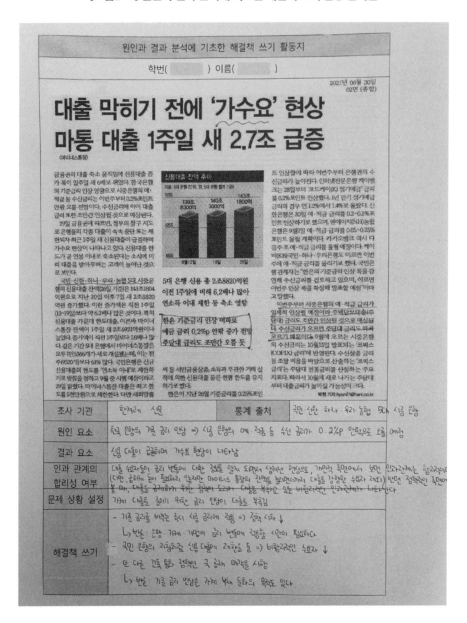

07

이해·분석·해석·창작·소통·종합하는 역량 키우기

리터러시의 기초인 읽기 쓰기 활동과 더불어 함께해야 할 것이 이해·분석·해석·창작·소통·종합하는 역량을 키우는 활동이다. 이 활동은 앞서 알아본 기사, 칼럼, 사설, 유튜브 등의 읽기 쓰기 방법의 연장선에서 이뤄지는 것이다. 이해·분석·해석·창작·소통·종합하는 역량은 이해하는 역량 키우기, 분석하는 역량 키우기, 해석하는 역량 키우기 등의 방식으로 세분화시켜 긴 호흡으로 활동할 수 있지만, SRSF 스토리 만들기, 해시태그를 이용한 주제 발표 등의 활동을 통해 이해·분석·해석·창작·소통·종합하는 역량을 포괄하는 종합적인 활동으로 운영할 수도 있다. 한편 사고 역량 차원에서 보면 '이해·분석·해석' 활동은 비판적 사고력을 강화하는 측면이 있고, '창작·소통·종합' 활동은 창의적 사고력을 키우는 측면이 강하다. 결국 이해·분석·해석·창작·소통·종합하는 역량은 비판적 사고력과 창의력을 키우는 디딤돌 역할을 한다.

SRSF 스토리 만들기 ⋯⋯⋯⋯⋯

SRSF(social reading social fiction) 스토리 만들기는 미디어를 바탕으로 이해·분석·해석·창작·소통·종합하는 역량을 키우는 활동을 위해 창안한 것이다. SRSF 스토리 만들기는 신문 기사나 유튜브 동영상을 스크랩하여 함께 읽고, 함께 상상하며, 함께 발표하고, 함께 이야기를 나누는 협력 기반의 활동이다. 신문 기사를 텍스트로 사용하면 'NIE SRSF 스토리 만들기'이고, 유튜브를 활용하면 '유튜브 SRSF 스토리 만들기'가 된다. 이 활동은 두 명이 한 팀이 되어 함께 만든 이야기를 픽토그램을 사용하여 꾸민 뒤 파워포인트를 통해 발표하면 되는데, 준비와 발표 과정은 [표2-5]와 같다.

[표2-5] SRSF 스토리 만들기의 준비와 발표 과정

단계	주요 내용	학습 영역
1	이야기할 주제를 정하고 관련 기사 찾아 소셜리딩하기	이해, 분석
2	기사의 핵심 내용을 바탕으로 소셜픽션하기	해석, 창작
3	소셜픽션한 내용을 픽토그램을 이용하여 파워포인트로 만들기	창작
4	SRSF 스토리를 재미있게 발표하기	
5	참가자를 대상으로 질의응답 활동하기	소통, 종합
6	전체 활동을 성찰하고, 전문가에게 의견 듣기	

이 활동을 할 때는 소셜리딩(social reading), 소셜픽션(social fiction), 픽토그램(pictogram)에 대한 이해가 필요하다. 소셜리딩은 주어진 제시문을 두 명이 함께 읽고 그 내용을 중심으로 각자 질문을 만들어 서로 교환한 뒤에 답변을 정리하는 활동이다. 소셜픽션은 복수의 사람이 함께 모여 특정한 일에 대해 상상력을 동원하여 이야기를 꾸미는 활동을 말한다. 픽토그램은 [그림2-8]처럼 그림을 뜻하는 '픽토(picto)'와 전보를 뜻하는 '텔레그램(telegram)'의 합성어로, 사물, 시설, 행위 등에 대해 누가 봐도 그 뜻을 쉽게 알 수 있도록 만든 그림문자를 뜻한다.

[그림2-8] 픽토그램 예시

SRSF 스토리 만들기 활동의 1단계는 이야기할 주제를 팀원들이 논의하여 정하고, 그에 관련된 멘토 텍스트(mento text)에 해당하는 기사를 찾아 질문하고 답변하는 소셜리딩 시간이다. 만약 '교통'을 주제로 정했다면 교통에 관련된 기사를 찾아 함께 읽고 그 속에서 소셜픽션할 소재를 찾으면 된다. '전쟁'

을 주제로 정했다면 전쟁에 관련된 기사를 함께 읽고 소셜픽션할 소재를 찾으면 된다.

2단계는 기사를 읽고 파악된 핵심 내용을 바탕으로 소셜픽션을 하는 시간이다. 예를 들어 '교통'을 주제로 정하고 '교통혁명'을 소셜픽션할 소재로 정했다면, 그것을 바탕으로 상상력을 동원하여 재미있는 이야기를 꾸미면 된다. 이때 지나치게 지식과 이론을 따지지 말고 유연한 사고와 발상의 전환을 통해 기상천외한 교통혁명을 이야기로 꾸미도록 해야 한다.

3단계는 소셜픽션한 내용을 픽토그램을 이용하여 파워포인트로 만드는 시간이다. 교통혁명을 소재로 달이나 화성까지 단 몇 초안에 도달하는 새로운 '우주 배송' 방법을 상상했다면, 그에 맞는 픽토그램을 찾아 파워포인트를 제작하면 된다. 이때 파워포인트에 픽토그램만 덩그러니 넣지 말고 관련된 이야기를 한두 줄로 압축하여 넣도록 한다.

4단계는 팀별로 만든 파워포인트를 넘기면서 SRSF 스토리를 참가자에게 재미있게 이야기하는 시간이다. 픽토그램으로 구성한 파워포인트 슬라이드를 한 장씩 넘기면서 몸짓을 가미하여 즐겁게 이야기한다. SRSF 스토리는 팀원 중에서 한 명이 이야기해도 되고, 팀원들이 돌아가며 이야기할 수도 있다.

5단계는 참가자를 대상으로 질의하고 응답하는 시간이다. 이때 참가자가 지닌 기발한 상상력을 더 보태도록 주문하고, 재미있는 이야기가 있으면 그것을 자기 팀의 이야기에 덧대는 활동을 하면 된다.

6단계는 전체 활동을 되돌아보고 성찰의 시간을 가진 뒤에 전문가의 의견을 듣는 시간이다. 이때는 소셜리딩과 소셜픽션 활동을 하면서 보완할 점이나

[활동지2-13] SRSF 스토리 만들기 활동지

SRSF 스토리 만들기 활동	
팀명	
팀원	
주제	

주제 관련 기사 스크랩 붙이는 곳

소셜리딩	
질문	**답변**

소셜픽션 내용 정리하기

SRSF 스토리 파워포인트 슬라이드 흐름 설계하기

픽토그램을 이용하여 파워포인트를 구성할 때의 문제점은 없었는지 등을 성찰하고, 필요에 따라 자기 팀의 이야기를 구성작가나 스토리텔링 전문가에 보내 이야기의 가치를 평가받는 활동을 하면 된다.

이렇게 SRSF 스토리 만들기를 할 때는 [활동지2-13]과 같은 활동지를 사용하여 준비하는 과정을 정리하면 된다.

[그림2-9]는 '2050 1초 우주 배송'을 주제로 SRSF 스토리 만들기를 한 작품이다. '2050 1초 우주 배송'은 2050년이 되면 1초 만에 우주에 필요한 상품을 보낼 수 있다는 상상력에서 출발한 이야기이다. '인간의 역습, 로봇의 일자리를 뺏다'와 '파나마 운하 확장, 미국산 LPG 수입길 열리나'라는 두 편의 기사를 읽고 '로봇, 일자리, 운하 확장에 따른 운송비 절감' 등을 소재로 소셜 픽션을 바탕으로 한 스토리를 만들었다.

이야기의 줄거리는 '미래에는 로봇이 인간의 일자리를 뺏을 수 있지만, 인간의 일자리를 무조건 보장해 주는 빨간 깃발 법이 제정되어 실업에 대한 두려움 없이 안정된 생활을 할 수 있다. 하지만 지구 온난화가 계속되면 인간의 거주지가 사라질 수 있다. 이를 대비하기 위해 인공 행성 개발과 우주 개척 사업을 해야 한다. 이렇게 되면 미래 기업의 경쟁력은 우주까지 상품을 운반할 때 드는 운송비를 단축하는 게 관건이다. 그런데 진공 튜브와 양자 전송 시스템을 통해 단 1초 만에 우주에 자유롭게 배송을 할 수 있다'는 것이다.

이처럼 멘토 텍스트에 해당하는 기사를 찾아 읽고 이야기 소재를 뽑은 뒤에 상상력을 동원하여 이야기를 꾸며 서로 이야기를 나누는 활동을 통해 창의·융합적인 사고를 꽃피울 수 있다.

[그림2-9] SRSF 스토리 만들기 활동 결과물

인간의 역습...로봇의 일자리를 뺏다

美 J&J 마취유도로봇 출시 1년만에 생산중단
의료비 90% 절감 불구 의사반발로 사업 접어
"인공 지능, 인간 조력자에 그칠 것이란 성징"

파나마 운하 확장, 미국산 LPG 수입길 열리나

머니투데이 | 기성훈 기자

2016.04.07 14:55

미국->아시아, 운송기간 대폭 줄어-업계 "통과운임료 등 관건..빨라야 내년부터 수입"

2050
1초 우주배송

20105 김O건, 10330 최O돈

미래사회의 모습

AI와 노동자 간의 갈등에 따른 21세기 빨간 깃발 법 제정

노동자들에게 일자리를 보장해주는 미래 사회

우주 개척과 경제활동

지구온난화에 따른 거주 가능 지역의 감소로 인한
인공행성 개발 및 우주 개척

생활 영역 확장에 따른 경제 활동 영역의 확장

미래 기업의 경쟁력

미래 기업의 경쟁력
=
넓어진 거리에 대한 운송비 단축

우주 경제 시대 운송 방법

단기적으로는 인공지능을 이용한 항로 설정과 우주 왕복선의 배송

장기적으로는 진공튜브와 양자전송 시스템을 통한 배송

해시태그(#)를 이용하여 주제 발표하기 ·················

해시태그(hashtag)가 처음 등장했을 때는 게시물에 특성 낱말 또는 문구 앞에 해시(#)를 붙여 연관된 정보를 한데 묶을 때 사용했다. 지금은 사람을 연결하고 정보를 검색하는 등 여러 용도에 쓰인다. 이런 해시태그 기능을 이용하여 이해·분석·해석·창작·소통·종합하는 역량을 여러 갈래로 키울 수 있다.

첫째, 해시태그를 이용하여 역동적인 수업을 진행할 수 있다. 이를 위해 모바일 메신저인 카카오톡을 이용하면 활용성이 높다. 스마트폰이 생활 필수품이 된 상황에서 카카오톡은 사실상 거의 모든 국민이 사용할 정도로 점유율이 높아 실제 수업 때 활용하기 쉽다.

국어 시간에 명사, 대명사, 수사, 조사, 동사, 형용사, 관형사, 부사, 감탄사와 같이 공통된 성질을 지닌 낱말끼리 모아 놓은 낱말의 갈래인 '품사'에 관한 발표 수업을 할 때 교사의 일방적인 설명보다 해시태그를 이용하면 수업 참여도와 발표 역량을 높일 수 있다. 우선 학생들에게 카카오톡 대화창을 열게 한 뒤에 하단 오른쪽에 있는 #을 열어 검색창에 '#품사'를 넣게 한다. 다음으로 검색을 통해 나타난 여러 가지 정보 중에서 이미지에 정리된 다양한 자료를 활용하여 품사의 종류나 분류 기준을 활동지에 정리하게 한다. 마지막으로 활동지에 정리한 내용을 발표하는 활동으로 마무리하면 된다.

이런 방식으로 사회 수업 때 '#환율'을 검색하여 환율의 정의를 알아보고, 실시간 환율의 변동을 확인하여 환율 변동이 우리 경제에 미치는 영향 등을 정리하여 발표하는 수업을 할 수 있다. 이렇듯 해시태그를 활용하면 모든 교과에서 학습 요소와 특정 개념에 대한 이해력은 물론 다양한 정보를 종합하여

[활동지2-14] 교과 수업 때 사용하는 해시태그를 이용한 주제 발표 활동지

해시태그를 이용한 주제 발표 활동	
학번( ) 이름( )	
단원	
교육과정 성취기준	
발표 주제	
해시태그 검색어	#
해시태그를 통해 찾은 뉴스와 정보	
주제 발표할 내용의 흐름	① ② ③ ④ ⑤ ⑥
피드백	

소통하는 힘을 키울 수 있고, 나아가 리터러시 역량을 키울 때도 실질적인 도움이 된다. 해시태그 사용이 생소하다면, 포털 사이트를 이용하여 특정 주제를 검색한 뒤에 발표를 준비해도 된다. 교과 수업에서 해시태그를 이용한 주제 발표 때는 [활동지2-14]를 이용하면 된다.

해시태그를 이용한 주제 발표 활동지의 '단원', '교육과정 성취기준', '발표 주제'는 교사가 미리 기록하고, '해시태그 검색어', '해시태그를 통해 찾은 뉴스와 정보', '주제 발표할 내용의 흐름'은 학생이 정리하게 한다. '해시태그를 통해 찾은 뉴스와 정보'는 검색한 내용 중에서 꼭 필요한 부분만 발췌하여 핵심만 기록하고, '주제 발표할 내용의 흐름'은 자신이 발표할 내용을 순서대로 정리하면 된다. 이렇게 하면 실제 발표할 때 번호 순서대로 말하면 되기 때문에 논리성을 확보할 수 있다.

피드백은 활동지를 회수하여 교사가 학생의 주제 발표 전반에 관하여 좋은 점과 개선할 점을 중심으로 정리하여 해당 학생에게 알려주면 된다. 이처럼 해시태그를 이용하면 학생들이 직접 해당 수업의 주요 학습 요소나 개념을 찾아 폭넓게 이해하고 정리한 뒤에 발표하는 수업을 활기차게 진행할 수 있다.

이번에는 비교과 활동을 할 때 해시태그를 통해 수집한 뉴스와 정보의 핵심 내용을 파워포인트에 카드뉴스 형식으로 만들어 발표하는 과정을 [표2-6]을 통해 알아보자.

[표2-6] 비교과 중심의 해시태그 이용 주제 발표 준비와 실천 과정

단계	주요 내용	학습 영역
1	발표할 주제 정하기	이해
2	자기가 정한 주제를 해시태그하여 관련 뉴스나 정보 찾기	이해, 분석
3	찾은 뉴스나 정보를 읽고 주요 내용 정리하기	
4	주요 내용을 전달할 카드뉴스를 파워포인트로 만들기	해석, 창작
5	파워포인트를 바탕으로 발표하기	소통
6	발표 내용을 시청한 참가자에게 질문받고 답변하기	종합
7	전체 활동 성찰하고 마무리하기	

　이 활동을 위해 먼저 발표할 주제를 정하고, 그 주제의 핵심어를 해시태그하여 관련된 뉴스와 정보를 찾아야 한다. 다음에는 찾은 뉴스나 정보를 읽고 주요 내용을 요약하여 그 내용을 바탕으로 파워포인트로 카드뉴스를 제작한 뒤에 발표한다. 마지막으로 참가자에게 궁금한 점이 있는지를 질문하고 그에 관련된 답변을 한 뒤에 해시태그를 통한 주제 발표 전반에 관하여 성찰하고 마무리하면 된다. 동아리 활동이나 창의적 체험활동 시간에는 [활동지2-15]를 이용하면 된다.

[활동지2-15] 비교과 활동 때 사용하는 해시태그를 이용한 카드뉴스 발표 활동지

해시태그를 이용한 카드뉴스 발표 활동	
학번(　　　) 이름(　　　　　)	
발표 주제	
해시태그 검색어	#
해시태그를 통해 찾은 뉴스와 정보	
주제 발표할 내용의 흐름	① ② ③ ④ ⑤ ⑥
핵심 내용을 카드뉴스 형식으로 설계하기	

해시태그를 활용한 카드뉴스 만들기를 비교과 활동으로 할 때는 교과 시간에 사용하는 활동지에 있는 '단원', '교육과정 성취기준'을 굳이 기록할 필요가 없다. '주제 발표할 내용의 흐름'에는 카드뉴스의 내용을 한눈에 알 수 있도록 작성하면 된다. 예컨대 '주제 발표할 내용의 흐름 ①'에는 아래 칸에 있는 '핵심 내용을 카드뉴스 형식으로 설계하기'의 첫 번째 카드뉴스에서 전달할 핵심 내용을 정리하여 기록하면 된다. '주제 발표할 내용의 흐름 ②'에는 두 번째 카드뉴스에 전달할 핵심 내용을 정리하면 된다.

카드뉴스는 개인당 4~5분 정도의 발표 시간에 맞춰 6~10장 정도가 적당하다. 카드뉴스를 만들 때는 발표할 주제에 관련된 이미지를 배경으로 하고, 설명해야 할 내용을 최대한 압축한 짧은 글로 구성한다.

[그림2-10]은 '미디어 리터러시 교육의 활성화 방안을 제시하시오'라는 발표 주제를 해시태그 기반으로 설계한 결과물이다. 제시된 결과물은 해시태그 검색어로 '미디어 리터러시, 미디어 리터러시 교육, 미디어 리터러시 교육 활성화'를 선택하여 이를 바탕으로 찾은 뉴스 내용을 정리한 뒤에 발표할 주제의 핵심 내용을 카드뉴스 형식으로 설계한 사례이다. 이런 활동을 반복하면 학교 안팎에서 주제 발표를 할 때 그동안 익힌 경험을 바탕으로 논리적이고 창의적 발표를 할 때 도움이 된다.

[그림2-10] 해시태그 기반의 카드뉴스 발표 결과물

2021년 해시태그(#) 기반 주제 발표 설계

학번(　　　) 이름(　　　　　)

발표 주제	미디어 리터러시 교육의 활성화 방안을 제시하시오.
해시태그 검색어	# 미디어 리터러시, 미디어 리터러시 교육, 미디어 리터러시 교육 활성화
해시태그를 통해 찾은 뉴스와 정보의 핵심 내용	미디어 리터러시는 다양한 매체를 이해할 수 있는 능력이며, 다양한 형태의 메시지에 접근하여 매체를 분석하고 평가하고 의사소통할 수 있는 능력이다. 미디어 리터러시 교육의 필요성은 코로나 19 이후 더욱 증가하고 있다.

발표할 주제의 핵심 내용		
	❶ 미디어 리터러시의 개념과 다양한 매체	❷ 미디어 리터러시 교육의 필요성
	❸ 미디어와 가장 관련 있는 질문 사회 이슈 중 미디어를 활용한 사회현상 분석	❹ 학교 수업 시간 중 다양한 미디어를 통한 정보 수집 및 비판적 수용 태도 함양 시간 늘리기
	❺ 온라인 교육을 통해 쉽게 미디어를 접하고 공유하며 정보를 공유하는 학습	❻ 교내 신문을 통해 미디어를 직접 생산하고 이를 활용한 토의 활동 활성화하기

핵심 내용을 카드뉴스 형식으로 설계하기		
	❶ 미디어 리터러시란?	❷ 미디어 리터러시 교육의 필요성
	❸ 미디어 리터러시 교육 활성화 방안 ① 사회 이슈 중 미디어 사용 수업하기	❹ 미디어 리터러시 교육 활성화 방안 ② 전체 시간, 다양한 매체 통한 정보 수집 후 정보를 비판적으로 바라보기
	❺ 미디어 리터러시 교육 활성화 방안 ③ 온라인 교육의 활성화	❻ 미디어 리터러시 교육 활성화 방안 ④ 교내 신문 활동 및 토의의 활성화

08
문제 상황을 해결하는 역량 키우기

지금까지 리터러시 역량을 키우기 위해 읽기 쓰기를 통한 방법과 이해·분석·해석·창작·소통·종합하는 방법을 알아보았다. 이제 리터러시 역량을 키우기 위한 마지막 활동으로 문제 상황에 대한 해결책을 제시하는 방법에 관해 알아보자. 여기서 상기할 두 가지가 있다. 하나는 리터러시가 '읽기 쓰기를 기반으로 다양한 텍스트를 이해·분석·해석·창작·소통·종합하여 문제 상황을 해결하는 개별 역량'이라는 것을 이해해야 한다는 것이다. 다른 하나는 리터러시 역량을 강화하는 활동을 할 때 읽기 쓰기, 이해·분석·해석·창작·소통·종합하기, 문제 상황에 대한 해결책 제시하기를 차례대로 단계별로 실천할 수 있지만, 리터러시 역량이 우수한 집단이라면 문제 상황에 대한 해결책 제시하기 활동만으로 마무리할 수도 있다는 것이다.

문제 상황은 '우리 생활 속에서 불편하거나 좀 더 나은 방향으로 바꾸고 싶은 일이나 상황'을 말한다. 이런 문제 상황을 그냥 두면 사회적 갈등이나 불안 요인이 되기 때문에 해결책을 모색해야 한다. 문제 상황에 따른 해결책은 두 가지 차원으로 구분해서 논의할 수 있다. 하나는 일상적인 생활 속에서 부닥친 문제 상황과 해결책의 문제이다. 예를 들어 학교 앞에 횡단보도가 없어 상당수의 학생이 학교를 코앞에 두고 한참을 둘러서 등교하는 문제 상황이 있다면, 관련 기관에 민원을 제기하여 학교 앞에 횡단보도를 신설하는 게 해결책이다. 다른 하나는 미디어 리터러시 교육 차원의 문제 상황과 해결책의 문제이다. 특정 유튜브 채널이 의도적으로 허위조작정보를 제작하여 퍼뜨림으로 인해 혼란을 가중한다면 고발 조치를 하거나, 허위조작정보의 실체를 세밀하게 분석하여 대중에게 알리는 작업 등이 해결책이 될 수 있다.

해결책을 제시하려면 문제 상황의 원인을 분석하고 평가하는 활동이 필요하다. 이때 원인을 '어떤 사물이나 상태를 변화시키거나 일으키게 하는 근본이 된 일이나 사건'이라는 사전적 의미보다 더 넓은 의미로 해석할 필요가 있다. 예컨대 특정 주장이 원인이 될 수도 있다. 실제로 '5.18에 북한군이 개입했다'라는 특정 인물의 주장이 원인이 되어 광주민주화운동을 되돌아보고 성찰하는 계기가 마련되었고, 이를 해결하기 위해 '역사왜곡방지법'으로 불리는 '5.18민주화운동 등에 관한 특별법' 일부 개정이 추진되었다. 때로는 일상적으로 접하는 특정 사실이 원인이 될 수 있다. '코로나19의 장기화에 따라 자영업자들의 손실이 증가하고 있다'는 것은 사실이다. 이 사실에 기초하여 자영업자의 손실을 보상하기 위한 해결책을 마련하게 되었다. 물론 해결책은 원인 진단에서 출발하는 게 수월하지만, 결과를 통해서 도출할 수도 있다. 일반적으로 결과는 당연히 원인에 의해서 나타난 현상이므로 대부분은 원인에 주목하여 해결책을 제시하는 게 일반적이다.

문제 상황에 대한 해결책이 창의적이면 상대방을 이해시키거나 설득하기 쉽다. 이 때문에 심층, 다각, 독창적인 논의 전개 능력이 있으면 다양한 문제 상황에 직면했을 때 이성적이고 논리적으로 대처할 수 있다. 더불어 미디어를 통해 전파되고 공유된 여러 가지 사회적 쟁점에 대해 자신 있게 대응할 수 있는 탄탄한 근력이 생긴다. 심층, 다각, 독창적인 논의 전개는 머릿속에 머무는 허상이 되어서는 안 된다. 구체성을 확보하려면 다양한 형식의 글쓰기를 통해 구체적으로 발현되어야 한다. 물론 글쓰기만이 문제 상황에 대한 해결책을 제시하는 유일한 방법은 아니다. 이후 다룰 창의적 미디어 활용과 생산 교육을 통해서도 여러 갈래로 달성할 수 있다.

심층적인 논의 전개 능력 키우기 ·················

심층적인 논의 전개를 하면 자기주장을 강화할 수 있다. 자기주장을 강화하는 것과 문제 상황을 도출하여 해결책을 제시하는 것은 같은 맥락이다. 해결책 제시가 곧 자기주장이기 때문이다. 심층적인 논의 전개를 할 때는 '본인의 주장이나 근거에 대해 스스로 가능한 반론들을 고려'하여 해결책을 제시하면 된다(김영우 외 ⓐ, 2006). 이를 위해 우선 자신의 주장을 뒷받침할 합리적인 근거를 내세워 해결책을 제시할 수 있다. 다음으로 상대방이 어떤 반론을 제기할 것인지를 예측하며 해결책을 제시해야 한다. 마지막으로 예상되는 반론에 대한 재반론을 제시하며 해결책을 내야 한다. 이른바 '주장, 반론, 재반론' 형식에 입각하여 해결책을 제시하는 것이 심층적인 논의 전개 과정이다.

심층적인 논의 전개의 핵심은 일방적으로 자기주장만 제시하는 게 아니라 예상되는 반론을 고려하여 해결책을 제시하는 것이다. 예를 들어 교실 안에서 발생하는 절도, 폭행, 성희롱 등과 같은 다양한 문제 상황을 두고 교실에 CCTV를 설치하는 문제를 둘러싸고 [표2-7]과 같이 찬반 의견이 있을 수 있다. 찬반 중에서 어느 쪽을 선택하든 상대방의 근거를 면밀하게 검토하고 예상되는 반론을 포함하여 자기주장을 펼쳐나가야 한다.

[표2-7] 교실 안 CCTV 설치에 대한 찬반 근거

찬성 근거	반대 근거
절도나 폭행 등 교실 내 범죄 예방	학생과 교사의 행동이 모두 노출되기 때문에 인권이나 사생활 침해 가능
학생 사이에 폭행 사건 발생 때 사건 규명에 도움이 되고, 증거가 없다는 이유로 가해자가 발뺌하거나 소송을 제기하는 행위 방지 가능	교사가 소신을 가지고 수업을 진행하기 힘든 상황 초래
교사가 학생에게 성희롱, 폭행당하는 것을 예방	설치하는 것 자체가 비교육적인 행위
교사가 학부모에게 욕설이나 폭행당하는 것 예방	인성교육을 통해 교실 안에서 일어나는 절도나 폭력을 해소할 수 있음에도 CCTV 설치에 교육 예산을 낭비

교실 안에서 일어나는 여러 가지 문제 상황을 해결하기 위해 CCTV를 설치

해야 한다는 주장을 해결책으로 제시할 때는 [표2-8]처럼 반대하는 사람들의 근거도 반영하여 논의를 전개해야 반대 측의 문제 제기를 일정 정도 해소할 수 있다.

[표2-8] 해결책을 제시할 때의 심층적인 논의 전개

주장	교실 안에서 자주 일어나는 절도나 폭력에 대응하기 위해 교실 안에 CCTV를 설치해야 한다.
반론	물론 인성교육을 통해 교실 안에서 일어나는 절도나 폭력을 줄일 수 있다.
재반론	하지만 최근 들어 욕설, 성희롱이 계속해서 일어나고 있는데 증거 부족으로 문제를 해결하는 데 어려움이 있다. 이 때문에 교실 안에 CCTV를 설치해야 한다.

심층적인 논의 전개를 할 때는 주장, 반론, 재반론 과정에 반드시 근거가 있어야 한다. 교실 안에 CCTV를 설치해야 한다는 주장의 근거는 교실에서 자주 일어나는 절도나 폭력에 대응하자는 것이다. 교실 안 CCTV 설치를 반대하는 반론의 근거는 교실 안에 CCTV를 설치하지 않고도 인성교육을 통해 예방할 수 있다는 것이다. 그럼에도 불구하고 교실 안에 CCTV를 설치해야 한다는 재반론의 근거는 학생과 학부모에 의해 발생하는 욕설, 성희롱, 폭행 등을 예방하는 차원에서 필요하다는 것이다.

이 밖에도 본인의 논의가 지니는 더 나아간 함축이나 귀결들에 대해 고려하고, 논의가 전개되고 있는 맥락이나 배경 상황에 대해 적절하게 고려하며, 묵시적 가정이나 생략된 선세를 파악하여 해결책을 제시하는 것(김영우 외 ⓑ, 2006)도 심층적인 논의 전개를 위한 방법이다.

다각적인 논의 전개 능력 키우기 ················

우리 주변에서 일어나는 문제 상황은 하나의 관점에서만 해결책을 제시하기 어려운 경우가 많다. 예를 들어, 졸업식 때 온몸에 달걀이나 밀가루를 뿌리는 행위를 청소년의 일탈이라는 시각으로만 봐서는 온전한 해결책을 제시하기 어렵다. 다각적인 시각으로 봐야 문제 상황에 대한 해결책을 제대로 제시할 수 있다. 졸업식 때 일어나는 일탈 행위는 [표2-9]와 같이 다각적인 시각에서 볼 수 있다.

[표2-9] 졸업식 때 일어나는 일탈 행위를 보는 다각적인 시각

구분	관점
미성숙한 문화로 보는 시각	청소년 문화를 얕잡아 보는 관점
비행 문화로 보는 시각	청소년 문화를 부정적으로 보는 관점
저항 문화로 보는 시각	기성세대의 문화에 반대하는 문화로 보는 관점
하위 문화로 보는 시각	기성 문화를 중심에 두고 청소년 문화를 아류로 보는 관점
대안 문화로 보는 시각	기성 문화와 대등한 문화로 보는 관점

문제 상황을 다각적인 시각에서 보면 여러 방향의 해결책이 나올 수 있다. 만약 졸업식 때 나타난 일탈 행위를 미성숙한 문화로만 보고 그에 대한 해결책을 제시하면 청소년 문화를 얕잡아 보는 측면이 강해 청소년들의 반발을 살 수 있다. 대안 문화의 시각에서 기성 문화와 대등한 문화로 보고 해결책을 제시하면 기성세대로부터 비난을 받을 수 있다. 따라서 졸업식 때 발생하는 일탈 행위에 대해서는 미성숙, 비행, 저항, 하위, 대안 문화 등의 시각을 모두 고려하여 해결책을 제시해야 실질적인 변화가 가능하다.

다각적인 논의 전개를 위해 문제 상황에 대해 '발상이나 관점의 전환'을 시도하여 해결책을 제시할 수도 있다. 예를 들어 사교육비 증가라는 문제 상황을 두고 해결책을 논의할 때 공교육의 질 강화, 학생들을 사교육으로 내보내는 학부모의 의식 변화, 성적 중심의 대입 제도 개선 등의 해결책을 제시하는 것이 가능하다. 하지만 발상을 전환하여 사교육이 청년들의 일자리 창출에 도움이 된다는 차원에서 논의 전개를 할 수도 있다. 실제로 상당수의 청년이 사교육 업계에 종사하고 있으므로 사교육비 증가의 문제를 일자리 창출과 연계하여 다각적으로 논의할 수 있다.

가능한 대안을 고려하여 다각적인 해결책을 제시할 수도 있다. 예를 들어 CCTV, 스마트폰, 자동차 블랙박스, 신용카드 사용의 일반화로 개인이나 집단에 대한 감시가 강화되어 일상생활이 불편해진 상황에 대한 해결책을 낼 때, 대부분 정보 접근 기회 확대를 통한 경제적 평등 실현, 정치 참여 기회의 확대, 문화의 다양성 증대와 같은 장점과 정보 분배 불평등, 정보 소유권 문제, 대중의 통제와 같은 단점의 관점에서 논의한다. 그런데 정보 사회를 살아가기 위해 건전한 정보 이용과 대중 통제의 감시를 위한 시민들의 노력, 정보 인프라의 구축과 확대, 정보의 시직 재산권 보호를 위한 노력과 같은 대안적인 해결책도 제시해야 다각적인 논의 전개라고 할 수 있다.

이 밖에도 여러 가지 개념들을 종합하거나, 암묵적으로 가정된 전제에 대한 비판적 고찰을 통해서도 해결책을 다각적으로 제시(김영우 외 ⓒ, 2006)할 수 있다.

독창적인 논의 전개 능력 키우기 ·················

독창적인 논의 전개를 하려면 기존의 사고를 탈피해 문제 상황을 진단하고 해결책을 제시해야 한다. 또한 자기 관점이 아닌 상대의 관점에서 논의를 끌어가는 역량도 필요하다.

먼저, '주장이나 근거의 새로움'으로 독창적인 해결책을 제시(김영우 외 ⓓ, 2006)할 수 있다. 이 문제를 대의 정치를 통해 생각해 보자. 대의 정치 과정에서 국민이 정치 과정에 직접 참여할 수 있는 가장 기본적인 방법인 선거는 주권을 행사하는 지름길이다. 자신의 권리 행사에 대해 주체적으로 대응한다는 의미에서 선거에 참여하는 것은 필요하다. 진정한 의미의 민주주의를 실현하기 위해서는 국민이 국가의 주인으로서 정치 문제에 관심을 기울여야 한다. 하지만 현대 정치 과정의 거대화와 복잡화, 경제 안정으로 생활에 대한 만족감 증대, 사회 집단 내부의 조직화와 분업화, 비정치적인 대중문화의 번창 등으로 인해 정치적 무관심이 커져 선거에 참여하는 사람이 줄고 있는 게 문제 상황이다.

[표2-10] 투표율 저하의 해결방안

방안	주장	근거	숨은 전제
의무 투표제	강제적으로 투표에 참여하게 해야 한다.	투표는 국민의 권리다.	정치 행위는 눈앞의 손실이 쉽게 보이지 않는다.
투표 인센티브제	투표에 참여할 수 있도록 유도해야 한다.	투표는 국민의 권리이지만, 개인의 자유의지에 따라 결정할 수 있다.	경제 행위는 눈앞의 손실이 쉽게 보인다.

　투표율 저하의 해결책을 주장이나 근거의 새로움 측면에서 [표2-10]을 통해 알아보자. 주장과 근거의 새로움 측면에서 보면 의무 투표제보다 투표 인센티브제가 더 설득력이 있어 보인다. 투표는 국민의 권리이지만, 강제적으로 투표하게 할 수는 없다. 이때 투표에 적극적으로 참여할 수 있도록 상품권을 지급하거나, 물건을 살 때 할인 혜택을 줄 수 있다. 국공립 유료 시설을 이용할 때 요금을 면제해 줄 수도 있다. 이런 식으로 인센티브제를 통해 투표 참여를 유도할 수 있다.

　한국과 일본의 독도 분쟁 또한 주장과 근거의 새로움 측면에서 논의해 볼수 있다. 한국은 독도가 우리 땅이라는 주장의 근거로 역사적, 지리적 사료를 제시한다. 그런데 국립해양조사원에 따르면 1993~2008년 인공위성 자료를 토대로 만든 동해 해류도를 분석한 결과 독도가 고대에도 우리 영토였음을 뒷받침하는 해류의 흐름을 보였다고 밝혔다. 동해안을 따라 북상하는 동한난류는 울릉도 북쪽 해역을 지나면서 동쪽으로 흐르거나 독도 해역으로 남하한 다음 일본 오키 군도 부근에서 북동 방향으로 흐른다. 또 울릉도와 독도 부근 해역에서는 반경 약 100㎞의 시계 방향으로 회전하는 소용돌이가 빈번하게 생긴다. 이에 따라 뗏목이나 통나무배 등 원시 선박으로 경주·포항 부근에서 동한난류를 따라 울릉도로 가거나 울릉도의 소용돌이 흐름을 이용해 울릉도에서 독도 사이에 왕복 항해가 가능했다는 것이다.[*] 이처럼 해류의 흐름이라는 근거의 새로움에 기초하여 독창적인 논의 전개를 통해 독도 분쟁의 해결 방안을 찾을 수 있다.

이 밖에도 문제를 통찰함에 있어 특이함, 관점이나 논의 지평의 참신함을 통해 해결책을 독창적으로 제시(김영우 외, 2006)할 수 있다. 이렇게 심층적, 다각적, 독창적인 논의 전개를 통해 창의적으로 해결책을 제시하는 힘이 쌓이면 창의적 미디어 활용과 생산 교육을 할 때 '창조'하고 '행동'하는 역량을 한층 더 발전시킬 수 있다.

지금껏 리터러시 역량 강화 차원에서 살펴본 읽기 쓰기 활동, 이해·분석·해석·창작·소통·종합하는 활동, 문제 상황을 찾아 해결책을 제시하는 활동은 미디어 리터러시 역량을 강화를 위해 반드시 갖춰야 할 기초 교육이 되어야 한다.

카이스트(KAIST) 융합인재학부는 학문 간 장벽을 넘어 다양한 지식을 섭렵하고 접목하는 문제해결 역량을 갖춘 인재를 육성하기 위해 학점을 없애고,

---

[*] 조선일보(2010.11.1). 해류로 봐도 독도는 한국 땅. www.chosun.com/site/data/html_dir/2010/11/01/2010110100015.html(검색일 : 2021.6.5)

책 100권을 읽고 서평을 내야 졸업하는 제도를 마련했다. 이 제도에 따르면 모든 과목에서 학점을 매기지 않고, '통과 또는 탈락'으로 기록한다. 학생들은 2~4학년 동안 본인이 설정한 사회 문제를 해결할 아이디어를 찾고, 이를 실현하는 프로젝트 기반 학습(PBL)을 통해 포트폴리오를 남겨야 한다. 그리고 우주, 자연, 인간, 사회, 기술, 예술 등에 대한 명저 100권을 읽고 감상평을 남겨야 졸업할 수 있다. 감상평은 몇 장짜리 독후감 수준이 아니다. 예를 들어 2시간 분량의 영상에 책에 관한 자신의 감상을 담아 유튜브에 올리거나, 원고지 50장 분량의 서평을 써야 한다.[*]

카이스트의 서평 쓰기와 프로젝트 기반 학습에 기초한 교육 혁신을 들여다보면 그 중심에 '리터러시'가 우뚝 자리를 잡고 있다. 책을 읽고 서평 쓰기를 하려면 기본적으로 읽기 쓰기 역량이 강화되어야 하고, 텍스트를 이해·분석·해석·창작·소통·종합하는 힘도 필요하다. 더불어 사회 문제를 해결할 아이디어를 찾고 해결책을 담은 포트폴리오도 만들려면, 문제 상황을 정확하게 진단하여 심층적이고 다각적이며 독창적인 해결책을 낼 수 있는 리터러시 역량이 필요하기 때문이다. 이처럼 리터러시는 대학 교육을 혁신하는 핵심 동력이 되고 있다.

---

[*] 동아일보(2020.10.13). [단독] ABCD 학점 없애는 대신 책 100편 서평 내야 졸업(일부 내용 발췌, 재구성). https://www.donga.com/news/article/all/20201013/103375868/1(검색일 : 2021.6.19)

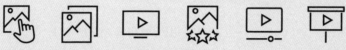

비판적 미디어 수용 교육은 비판적 미디어 읽기에 기초한다. 비판적 관점에서 미디어를 분석하고 평가하는 역량이 없으면 미디어가 전하는 메시지를 무비판적으로 받아들이게 되고, 그에 따라 다양한 문제 상황이 발생할 수 있기 때문이다.

Part 3

비판적
미디어 수용 교육

01
비판적 미디어 수용 교육의 상황적 이해

가짜뉴스와 허위조작정보 문제가 날로 심각해지고 있다. 이럴수록 비판적 관점에서 미디어를 읽고 옳고 그름을 판단한 뒤에 수용해야 한다. 그렇지 않으면 가짜뉴스와 허위조작정보의 의도에 휘말려 편향된 행동을 하거나 잘못된 정보를 다른 사람에게 전파하여 사회적 갈등을 일으킬 수 있다. 가짜뉴스와 허위조작정보를 생산하는 사람들의 목적은 분명하다. 경제적, 정치적, 이념적 이득을 취하기 위해서이다. 이들의 희생양이 되지 않기 위해서는 다양한 방법으로 가짜뉴스와 허위조작정보를 무력화시키는 교육을 해야 한다.

인천에서 '코로나19 백신을 맞으면 죽는다'는 허위 내용이 담긴 전단을 길거리에 붙인 60대 여성이 경찰에 붙잡혔다. 인천경찰청 광역수사대는 옥외광고물 등 관리법 위반 혐의로 A씨를 불구속 입건했다고 밝혔다. 기사에 따르면 A씨는 인천시 남동구 일대 버스 정류장과 전봇대 등지에 '백신에 칩이 들어가

있다. 백신을 맞으면 죽는다'는 허위 사실이 담긴 전단 33장을 붙인 혐의를 받았다.[*]

이 사건은 가짜뉴스와 허위조작정보에 대한 맹목적인 믿음에서 비롯된 것이지만, 대중들은 가짜나 허위조작 여부를 가리는 전문 지식과 선별 시스템의 부족으로 팩트 체크가 어려운 실정이다. 이런 상황을 볼 때 미디어 교육의 가장 핵심적인 목적은 미디어에 대한 비판적 인식과 태도를 바탕으로 미디어의 의미를 해석하고 수용하며, 더 나아가 미디어를 통해 창의적으로 의미를 표현하고 소통할 수 있는 능력을 기르는 데 있다(정현선, 2007)는 말을 되새겨봐야 한다. 그런데 이런 현실을 인식한 기관들이 제시한 팩트 체크 중심의 비판적 미디어 읽기 방식은 상당수가 엇비슷할 뿐만 아니라, 무슨 조직의 강령처럼 오로지 몇 개의 선언적인 문구로 되어 있어 이해가 쉽지 않다. 이런 방법으로 가짜뉴스와 허위조작정보에 대한 인식을 개선하기에는 한계가 있을 수밖에 없다. 따라서 체계적이고 구체적인 교육 방안 마련이 시급하다.

미국 뉴스미디어연합의 CEO인 데이비드 쉐번(David Chevern)의 '가짜뉴스 대처법'[**]과 서울대 팩트 체크 웹사이트 'SNU FactCheck'가 제시한 온라인 허위정보 대응 방법을 [자료3-1, 2]를 통해 살펴보자.

---

[*] 연합신문(2021.2.25). '백신 맞으면 죽는다'···길거리에 허위 전단 붙인 노인 덜미. https://www.yna.co.kr/view/AKR20210225149400065?input=1195m(검색일 : 2021.6.25)

[**] 강원일보(2017.5.9). 가짜뉴스에 속지 않는 방법(필자의 칼럼 일부를 재구성). http://www.kwnews.co.kr/nview.asp?aid=217050800005(검색일: 2021.7.5)

[자료3-1] 데이비드 쉐번의 가짜뉴스 대처법

첫째, 출처를 중복 체크하라. 눈길을 끄는 헤드라인을 읽으면 바로 뉴스를 공유하고 싶을 수 있지만, 그 전에 기사의 포스팅 아래에 있는 URL을 보고 뉴스의 출처가 믿을 만한 곳인지를 확인해야 한다. 확실하지 않다면 가짜뉴스를 가려내는 프로그램을 활용하든지 기사 출처로 표시된 언론사를 구글에서 간단하게 검색해 보면 된다.

둘째, 가짜뉴스를 신고하라. 페이스북에서 가짜뉴스를 봤을 때 페이스북에 바로 신고해 다른 사람들이 더 이상 가짜뉴스를 접하지 못하도록 한다.

셋째, 가짜뉴스를 공유했다면 이 사실을 적극 알려라. 만약 가짜뉴스를 페이스북 등 SNS에 공유하거나 퍼뜨렸다면, 공유한 포스팅을 지우거나 기사가 잘못됐다는 내용의 포스팅을 다시 올려야 한다. 트위터에서도 트윗한 내용을 지우거나 다시 리트윗을 해 본인이 공유한 기사가 가짜 기사임을 명시해 줘야 한다.

넷째, 인쇄 버전의 뉴스를 읽거나 디지털 신문을 구독하라. 전통적인 뉴스 매체들은 잘 훈련된 기자들이 기사를 취재·작성하며, 잘못된 뉴스들은 바로잡으려고 노력하고 있다. 따라서 전통적인 언론사들이 발행하는 기사들을 통해 정확한 정보를 얻을 필요가 있다.

[자료3-2] 서울대 팩트 체크 웹사이트의 온라인 허위정보 대응 방법

- 정보의 출처를 확인합시다.
  - 혹시 이름만 유사한 기관들을 사칭하고 있지 않나요?
- 저자를 확인할 수 있나요?
  - 저자의 이름이 있다면 이 사람이 과거에 어떤 글을 게시했는지, 실재하는 인물인지 확인해 봅시다.
- 언제, 어디서 만들어진 것인지 알 수 있나요?
  - 동영상, 사진에서 발생 시간, 장소를 분명히 알 수 없다면 의심해야 합니다.
- 다른 정보를 추가적으로 찾아보았습니까?
  - 내가 지금 보고 있는 정보를 신뢰할 수 있는 다른 기관에서도 다루었나요?

이렇게 압축된 문장으로 구성된 경구 형식의 교육은 일종의 응급 조치이다. 이를 통해 경각심을 고취할 수는 있지만, 교육 현장에서 실행하기에는 한계가 있다. 요즘 학생들은 비판적 미디어 수용 교육을 체계적으로 받지 않은 무방비 상태에서 스마트폰을 통해 뉴스, 지식, 정보를 마구잡이로 접하고 있다. 구체적이고 현실적인 비판적 미디어 수용 교육 프로그램을 마련해야 하는 이유이다.

2020년 유네스코 가입 70돌 기념으로 유네스코한국위원회가 글로벌 미디어·정보 리터러시 대회를 '허위 정보에 저항하다'라는 주제로 온라인에서 열었다. 온라인 개막 때 기조연설을 맡았던 미국 서던캘리포니아대학 젠킨스 (Jenkins) 교수는 미디어 리터러시 교육 없이 온라인 교육을 시행하는 것은 일종의 범죄 행위라고 역설했다. 이 말이 언뜻 거칠게 들릴지 모르지만, 비판적 미디어 읽기에 기초한 비판적 미디어 수용 교육의 부재로 생길 사회적 갈등을 생각하면 결코 지나친 말이 아니다.

요즘 우후죽순처럼 이뤄지는 팩트 체크 대회처럼 일회적이고 산발적인 교육으로 비판적 미디어 수용 교육의 효과를 기대하기는 어렵다. 해당 과목이 없어 어려운 상황이지만, 정규 시간에 수업·평가와 연계시키고 장기 프로그램을 유지하여 체화될 수 있도록 해야 한다. 더불어 비판적 미디어 수용 교육을 가짜뉴스와 허위조작정보를 가리는 활동에 국한하는 것도 경계해야 한다. 미디어 리터러시 교육은 리터러시 역량 강화, 비판적 미디어 수용, 창의적 미디어 활용과 생산 교육이 조화를 이루며 실천되어야 하기 때문이다. 이런 측면에서 비판적 미디어 읽기에 기초한 비판적 미디어 수용 교육이 마치 미디어 리터러시 교육의 전부인 것으로 오해하지 않아야 한다.

02
비판적 미디어 수용 교육의 개념적 이해

비판적 미디어 수용 교육은 비판적 미디어 읽기에 기초한다. 비판적 관점에서 미디어를 분석하고 평가하는 역량이 없으면 미디어가 전하는 메시지를 무비판적으로 받아들이게 되고, 그에 따라 다양한 문제 상황이 발생할 수 있기 때문이다.

비판적 미디어 수용 교육은 두 가지 차원에서 이해할 수 있다.

첫째, '모든 종류의 의사소통 수단을 기반으로 접근, 분석, 평가, 창조 그리고 행동할 수 있는 능력'이라는 미디어 리터러시 규정을 통해 파악할 수 있다. 이 규정의 하위 역량인 '분석'과 '평가'는 '비판적 미디어 수용 교육'을 위한 발판 구실을 한다. 다시 말해 미디어의 메시지가 지닌 목적, 미디어 수용자의 특성, 메시지의 질, 특정한 관점, 잠재적 효과나 결과를 파악하고, 정보의 신뢰성, 타당도, 적절성, 이념성 등을 따지는 활동이 강화되어야 비판적 미디어 수용 교육이 발현되고 자리 잡을 수 있다.

둘째, 문자 텍스트 중심의 '비판적 읽기'를 미디어 텍스트 중심의 '비판적 미디어 읽기'로 확장하여 이해할 수 있다. 문자 텍스트 중심의 비판적 읽기란 '논리적이고 합리적인 사고를 바탕으로 글이 타당하고 공정하며 적절한가를 평가하며 읽는 것'이다. 이를 위해서는 글에 드러난 관점이나 내용, 자료 및 표현 방법, 그리고 글의 이면에 내재된 의도나 신념 등을 분석하고 판단해야 한다. 비판적 읽기는 글에 대해 무조건 비난하는 것이 아니라 보편적 이치와 건전한 상식을 준거로 판단하며 읽는 것이다(서혁 외, 2020).

문자 텍스트를 읽을 때는 '글' 속에 담긴 의미를 분석하고 평가하는 데 주력하고, 미디어 리터러시 교육을 할 때는 '글'이 아니라 '미디어'라는 텍스트를 중심으로 분석하고 평가하면 된다. 글이든 미디어 텍스트든 분석·평가를 통해 텍스트의 핵심을 파악하는 과정은 크게 다르지 않기 때문이다.

이런 맥락에서 보면 '비판적 미디어 읽기'란 '논리적이고 합리적인 사고를 바탕으로 특정 미디어가 타당하고 공정하며 적절한가를 평가하며 읽는 것'이라고 규정할 수 있다. 이를 위해 미디어에 드러난 관점이나 내용, 자료 및 표현 방법, 그리고 미디어의 이면에 내재된 의도나 신념 등을 분석하고 판단해야 한다. 비판적 미디어 읽기는 미디어를 무조건 비난하는 것이 아니라 보편적 이치와 건전한 상식을 준거로 판단하며 읽는 것이다. 더불어 비판적 미디어 읽기는 비판적 의식을 갖춘 시민으로서 모니터와 스크린 뒤에 담긴 의미를 읽어낼 수 있는 단계까지 나가야 한다.

비판적 미디어 읽기에 기초한 '비판적 미디어 수용 교육'을 위해서는 자신의 사전 지식과 배경지식을 활성화하여 미디어가 전달하려는 메시지를 똑바로 분석하고 평가하며 비판적 관점에서 읽어야 한다. 이를 위해 다음과 같은 읽기 전략이 필요하다.

첫째, 미디어의 내용이나 관점의 '타당성'과 '공정성'을 평가하며 읽어야 한다. 미디어의 메시지가 보편적 이치나 건전한 상식에 비추어 어긋나지 않는지, 주장이나 근거가 객관적 사실에 입각하여 다뤄졌는지 등을 기준으로 타당성을 평가해 보아야 한다. 또 미디어의 관점이 특정 견해를 옹호하거나 비난하는 등 한쪽으로 치우치지 않았는지, 내용을 균형 있게 다루고 있는지 등의 잣대로 공정성을 따져보아야 한다. 아울러 미디어가 전하는 내용이나 관점 외에 다른 내용이나 관점이 있을 수 있음을 고려하여 균형감을 잃지 않도록 주의하며 읽어야 한다.

둘째, 자료 및 표현 방법의 '적절성'을 평가하며 읽어야 한다. 미디어에 사용된 자료가 생산자의 주장이나 내용을 뒷받침하는 데 적절한지, 미디어의 메시지를 효과적으로 드러내고 있는지, 출처가 분명하고 믿을 만한 것인지 등을 면밀하게 판단해야 한다.

셋째, 미디어 속에 숨겨진 의도나 내재된 사회·문화적 이념을 분석하고 평가하며 읽어야 한다. 미디어에는 생산자의 가치관이나 세계관, 미디어가 생산되고 유통될 때의 사회적 요구나 분위기 등 사회·문화적 이념이 반영되어 있다. 따라서 미디어 소비자는 미디어에 숨겨진 생산자의 의도가 타당한지, 미디어 속에 들어 있는 시대와 사회의 이념 등이 보편적 가치에 비추어 적절한지 등의 기준으로 비판적으로 판단하며 미디어를 전략적으로 읽어야 한다.

비판적 미디어 읽기에 기초한 비판적 미디어 수용 교육은 미디어 텍스트의 종류에 따라 다양한 이름을 가진다. 뉴스를 텍스트로 삼으면 비판적 뉴스 수용 교육, 유튜브를 텍스트로 하면 비판적 유튜브 수용 교육, 트위터를 텍스트로 하면 비판적 트위터 수용 교육이 된다. 어떤 형식의 비판적 미디어 수용 교육이든 논리적이고 합리적인 사고를 바탕으로 미디어가 다루는 내용이 타당하고 공정하며 적절한가를 평가하며 읽는 비판적 자세를 갖추는 데 방점을 찍어야 한다.

2017년 한국언론진흥재단이 주최한 저널리즘 콘퍼런스에서 미국 애리조나주립대학교의 댄 길모어(Dan Gillmor) 교수는 '무조건 의심해야 합니다. 나는 뉴욕타임스도 의심하고 페이스북도 의심합니다. 그게 뉴스 소비자들이 지켜야 할 원칙입니다'라고 했다. 이 말은 남의 판단에 의존하지 말고, 자기 판단으로 미디어 텍스트를 비판적으로 읽은 뒤에 진실을 제대로 파악해야 한다는 것을 강조한 말이다.

이처럼 비판적 미디어 수용 교육은 미디어 텍스트를 의심하는 비판적 읽기에서 출발해야 한다. 의심은 확실히 알 수 없어서 믿지 못하는 마음이다. 이런 마음을 해소하려면 여러 가지 방법으로 미디어 텍스트를 따져보면 된다.

첫째, 주어진 미디어 텍스트를 읽고 사실과 의견으로 구별하여 따져봐야 한다. 사실은 객관적 증거로 뒷받침할 수 있는 정보이고, 의견은 참이라고 객관적으로 증명할 수 없는 신념, 판단, 결정 등이다. 사실과 의견을 구별하는 활동은 사실이 사실인지 팩트 체크를 하는 동시에 의견의 타당성, 공정성 등도 확인하는 활동을 통해 실체적 진실을 파악하는 차원에서 반드시 필요하다.

둘째, 미디어 텍스트가 선전 선동이나 광고적 속성을 담고 있는지 따져야 한다. 이를 위해 교묘한 편집, 의도된 선택, 악마의 편집 등을 통해 특정 주장을 수용하도록 하는 선전 선동적인 텍스트가 아닌지 확인해야 한다. 언론은 자기 프레임을 갖고 있으므로 의제 설정을 빙자하여 대중을 선동하는 보도를 한다. 예를 들어 원자력 발전 문제를 두고, 어떤 언론은 가동에 초점을 맞춰 보도하고, 또 다른 언론 가동 중단에 무게를 두고 보도한다. 이때 자신들의 주장을 강하게 드러내기 위해 사진을 교묘하게 편집하거나 자신들에게 유리한 통계만 의도적으로 선택하여 활용하는 일이 있다. 광고적 속성을 다룬 미디어 텍스트도 비판적 관점에서 살펴봐야 한다. 정파적 저널리즘에 빠진 언론이 특정 정당의 정강 정책을 교묘하게 소개하거나, 특정 사안에 대해 찬반 입장을 노골적으로 드러내는 광고적 속성을 보이기도 한다. 이 때문에 정치, 경제, 사회, 문화 관련 미디어 텍스트를 볼 때 정치적, 경제적, 이념적 차원에서 광고적 속성을 드러내고 있는지를 따져봐야 한다. 미디어 텍스트를 날카로운 눈매로 살펴보지 않으면 우리는 선전 선동과 광고의 대상으로 무참하게 전락할 수 있다.

셋째, 미디어 텍스트 속의 핵심 내용, 추론, 가정이 합리적이고 타당한지 확인해야 한다. 이를 위해 미디어 텍스트를 읽고 잘못된 정의에 기초하여 뉴스를 구성하지 않았는지, 논의 전개 과정에 논리적 오류는 없는지, 인과 관계를 무시하지 않았는지, 잘못된 가정으로 결론을 도출하지 않았는지, 자기 프레임에 빠져 결론을 도출하지 않았는지 등을 냉철하게 살펴봐야 한다. 예를 들어 '미국 대사관을 침입한 대학생'에 관한 사건을 두고, 상당수의 언론이 '한국

대학생의 미국 대사관 침입'이라는 사실에 근거한 헤드라인을 뽑았지만, 특정 언론만이 '미국 대사관 침입한 친북 대학생 단체'라는 제목으로 보도했다. 이는 미국 대사관을 침입하면 당연히 친북이라는 단정적 추론에 근거하여 내린 결론이라고 의심할 수밖에 없다.

　미디어 텍스트를 의심하는 활동을 대표하는 것이 사실과 의견을 구별하여 따져보는 활동이다. 초등학생 때부터 사실과 의견을 구분하는 활동을 하기 때문에 이는 누구나 수월하게 접근할 수 있다.

[자료3-3] 초등학교 3~4학년 읽기 영역 교육과정 성취기준

[4국02-04]글을 읽고 사실과 의견을 구별한다.

[4국02-04]이 성취기준은 사실과 의견을 구별하고 이를 바탕으로 하여 글의 내용을 평가하며 읽는 능력을 기르기 위해 설정하였다. 사실과 의견 구별하기를 지도할 때에는 '~라고 생각한다', '~해야 한다'와 같이 문장 표현을 중심으로 사실과 의견을 구분하는 데서 더 나아가, 실제 있었던 일이나 이미 알려진 지식 등을 토대로 사실과 의견을 구별하여 판단할 수 있도록 지도한다.

　[자료3-3]을 통해 알 수 있듯이 이미 초등학교 3~4학년 때부터 글을 읽고 사실과 의견을 구별하는 활동과 실제 있었던 일이나 이미 알려진 지식 등을 토대로 사실과 의견을 구별하여 판단할 수 있는 교육이 이뤄지고 있다. 이를 바탕으로 심화된 형태의 비판적 미디어 수용 교육을 할 수 있다.

03
사실과 의견 구별 활동의 이해

비판적 미디어 읽기에 기초한 비판적 미디어 수용 교육을 할 때 사실과 의견을 구별하는 활동이 일반적으로 이뤄진다. 미디어 텍스트는 사실과 의견이 한 덩어리로 묶여 있으므로 나눠서 따져보면 진위 여부와 타당성을 파악할 수 있다.

사실은 '실제로 있었던 일이나 현재에 있는 일', 의견은 '어떤 대상에 대해 가지는 개인의 생각'이다. 사실과 의견을 구분하는 것은 비판적 미디어 읽기를 바탕으로 의심의 무게를 줄이는 과정이라 할 수 있다. 비판적 사고력은 주어진 텍스트나 상황에 기초하여 옳고 그름을 따져 문제 상황의 해결책을 내는 힘을 갖추기 위해 필요하다. 여러 종류의 미디어 텍스트를 바탕으로 사실과 의견을 구분하는 활동이 일차적으로 이뤄져야 진위 여부를 가릴 수 있는 발판이 마련된다.

인쇄 미디어든 디지털 미디어든 간에 사실과 의견의 구별은 [자료3-4]의 기준에 의해 판단하면 된다.

[자료3-4] 사실과 의견의 구별

사실	의견
• 개인의 생각과는 관계없는 일이다. • 객관적으로 증명할 수 있는 일이다. - 모든 사람이 동의하는 것이다. - 다수에 의해 객관화되고 두루 알고 있는 내용의 실체를 말한다. • 실험의 결과로 밝혀졌거나 연구 결과로 얻어진 보편적 진리다.	• 개인적 감정이 담겨 있다. • 객관적으로 증명할 수 없다. - 모든 사람이 동의하지 않는 것이다. - 어떤 대상에 대하여 주관적으로 가지는 생각을 말한다. • 구체적 근거나 정보를 얻은 경로를 제시하지 못하고 막연한 표현을 사용했다.

사실은 객관성에 중심을 두고 있고, 의견은 주관성에 초점을 맞추어 판단해야 한다. 예를 들어 '오늘 눈이 많이 내려서 기분이 좋다'라는 말에서 '눈이 많이 내렸다'는 것은 객관적 사실이고, '기분이 좋다'는 것은 주관적 의견이다. 눈이 많이 내렸는지는 기상청을 통해 객관적 사실을 확인할 수 있다. 하지만 기분이 좋다는 말은 한 사람의 주관적 감정일 뿐 모든 사람의 의견을 대변한 것은 아니다. 눈이 많이 오면 생활에 불편함을 느끼는 사람도 있기 마련이다.

신문 기사든 유튜브든 사실 또는 의견으로만 구성된 텍스트는 없다. 미디어의 속성 때문에 사실과 의견은 한 덩어리로 묶여 있다. 그러므로 비판적 미디어 읽기 역량을 키우기 위해서는 사실은 사실대로, 의견은 의견대로 구별하는 일이 필요하다. 그런데 장문의 텍스트는 사실과 의견을 완벽하게 구별하기가 어렵다. 사실과 의견을 구별할 때는 둘 사이의 관계를 '분석'하면서 '평가'까지 동시에 진행해야 하기 때문이다.

비판적 미디어 읽기를 할 때 사실과 의견을 구별하는 활동만 필요한 것은 아니다. 주어진 미디어 텍스트를 주장과 근거, 원인과 결과, 제도와 의식 등의 방법으로 구별하여 둘 사이의 관계를 따져보는 활동도 필요하다. 이런 방식은 일종의 심화 단계이므로 차후에 다루기로 한다.

사실과 의견 중심의 비판적 미디어 읽기는 '특정 사실을 어떻게 규정하느냐에 따라 다른 의견이 나올 수 있다'는 차원에서도 중요하게 다루어야 한다. 다음의 [자료3-5-①, ②, ③] 기사를 통해 알아보자.

[자료3-5-①]

지난 5일 11시 30분, 우려했던 대로 북한이 함경북도 화대군 무수단리 로켓발사장에서 로켓을 발사했다. 발사된 로켓은 미사일이라는 최악의 가정과는 달리 위성을 탑재했던 것으로 추정되며, 2, 3단 추진체는 각각 동해상과 태평양에 떨어졌다. 위성이 궤도상에 진입했는지는 아직 정확하게 파악되지 않았다. - 〈한겨레, 2009.4.7〉 기사 일부

[자료3-5-②]

북한이 장거리 로켓에 연료를 주입 중이라고 11일 밝히면서 날씨가 대포동 2호의 발사 일자를 결정하는 마지막 변수로 남았다. 일본 언론은 장거리 로켓을 발사할 평안북도 철산군 동창리의 날씨를 분석한 결과, 12일 발사가 유력하다고 보도했다. - 〈조선일보, 2012.4.12〉 기사 일부

조 바이든 미국 행정부가 북한으로부터의 핵·미사일 위협에 대응하기 위해 미사일방어(MD) 체계를 대폭 강화할 것으로 보인다. 특히 북한의 대륙간탄도미사일(ICBM)이 미 본토에 '실재적 위험'이 되고 있다는 판단 아래 미사일을 발사 전 단계에서 탐지해 무력화할 수 있는 '킬체인'을 비롯한 다층적 방어망 구축에 역내 동맹국들의 협조를 요청할 것으로 예상된다. – 〈뉴스1, 2021.2.28〉 기사 일부

제시된 기사들을 보면 모두 북한이 비행체를 날린 '사실'을 알리고 있다. 그런데 [자료3-5-①]은 인공위성, [자료3-5-②]는 로켓, [자료3-5-③]은 미사일 차원에서 정리했다고 볼 수 있다. 북한 비행체에 관한 사실 규정과 이론적 정의를 통해 짐작하겠지만, 사실을 어떻게 규정하느냐에 따라 의견이 전혀 다른 방향으로 나올 수 있다.

[자료3-6] 북한 비행체에 관한 사실 규정

뉴스	사실 규정	이론적 정의
①	인공위성	대기권 밖에서 지구 둘레의 원 또는 타원 궤도를 위성처럼 도는 인공 물체이다.
②	로켓	우주 공간을 비행할 수 있는 추진 기관을 가진 비행체이다.
③	미사일	로켓·제트엔진 등으로 추진되며, 유도 장치로 목표에 도달할 때까지 유도되는 무기이다.

[자료3-6]을 통해 알 수 있듯이 북한의 비행체를 '인공위성'으로 사실 규정하면 한 국가의 과학적인 성과물이므로 북한은 외부의 간섭을 당당하게 거부할 수 있다. 한때 북한은 그들이 쏘아 올린 것을 인공위성으로 규정한 적이 있다. 이때 이념적 성향을 함께하는 중국과 러시아는 북한에 동조하는 의견을 많이 냈다. '미사일'로 규정하면 군사 무기이므로 대응과 방어 논리 중심의 의견이 나올 수 있다. 실제로 북한이 인공위성을 쐈다고 했지만, 미사일로 규정한 미국과 일본 등은 목청을 높여 북한의 호전성과 위험성을 경고했다. '로켓'으로 사실 규정하면 인공위성과 미사일 사이에서 약간은 중립적인 의견을 낼 수 있다. 우리나라는 북한과의 마찰을 줄이기 위해 로켓이라는 이름으로 사실을 규정한 적이 있다.

이처럼 사실과 의견을 구별하는 활동을 반복하면 쟁점의 실체를 정확하게 파악할 수 있고, 나아가 문제 상황을 정확하게 짚어 대처할 힘이 생긴다. [표3-1]처럼 다양한 방식으로 사실과 의견 구별에 기초한 비판적 미디어 수용 교육을 할 수 있다.

[표3-1] 사실과 의견 구별에 기초한 비판적 미디어 수용 교육 방법

방법	활용 미디어 텍스트
기사 중심의 사실과 의견 검증 활동	신문 기사, 인터넷 포털
유튜브 중심의 사실과 의견 검증 활동	유튜브 동영상, 인터넷 포털

기사 읽고 사실과 의견에 입장을 내는 활동	신문 기사
유튜브 보고 사실과 의견에 입장을 내는 활동	유튜브 동영상
기사를 중심으로 다른 의견을 탐색하는 활동	복수의 신문 기사
유튜브를 중심으로 다른 의견을 탐색하는 활동	복수의 유튜브 동영상
서로 다른 미디어로 의견을 알아보는 활동	신문 기사, 유튜브 동영상, 페이스북, 트위터

이렇게 다양한 방법으로 사실과 의견을 구별하고 타당성과 공정성을 따지는 활동을 통해 옳고 그름을 판단하는 역량을 키워야 비판적 미디어 수용 교육이 제대로 자리를 잡을 수 있다. 한편 민주주의는 사상과 표현의 자유를 보장한다. 그러므로 누구나 다양한 의견을 펼칠 수 있다. 내가 동의할 수 없는 의견을 냈다고 해서 그것이 잘못되었다고 함부로 단정하지 않아야 한다.

04

기사와 유튜브 기반의 사실과 의견 검증 활동

비판적 미디어 수용 교육은 비판적 미디어 읽기에 기초하여 텍스트를 의심하는 일에서 출발해야 한다. 이를 위해 사실과 의견을 교차 또는 복합 검증하는 활동을 익혀야 한다. [활동지3-1]을 바탕으로 기사를 읽고 사실과 의견을 검증하는 방법을 알아보자.

이 활동은 먼저 종이신문이나 인터넷신문에서 기사 한 편을 스크랩하여 해당 칸에 붙이고 출처를 정리하면서 시작한다. 그 뒤에 스크랩한 전체 기사를 꼼꼼하게 읽고, '사실'과 '의견'을 찾아 문장별로 사실은 ①, 의견은 ②처럼 동그라미 번호를 매긴 뒤에 여러 개의 사실과 의견 중에서 핵심 사실과 핵심 의견을 뽑아 해당 칸에 그대로 옮겨 적는다. 이어서 앞서 구별한 여러 개의 사실과 핵심 의견 중에서 새롭게 알게 된 사실과 의견을 해당 칸에 적는다. 마지막으로 새롭게 알게 된 사실과 의견에 대한 교차 검증과 복합 검증을 한다. 이때

[활동지3-1] 기사 읽고 사실과 의견을 검증하는 활동지

기사 읽고 사실과 의견 검증하기			
학번( ) 이름( )			

기사 스크랩 붙이는 곳

출처	( )일보/신문, 년 월 일		
핵심 사실			
핵심 의견			
새롭게 알게 된 것	사실		
	의견		
사실 중심 탐색	교차 검증	방문한 곳	
		검증 결과	
	복합 검증	방문한 곳	
		검증 결과	
의견 중심 탐색	교차 검증	방문한 곳	
		검증 결과	
	복합 검증	방문한 곳	
		검증 결과	

여러 개의 언론을 통해 '교차 검증'하거나, 두 개 이상의 인터넷 포털 사이트에 관련 내용을 입력하여 진위를 확인하는 '복합 검증'을 통해 새롭게 알게 된 사실과 의견이 참인지 거짓인지를 판단하여 '검증 결과' 칸에 정리하면 된다.

교차 검증과 복합 검증 칸을 정리할 때는 방문한 언론사나 인터넷 사이트의 주소를 '방문한 곳'에 기록하고 문제점이 발견되지 않으면 '검증 결과' 칸에 '사실 관계에 이상이 없음' 또는 '의견에 큰 무리가 없고 논리적임'이라고 정리한다. 만약에 사실과 의견에 문제점이 발견되면 '사실 관계에 문제가 있음' 또는 '의견이 지나치게 주관적이고 비논리적임'이라고 적고 그 이유를 정리해야 한다.

기사 스크랩에 기초하여 사실과 의견을 검증하는 활동을 할 때 사용할 기사는 교사가 선택하거나 학생이 자율적으로 결정할 수 있다. 교사가 기사를 선택할 때는 기사 전체를 제공해도 되고, 꼭 필요한 부분만 발췌하여 제시할 수도 있다. 정해진 시간에 맞춰 사실과 의견을 구분하는 활동을 해야 한다면, 교사가 스크랩한 기사를 미리 활동지에 붙여 복사한 뒤에 제공하면 된다.

이렇게 교차 검증과 복합 검증을 통한 탐색 활동을 해야 하는 이유가 있다. 만약에 언론을 통해 보도된 뉴스, 지식, 정보가 가짜라면 그에 따른 의견도 거짓일 수 있기 때문이다. 또한 교차 검증과 복합 검증을 통해 사실에 따른 여러 의견 중에서 가장 진실한 게 무엇인가를 비교 분석, 평가하는 활동을 통해 비판적 사고 역량을 키워야 하기 때문이다.

기사를 읽고 사실과 의견을 교차 검증하거나 복합 검증하는 방식처럼 [활동지3-2]를 이용하여 유튜브를 보고 사실과 의견을 검증하는 활동을 할 수도

[활동지3-2] 유튜브 보고 사실과 의견을 검증하는 활동지

유튜브 보고 사실과 의견 검증하기			
학번( ) 이름( )			
유튜브 제목			
유튜브 주소			
주요 내용			
시청 일자	년 월 일		

유튜브 섬네일 캡처 붙이는 곳

사실			
의견			
새롭게 알게 된 것	사실		
	의견		
사실 중심 탐색	교차 검증	방문한 곳	
		검증 결과	
	복합 검증	방문한 곳	
		검증 결과	
의견 중심 탐색	교차 검증	방문한 곳	
		검증 결과	
	복합 검증	방문한 곳	
		검증 결과	

있다. 유튜브를 보고 사실과 의견을 탐색하는 활동지를 정리할 때는 기사를 읽고 교차 검증과 복합 검증할 때의 방식 그대로 적용하여 진행하면 된다. 이 때 문제점이 발견되지 않으면 '검증 결과' 칸에 '사실 관계에 이상이 없음' 또는 '의견에 큰 무리가 없고 논리적임'이라고 정리한다. 만약 사실과 의견에 문제점이 발견되면 그 이유를 '검증 결과' 칸에 구체적으로 정리해야 한다.

05
기사와 유튜브의 사실과 의견에 입장 내기

기사와 유튜브를 텍스트 삼아 사실과 의견 구별을 통한 검증 활동을 충분히 경험했다면, [활동지3-3]을 사용하여 사실과 의견에 대한 자기 입장을 내보는 활동으로 비판적 미디어 수용 교육을 강화할 수 있다.

    제시된 활동지의 '핵심 사실'과 '핵심 의견' 칸에는 기사를 읽고 간추린 여러 개의 사실과 의견 중에서 가장 핵심적인 사실과 의견을 옮겨 적으면 된다. 이후에 핵심 사실과 핵심 의견에 대한 자기 입장을 각각 정리한다. 자기 의견을 정리할 때는 사실과 의견의 타당성이나 공정성, 사실에 근거한 주장 여부 등을 따져 그 내용을 기록한다.

[활동지3-3] 기사 읽고 사실과 의견에 입장 내기 활동지

기사 읽고 사실과 의견에 입장 내기 활동	
학번(　　) 이름(　　　　　)	

기사 스크랩 붙이는 곳

출처	(　　　)일보/신문,　　　년　　월　　일
핵심 사실	
핵심 의견	
핵심 사실에 대한 의견	
핵심 의견에 대한 의견	

의견 기사인 사설의 한 대목을 읽고 활동하는 과정을 [자료3-7]을 통해 알아보자.

[자료3-7] '백신 접종 시작됐지만 방역 경각심 유지해야 한다'는 사설

①코로나19 백신의 국내 첫 접종이 어제 시작됐다. ②지난해 1월 20일 국내에 첫 확진자가 발생한 이후 402일 만이다. ③백신 접종은 집단면역 형성을 통해 일상으로 돌아가기 위한 첫걸음을 내디뎠다는 의미가 있다. ④한국은 접종 순위 세계 105번째로 '지각 접종국'이다. ⑤접종이 늦게 시작된 만큼 백신 접종 대장정 와중에 길을 잃지 않도록 정부가 길라잡이 역할을 제대로 하길 바란다. – 〈중앙일보, 2021.2.27〉 사설 일부

제시된 사설에서 ①, ②, ④는 '사실', ③, ⑤는 '의견'으로 구분할 수 있다. 이 중에서 핵심 사실은 '코로나19 백신 접종이 첫 환자 발생 이후 402일 만에 지각 접종을 하게 되었다'는 것이다. 이런 핵심 사실에 대한 자기 의견은 '핵심 사실에 대한 의견' 칸에 작성하면 된다. 마찬가지 방법으로 핵심 의견인 '접종 이후 일상으로 돌아갈 수 있게 정부가 길라잡이 역할을 제대로 해야 한다'를 바탕으로 '핵심 의견에 대한 의견'을 자신의 입장에서 펼치면 된다.

핵심 사실에 대한 의견이든 핵심 의견에 대한 의견이든 간에 의견을 제시할 때는 문제 상황을 합리적으로 해결할 대책을 내야 한다. 예를 들어 '접종 이후 일상으로 돌아갈 수 있게 정부가 길라잡이 역할을 제대로 해야 한다'는 의견을 하나의 문제 상황으로 설정했다면, 재확산 방지를 위한 노력, 경제 활성화를 위한 대책 등을 청원하는 활동을 하면 된다.

[활동지3-4] 유튜브 보고 사실과 의견에 입장 내기 활동지

유튜브 보고 사실과 의견에 입장 내기	
학번(　　　) 이름(　　　　　)	
유튜브 제목	
유튜브 주소	
주요 내용	
시청 일자	년　　　월　　　일
	유튜브 섬네일 캡처 붙이는 곳
핵심 사실	
핵심 의견	
핵심 사실에 대한 의견	
핵심 의견에 대한 의견	

[활동지3-4]를 이용하여 기사를 읽고 사실과 의견에 자기 입장을 내는 활동처럼 유튜브 보고 사실과 의견에 자기 입장을 내는 활동을 할 수 있다. 기사 중심의 활동과 마찬가지 방식으로 특정한 유튜브 동영상을 보고 핵심 사실과 핵심 의견을 간추린 뒤에 이를 바탕으로 자신의 의견을 내보는 활동을 하면 된다. 이때 '핵심 사실에 대한 의견'은 주제의 타당성이나 사실의 진위 여부 등을 중심으로 자기 의견을 피력할 수 있다. 예컨대 팬데믹 시대에 어려움을 겪고 있는 '자영업자 문제'를 다룬 유튜브를 봤다면, 그 속에 담긴 자영업자의 경영 상태를 다룬 통계 자료가 사실에 입각한 것인지 등을 판단하여 의견을 내고, '핵심 의견에 대한 의견'은 동영상을 올린 사람이 주장하는 바를 중심으로 타당성, 공정성 등의 기준으로 판단하여 그에 대한 자기 입장을 내면 된다.

Media Literacy

06
신문과 유튜브로 서로 다른 의견 비교하기

신문과 유튜브를 바탕으로 서로 다른 의견을 비교하는 활동을 통해 비판적 미디어 수용 교육을 할 때는 세 가지 방식으로 실천할 수 있다.

첫 번째, 신문을 중심으로 다른 의견을 알아보는 활동을 할 수 있다. 먼저 신문 기사 한 꼭지를 스크랩하여 읽고 핵심 사실과 핵심 의견을 뽑는다. 그런 다음에 뽑은 핵심 의견을 복수의 다른 신문 속의 의견과 비교해 본다. 마지막으로 가장 합리적이라고 판단되는 신문의 의견을 적고 이유를 정리한다.

[활동지3-5]를 바탕으로 서로 다른 의견을 알아보는 활동을 하는 과정을 알아보자. 예를 들어 감염병의 확산을 막기 위해 '카페나 음식점의 영업시간을 9시까지 제한'하는 소식을 스크랩했다면, 우선 스크랩한 신문을 읽고 핵심 사실과 핵심 의견을 간추려 해당 칸에 정리한다. 다음으로 다른 신문인 B신문, C신문, D신문 등은 어떤 의견을 내고 있는지를 찾아 정리한다. 마지막으

[활동지3-5] 신문을 중심으로 다른 의견 알아보기 활동지

신문을 중심으로 다른 의견 알아보기			
학번( ) 이름( )			

기사 스크랩 붙이는 곳

출처	( )일보/신문, 년 월 일		
핵심 사실			
핵심 의견			
다른 의견 ①	출처	( )일보/신문, 년 월 일	
	의견		
다른 의견 ②	출처	( )일보/신문, 년 월 일	
	의견		
다른 의견 ③	출처	( )일보/신문, 년 월 일	
	의견		
가장 합리적인 의견			

로 '다른 의견 ①, ②, ③' 중에서 '가장 합리적인 의견'을 고른 뒤에 그 이유를 정리한다.

이 활동을 통해 '하나의 쟁점을 두고 얼마나 다양한 해석이 나올 수 있는 가?'를 이해할 수 있다. 더불어 비판적 사고력을 키우려면 특정 신문의 의견을 무조건 수용하지 말고 다른 신문의 의견과 비교하는 검증 활동이 필요하다는 것을 체득해야 한다.

기사를 선택할 때는 정치, 경제, 사회, 문화 등의 보도 기사도 가능하고, 의견 기사를 대표하는 칼럼이나 사설을 활용할 수도 있다. 이때 기사 전체를 스크랩해도 되고, 기사의 일부만을 정리하여 활동해도 된다. 이 활동의 가장 큰 목적은 동일한 쟁점을 두고 같은 종류의 미디어 텍스트에서 얼마나 다른 의견을 내는지 알아보고, 여러 의견을 비교하여 평가하는 활동을 통해 미디어 텍스트에 대한 검증의 필요성을 일깨우고, 비판적 관점에서 자기 입장을 펼치는 역량을 키우는 데 있다.

두 번째, 유튜브를 중심으로 서로 다른 의견을 알아보는 활동을 할 수 있다. 이 활동은 복수의 신문으로 서로 다른 의견을 알아보는 활동과 같은 방식으로 진행하면 된다. 미디어 텍스트가 신문 기사에서 유튜브로 바뀌었을 뿐 활동하는 과정에는 큰 차이가 없다.

[활동지3-6]을 활용하여 유튜브를 중심으로 다른 의견을 알아보는 활동 때는 먼저 특정 주제의 유튜브 한 편을 보고 주요 내용과 핵심 사실과 핵심 의견을 정리한다. 다음으로 특정 주제를 다룬 다른 유튜브 몇 편을 본 뒤에 서로 다른 의견이 있는지를 비교하는 활동을 한다. 끝으로 비교한 여러 편의 유튜

[활동지3-6] 유튜브를 중심으로 다른 의견 알아보기 활동지

유튜브를 중심으로 다른 의견 알아보기		
학번( ) 이름( )		
유튜브 제목		
유튜브 주소		
주요 내용		
시청 일자	년 월 일	
유튜브 섬네일 캡처 붙이는 곳		
핵심 사실		
핵심 의견		
다른 의견 ①	유튜브 제목	
	유튜브 주소	
	주요 의견	
다른 의견 ②	유튜브 제목	
	유튜브 주소	
	주요 의견	
다른 의견 ③	유튜브 제목	
	유튜브 주소	
	주요 의견	
가장 합리적인 의견		

브 중에서 가장 합리적인 의견을 골라 이유를 들어 정리하면 된다.

세 번째, 하나의 텍스트에 기초하여 서로 다른 미디어를 통해 다양한 의견을 알아보는 활동을 할 수 있다. 이것은 신문과 신문, 유튜브와 유튜브를 서로 비교해 보고 합리적인 의견을 도출하는 활동을 확장한 것으로 이해하면 된다. 예를 들어 '일본의 방사능 오염수 해양 방출' 문제를 다룬 신문 기사를 읽고 이 문제를 페이스북, 유튜브, 블로그, 트위터 등의 미디어에서는 어떤 의견을 내는지를 비교 검토하는 활동을 하면 된다. 이를 통해 미디어의 종류에 따른 의견 차이를 평가할 수 있고, 여러 미디어가 지닌 속성도 파악할 수도 있다. 이때는 [활동지3-7]을 사용하여 정리하는 활동을 하면 된다.

이 활동을 할 때는 반드시 신문 기사 스크랩에서 출발하지 않아도 된다. 유튜브나 페이스북 등을 보고 사실과 의견을 구분한 뒤에 다양한 미디어 텍스트에서 밝히는 의견을 비교해도 된다. 이때 유튜브, 페이스북, 트위터 등의 '출처'는 해당 인터넷 주소를 밝히면 된다. '가장 합리적인 의견'에는 각각의 미디어 텍스트에 대한 자기 입장을 내거나 자신이 판단할 때 가장 합리적인 의견에 대한 동조, 옹호, 지원 등의 의견을 낼 수 있다. 이때 학생이 밝힌 '가장 합리적인 의견'이 교사의 입장과 다르다고 해도 그것이 잘못된 게 아니라고 인정해야 한다. 학생과 교사의 의견이 다르더라도 대립하지 말고 대등한 입장에서 의견을 서로 주고받아야 학생들이 적극적으로 의견을 낼 힘이 생긴다. 물론 지나치게 극단적인 의견일 때는 합리적인 반론을 제시하여 자기 의견을 성찰하도록 해야 한다.

[활동지3-7] 하나의 텍스트로 여러 종류의 미디어에서 의견 알아보기 활동지

하나의 텍스트로 여러 종류의 미디어에서 의견 알아보기		
학번( ) 이름( )		
기사 스크랩 붙이는 곳		
출처	( )일보/신문, 년 월 일	
핵심 사실		
핵심 의견		
① 유튜브	출처	
	유튜브 의견	
② 페이스북	출처	
	페이스북 의견	
③ 트위터	출처	
	트위터 의견	
가장 합리적인 의견		

07
취재보도준칙을 활용한 비판적 미디어 읽기

언론의 역할과 취재보도준칙 ·················

언론은 어떤 사실을 알리거나 특정 문제에 대해 여론을 형성하는 역할을 한다. 두루 알고 있듯이 언론이 보도하는 뉴스가 여러 종류의 미디어를 타고 전파되면서 여론이 형성된다. 아주 중요한 쟁점인데도 이를 보도하지 않으면 그 쟁점이 흐지부지 사라질 수도 있고, 이와 반대로 별로 중요하지 않은 뉴스를 되풀이해 보도하면 사람들의 관심을 끌 수 있다. 그러므로 언론은 중요도를 가려 사실을 그대로 보도해야 할 무거운 책무를 지닌다. 언론이 제 역할을 제대로 하지 못하면 사회는 정치와 경제 권력이 판치는 세상으로 변할 수 있다. 이런 구조 속에 놓이면 권력의 등쌀 때문에 누구도 편안하게 살 수 없다. 이 때문에 권력에 대한 언론의 비판과 감시가 필요한 것이다.

언론의 형태를 개와 비교하면 엇비슷한 게 많다.

첫째, 워치독(watch dog)처럼 행동한다. 언론은 '감시견'처럼 끊임없이 사회를 감시하고, 문제가 보이면 소리 높여 짖어야 한다. 그래야만 정의로운 사회가 될 수 있고, 불의가 자리 잡지 못한다. 워치독은 시스템 고장으로 기계가 돌아가지 않거나 프로그램 착오로 특정한 시스템이 끝없이 되풀이되는 것을 감시하는 장치를 뜻하는 말이기도 하다. 이 말처럼 우리 사회가 올바른 방향으로 잘 작동하도록 살피는 역할을 언론이 해야 한다. 워치독에는 자기 자신을 바라보며 감시해야 한다는 뜻도 포함되어 있다. 밖으로 사회를 비추고 안으로 자기를 반성해야 제대로 된 언론이기 때문이다.

둘째, 랩독(Lap dog)처럼 산다. 권력의 무릎에 올라타고 스스로 애교를 부리며 맛있는 것을 챙겨 먹는 '애완견' 같은 언론이 있다. 언론이 랩독에 머물면 주인의 권력을 결코 비판할 수 없다. 권력의 잘못은 눈감고 엉뚱하게 다른 사안을 물고 늘어지는 언론은 권력의 시녀에 불과하다.

셋째, 가드독(guard dog)처럼 군다. '경비견'이 자기 집만 바라보며 밤낮없이 짖어대면 수많은 이웃이 잠을 설칠 수밖에 없다. 자기 집도 중요하지만 다른 사람 생각도 해야 한다. 언론이 자신들이 가진 기득권에 빠져 자기 권력을 지키는 데 힘을 쏟으면 안 된다. 그렇게 되면 자기 권력을 지키려 아등바등할 것이고, 자기 이익만 챙길 것이다. 경비견 행동이 지나치면 사실을 왜곡할 수 있고, 편파 보도를 일삼을 수도 있다. 자신의 권력에 피해를 준다고 판단되는 집단을 해코지하기도 한다.

넷째, 슬리핑독(sleeping dog)처럼 뒹군다. 밖이 매우 소란하지만 그냥 눈감고 코를 고는 '수면견'은 언젠가는 버림받는다. 우리가 사는 세상은 숱한 뉴스를 쏟아낸다. 그것들을 살펴 중요도에 따라 뉴스로 전달하는 게 언론이 할 일이다. 하지만 세상을 떠들썩하게 할 뉴스가 생겼는데도 천하태평으로 잠만 자는 언론을 대할 때가 있다. 이런 언론은 그 누구도 신뢰하지 않는다.

미디어 리터러시 교육을 할 때 대강 보고 넘길 수 없는 게 언론의 형태이다. 언론의 형태를 살피고 따지는 것은 뉴스 수용자가 가져야 할 기본 자세이다. 우리는 저스티스독(justice dog)과 같은 '정의견'을 원한다. 공명정대한 언론이야말로 우리를 제대로 지켜주는 든든한 지킴이가 될 명견이기 때문이다. 청정한 미디어 생태계의 보전을 위해서도 정의견을 키워야 한다.[*]

취재보도준칙은 시청자들로부터 받는 불신임을 타파하기 위해 사실을 정확하게 취재하여 올바른 진실을 공정하게 보도하려는 언론사의 구체적인 지침이다. 하지만 속보 전쟁에 휘둘리고, 정파성에 매몰되어 준칙을 상실하는 경우가 많다. 기자의 업무는 사실을 정확하게 확인하는 것이고, 독자적 취재는 사실 확인을 다른 누구에게 의존하지 않고 스스로 하겠다는 양심의 발로이다. 독자적으로 사실을 정확하게 취재하여 보도하는 일은 언론의 강력한 신념이 되어야 한다. 논문도 출처를 정확하게 밝히지 않거나 표절하여 발표하면 사회로부터 배척당하듯이, 언론도 그렇게 될 수 있다는 것을 명심할 필요가 있다.

---

[*] 한국언론진흥재단 '미디어 리터러시'(2016년 6월호). 강아지와 뉴스 리터러시 교육(필자의 글을 재구성). https://dadoc.or.kr/2166(검색일 : 2021.6.25)

미디어에 대한 불신이 갈수록 깊어지고 있다. 그것은 사실과 전체 또는 부분적으로 다른 정보인 '잘못된 정보(misinformation)'나 의도적으로 상대방을 속이기 위한 정보로 신중하게 계획되고 기술적으로 복잡한 사기 과정의 산물인 '기만적 정보(disinformation)'(최현정, 2020)의 증가와 맥을 같이 한다.

한국언론진흥재단이 참여하고 영국 옥스퍼드대학교 부설 로이터 저널리즘 연구소가 수행하는 디지털 뉴스 리포트의 '뉴스 전반에 대한 신뢰도' 조사에서 한국은 조사 대상으로 포함된 2016년 이후 2020년까지 연속 꼴찌이다. 이런 상황에서 탈피하려면 미디어 텍스트 생산자들의 각성이 우선적으로 요구된다. 더불어 취재 현장의 기자들에게도 취재보도준칙의 엄격한 준수가 요구된다.

취재보도준칙을 이용한 비판적 미디어 읽기를 할 때는 주안점을 둘 게 몇가지 있다.

첫째, 여론 형성에 기여하는 미디어가 객관적 사실보다 감정에 호소하는지 살펴야 한다. 여론은 의외로 감정과 신념에 너무 쉽게 휩쓸리는 경향이 있는데, 미디어가 사실에 대한 논리적인 근거 제시보다 감정에 호소할 때도 있다.

둘째, 미디어가 의제 선택에 있어 공적인 사명보다 정파적 신념에 의존하고 있는지를 따져봐야 한다. 다양한 미디어들은 의제 설정을 상당히 중요하게 생각한다. 사회적 쟁점에 관한 공적인 의제를 설정하기도 하지만 정파성에 기댄 신념에 따라 사회적 쟁점을 도외시하는 의제를 만들기도 한다.

셋째, 미디어가 단편적 사실을 두고 지나치게 주관적 의견으로 논의를 끌어가고 있는지를 눈여겨봐야 한다. 지나치게 주관적 의견을 제시하면 반드시 갈등이 있을 수 있다.

넷째, 미디어가 이미지와 상징 조작을 시도하고 있는지를 봐야 한다. 미디어가 그림이나 사진을 조작하거나 실체와는 다른 환영을 교묘하게 조작하여 대중을 움직이는 경우가 있다.

한겨레미디어의 취재보도준칙*을 바탕으로 비판적 미디어 읽기에 기초한 비판적 미디어 수용 교육을 위한 방안을 알아보자.

[자료3-8] 사실과 의견의 구분에 관한 취재보도준칙

3. 사실과 의견의 구분

1) **(뉴스 기사에서 의견과 주관 배제)** 뉴스를 다루는 기사에서는 기자의 의견과 추정을 유보하고, 취재한 그대로의 사실만 전달한다. 사실을 보도하는 기사에 기자의 견해나 주장을 섞지 않으며, 주관적이고 편향적인 표현을 사용하지 않는다. 사실을 담은 기사 제목을 편집할 때도 감정, 의견, 추정 등 주관적 표현이나 단어를 피한다.

2) **(예단과 편향 배척)** 기자의 추정, 취향, 선호, 의견 등을 앞세워 예단하여 취재하지 않는다. 특정 세력 또는 집단의 견해나 입장에 편향되지 않고, 사회의 다양한 가치와 이해관계를 고르게 반영하여 보도한다. 기자 개인이나 특정 집단의 신념 또는 이익을 위해 진실을 왜곡하거나, 사실을 일부러 누락하지 않는다.

3) **(사실에 기초한 의견)** 사설, 논평 및 칼럼, 분석 및 해설 등에서도 사실에 기초하여 종합적이고 균형 잡힌 의견과 주장을 개진한다. 이때 사설, 칼럼 등은 사실을 전달하는 기사와 명확하게 구분되는 방법으로 편집한다.

---

* 한겨레(2020.5.14). [전문] 한겨레미디어 취재보도준칙. https://www.hani.co.kr/arti/society/media/944867.html

[자료3-8]은 '2장. 진실 추구'의 '3. 사실과 의견의 구분'에 관한 준칙이다. 이를 바탕으로 비판적 미디어 읽기 활동을 진행하는 과정을 알아보자.

사실과 의견의 구분에 관한 취재보도준칙을 통해 알 수 있듯이 기사는 의견과 주관을 배제하고, 예단과 편향을 배척하며, 사실에 기초한 의견을 제시해야 한다. 이런 상황을 고려하여 준칙의 준수 여부를 따지는 비판적 미디어 읽기를 할 수 있다.

취재보도준칙에 따른 비판적 미디어 읽기를 할 때는 [활동지3-8]을 이용하면 된다. 이 활동은 기사를 한 편 스크랩하여 읽고, ①에서 ⑥까지의 질문에 대한 답변을 정리하면 된다. ①에서 ⑥까지의 질문은 취재보도준칙의 핵심 내용을 간추려서 구성한 것이다. 이렇게 취재보도준칙을 바탕으로 사실과 의견 구분 준칙의 이행 여부를 확인하면 비판적 미디어 읽기 활동이 된다.

한편 답변을 정리할 때는 기사를 읽고 사실과 의견에 문제가 있는 문장이나 문단을 뽑은 뒤에 반드시 그 이유를 함께 정리해야 한다. 이때 ①에서 ⑥까지 모든 항목에 구체적으로 답변할 필요는 없다. 특정 질문대로 잘 이행했다면 '잘 지켰다'라고 간략하게 기록해도 된다. 마무리는 스크랩한 기사의 전체적인 내용을 평가하여 이행 정도가 어느 정도인지를 별 그림에 색칠하는 활동으로 마감한다. 이행 정도가 보통이면 5개 정도를 색칠하고, 모든 항목이 잘 이행되었다면 별 그림 모두에 색칠하면 된다.

기사 스크랩으로 취재보도준칙 이행 여부를 알아보는 활동은 비판적 유튜브 읽기 활동으로도 연계시킬 수 있다. 이때는 [활동지3-9]를 이용하여 특정 주제를 정해 그에 관련된 유튜브 영상을 골라 보고 질문에 답변하면 된다.

[활동지3-8] 사실과 의견 구분 준칙으로 비판적 기사 읽기 활동지

사실과 의견 구분 준칙으로 비판적 기사 읽기	
학번( ) 이름( )	
기사 스크랩 붙이는 곳	
출처 ( )일보/신문, 년 월 일	
질문	**답변**
① 취재한 그대로의 사실만 전달했는가?	
② 사실 보도 기사에 기자의 견해나 주장이 섞여 있는가?	
③ 주관적이고 편향적인 표현을 사용하고 있는가?	
④ 사실을 담은 기사 제목에 감정, 의견, 추정 등 주관적 표현이나 단어가 있는가?	
⑤ 특정 세력 또는 집단의 견해나 입장에 편향되지 않은가?	
⑥ 기자 개인이나 특정 집단의 신념 또는 이익을 위해 진실을 왜곡했는가?	
평점	☆☆☆☆☆☆☆☆☆☆

[활동지3-9] 사실과 의견 구분 준칙으로 비판적 유튜브 읽기 활동지

사실과 의견 구분 준칙으로 비판적 유튜브 읽기	
학번( ) 이름( )	
유튜브 섬네일 캡처 붙이는 곳	
유튜브 제목	
주요 내용	
시청 일자	년 월 일
질문	**답변**
① 사실만 전달하고 있는가?	
② 사실에 견해나 주장이 섞여 있는가?	
③ 주관적이고 편향적인 표현을 사용하고 있는가?	
④ 유튜브 제목에 감정, 의견, 추정 등 주관적 표현이나 단어가 있는가?	
⑤ 특정 세력 또는 집단의 견해나 입장에 편향되지 않은가?	
⑥ 특정 집단의 신념 또는 이익을 위해 진실을 왜곡했는가?	
평점	☆☆☆☆☆☆☆☆☆☆

취재보도준칙을 근거로 비판적 유튜브 읽기를 할 때는 뉴스 스크랩 때의 질문과 달라야 한다. 기사는 문자 텍스트에 기반을 둔 인쇄 미디어이고, 유튜브는 영상에 기초한 소셜미디어이기 때문에 똑같은 질문을 할 수 없다. 예컨대 '②사실 보도 기사에 기자의 견해나 주장이 섞여 있는가?'를 '②사실에 견해나 주장이 섞여 있는가?'로 바꾸어 질문해야 유튜브 영상에 관련된 질문이 된다.

이번에는 [자료3-9]의 '3장. 공정과 균형'의 '3. 편향과 주관 배제' 조항으로 비판적 미디어 읽기를 실천하는 방법을 알아보자. 이 활동은 학생들에게 '3. 편향과 주관 배제' 조항과 '취재보도준칙으로 비판적 미디어 읽기' 활동지를 동시에 주고 실천하는 형식이다.

[자료3-9] 편향과 주관 배제에 관한 취재보도준칙

3. 편향과 주관 배제

1) **(기사의 주관적 표현 지양)** 기자의 주관을 드러내거나 근거가 불명확한 서술어를 최대한 피한다. '~로 알려졌다/전해졌다/전망이다' 등 판단의 주체를 분명히 밝히지 않고 서술하면, 기자의 주관이 개입됐거나, 일부 취재원의 입장만 강조하거나, 일부 내용을 과도하게 일반화하는 경우로 오해받을 수 있으므로 될 수 있으면 사용하지 않는다.

2) **(인용문의 주관적 술어 지양)** 기사에서 직접 인용문의 술어는 '말했다', '발표했다', '밝혔다' 등 담담하고 건조한 표현으로 가급적 통일한다. 취재원의 발언을 직접 인용할 때 '주장했다', '촉구했다', '강조했다', '압박했다' 등의 술어를 쓰면 기자의 주관과 판단이 개입된 것으로 오해할 수 있으므로 될 수 있으면 다른 말로 바꾸어 쓴다.

3) **(비판적 내용의 익명 인용 지양)** 비판·비난·공격·폭로 등의 내용을 다룰 때는 최대한 실명 취재원의 발언에 근거해 보도한다. 익명 취재원의 발언을 빌려 특정 대상을 비판하면 기자가 의도적으로 그 내용을 조작했다고 오해받을 수 있으므로 되도록 이를 피한다. 불가피하게 비판·비난·공격·폭로 등의 내용을 익명 취재원에 근거하여 보도할 경우에는 공격받은 대상자의 반론을 충분히 싣는다.

4) **(일방적 비방을 담은 제목 지양)** 개인, 단체, 집단, 기관 등을 일방적으로 공격하는 발언, 사실에 근거하지 않고 부당하고 감정적으로 비판하는 발언 등을 직접 인용하여 기사의 제목으로 달지 않는다. 특정한 발언과 표현을 강조하여 기사 제목을 붙이면 사안을 오도하거나, 기자 및 편집자의 주관 및 의견을 과도하게 부각하는 것으로 오해받을 수 있으므로 되도록 피한다. 발언 또는 발표 내용 자체가 중대한 경우, 신속한 보도를 위해 꼭 필요한 경우는 예외로 할 수 있다.

이 활동을 할 때는 교사가 먼저 '3. 편향과 주관 배제' 조항을 나눠준 뒤에 네 가지 지양해야 할 점을 구체적으로 설명해야 한다. 그런 다음에 교사가 만든 '체크 포인트를 활용한 비판적 기사 읽기 활동지'를 학생들에게 나눠주고 활동을 시작한다. 이때 활동에 필요한 기사 스크랩은 학생보다 교사가 하는 게 효과적이다. '편향과 주관 배제' 활동에 적절한 기사를 선택하여 '기사 스크랩 붙이는 곳'에 미리 붙여 활동지를 만들면 된다.

[활동지3-10]의 체크 포인트 '①기사의 주관적 표현 지양 위배 확인'은 뉴스 기사를 읽고 기자의 주관이 드러난 '~로 알려졌다, 전해졌다, 전망이다' 등을 찾으면 된다. 체크 포인트 '②인용문의 주관적 술어 지양 위배 확인'은 '주장했다, 촉구했다, 강조했다, 압박했다' 등과 같이 주관과 판단이 개입된 부분을 찾는다. '③비판적 내용의 익명 인용 지양 위배 확인'은 비판·비난·공격·폭로 등의 기사가 실명 취재원의 발언에 근거했는지, 공격받은 대상자의 반론

[활동지3-10] 체크 포인트를 활용한 비판적 기사 읽기 활동지

편향과 주관 배제 준칙으로 비판적 기사 읽기	
학번(　　　)　이름(　　　　　)	

기사 스크랩 붙이는 곳

출처	(　　　)일보/신문,　　년　월　일
체크 포인트	**확인한 내용**
① 기사의 주관적 표현 지양 위배 확인	
② 인용문의 주관적 술어 지양 위배 확인	
③ 비판적 내용의 익명 인용 지양 위배 확인	
④ 일방적 비방을 담은 제목 지양 위배 확인	
평점	☆☆☆☆☆☆☆☆☆☆

을 충분히 서술했는지 확인한다. '④일방적 비방을 담은 제목 지양 위배 확인'은 개인, 단체, 집단, 기관 등을 일방적으로 공격하는 발언, 사실에 근거하지 않고 부당하고 감정적으로 비판하는 발언 등을 직접 인용하여 기사의 제목으로 달고 있는지를 확인하여 정리하면 된다. 기사를 읽고 ①번 준칙을 위배한 게 확인되면, 그 부분에 밑줄을 긋고 ①번을 매기고, ④번 준칙을 위배했다면 역시 그 부분에 밑줄을 치고 ④번을 매기는 식으로 표시한다.

이번에는 [자료3-10]의 '4장. 정직과 투명'의 '3. 투명한 보도'의 '출처 표기' 준칙에 따라 비판적 유튜브 읽기를 실천하는 방법을 알아보자.

[자료3-10] 출처 표기에 관한 취재보도준칙

3. 투명한 보도

2) **(출처 표기)** 기사에 등장하는 모든 정보의 출처는 최대한 정확하게 밝힌다. 자료는 그 출처와 입수 과정을 분명하고 구체적으로 적는다.

① 문서, 문헌, 도서 등을 인용할 때는 인터뷰에 의한 것이 아니라 문서, 문헌, 도서 등에서 발췌한 것임을 분명하게 밝히고, 그 원래 내용을 정확하게 인용한다.

② 기관 또는 단체가 발표한 통계, 여론조사 등 각종 자료를 보도할 때는 원래의 내용을 충실하고 정직하게 반영한다. 특정 내용을 강조하기 위해 원자료를 왜곡하거나 그 일부를 과장하지 않는다.

③ 정부, 기관, 기업, 단체 등의 인터넷 홈페이지, 소셜미디어 계정 등에 게시된 정보는 공식 발표 자료로 간주하여 보도에 활용할 수 있다. 다만 그 정보가 사실에 부합하는 것인지 검증한다.

④ 소셜미디어 등 디지털 공간에 게시한 개인의 의견, 논평, 분석 등을 기사에 인용할 때에는 글을 올린 저작자로부터 보도에 활용해도 좋다는 승낙을 받는다. 연락이 닿지 않는 등 사전 승낙을 받지 못했다면, 보도 뒤에라도 동의를 구한다. 그 내용을 보도할 때는 실명 인용을 원칙으로 한다. 다만 일반 시민이 작성한 댓글 등의 경우 저작자를 나타내는 아이디 일부를 가리고 보도할 수 있다.

⑤ 다른 언론의 보도를 인용할 때는 해당 언론사를 분명하게 표기한다. 이때 그 내용에 대한 사실 검증과 확인을 거친다.

⑥ 기사의 근거로 삼았거나 인용한 자료 및 문서는 인터넷 등을 통해 시민과 독자에게 되도록 공개한다.

제시된 준칙은 인쇄 미디어를 대표하는 신문의 출처 표기에 관한 내용이지만, 이를 창의적으로 재구성하면 [활동지3-11]을 이용하여 비판적 유튜브 읽기를 할 수 있다. 예를 들어 '①문서, 문헌, 도서 등을 인용할 때는 인터뷰에 의한 것이 아니라 문서, 문헌, 도서 등에서 발췌한 것임을 분명하게 밝히고, 그 원래 내용을 정확하게 인용한다'는 준칙을 '①영상 제작에 활용한 문서, 문헌, 도서 등의 출처를 정확하게 명시하였는가?'로 수정하면 비판적 유튜브 읽기를 위한 준칙이 될 수 있다.

새롭게 구성한 '출처 표기 준칙으로 비판적 유튜브 읽기 활동지'의 ①에서 ⑤까지의 체크 리스트는 비판적 유튜브 읽기를 위한 질문이자 준칙이다. 활동지를 정리할 때 '확인' 칸에는 해당 질문에 합당하면 동그라미, 그렇지 않으면 가위표를 하면 된다. '확인한 내용' 칸에는 유튜브를 보고 질문에 합당한 부분이나 그렇지 않은 부분을 기록한다. 만약에 '④디지털 공간에 게시한 개인의 의견, 논평, 분석 등을 인용할 때 실명을 명시했는가?'라는 질문에 위배된 경

[활동지3-11] 출처 표기 준칙으로 비판적 유튜브 읽기 활동지

출처 표기 준칙으로 비판적 유튜브 읽기		
학번( ) 이름( )		
유튜브 섬네일 캡처 붙이는 곳		
유튜브 제목		
주요 내용		
시청 일자	년 월 일	
체크 리스트	확인	확인한 내용
① 영상 제작에 활용한 문서, 문헌, 도서 등의 출처를 정확하게 명시하였는가?		
② 특정 내용을 강조하려고 통계나 여론조사 결과 등을 왜곡하거나 과장하지 않았는가?		
③ 정부, 기관, 기업, 단체 등의 인터넷 홈페이지, 소셜미디어 계정 등에 게시된 정보를 작위적으로 사용했는가?		
④ 디지털 공간에 게시한 개인의 의견, 논평, 분석 등을 인용할 때 실명을 명시했는가?		
⑤ 다른 언론의 보도를 인용할 때 해당 언론사를 분명하게 표기했는가?		
평점	☆☆☆☆☆☆☆☆☆☆	

우가 있다면 그 부분을 지적하면 된다. 실제로 상당수의 유튜버들이 다른 사람의 의견을 그대로 옮기고도 실명을 밝히지 않고 두루뭉수리 넘어가는 경우가 있다. 마지막으로 '평점'에는 ①에서 ⑤까지 '확인한 내용'에서 파악한 것, 즉 준칙의 준수 여부 정도를 평가하여 별 그림에 색칠하면 된다. 모든 항목을 위배했다면 아예 색칠할 필요가 없다.

'출처 표기 준칙으로 비판적 유튜브 읽기' 활동을 하는 이유는 자기 스스로 준칙을 만들어 비판적 유튜브 읽기(유튜브 리터러시)를 경험해 보는 데 있다. 더불어 여러 기관에서 제시한 유튜브 리터러시 방안과 비교해 추가할 내용이 있는지를 알아보는 활동의 의미도 있다.

한국언론진흥재단의 유튜브 리터러시 체크 리스트[*]에는 '나는 추천 동영상이 한쪽 측면만 보고 생각하게 할 수 있다는 점을 알고 있다', '영상에 나오는 내용이 항상 진실이라고 생각하지 않는다', '어떤 영상에는 상업적인 이득을 얻으려는 의도가 담겨 있다고 생각한다', '공유할 만한 우수한 콘텐츠와 그렇지 않은 콘텐츠를 구분하는 기준이 있다', '영상 속 사회적 문제나 관심사에 대해 나와 반대되는 의견도 존중한다', '영상 또는 영상 속의 내용을 공유할 때 출처를 반드시 표시한다' 등이 있다.

이제 [자료3-11]을 이용하여 사진, 영상 등의 활용에 관한 취재보도준칙으로 비판적 유튜브 읽기를 위한 실천문 만들기 활동을 알아보자. 유튜브의 주요 구성 요소는 사진과 영상이다. 사진과 영상은 편집자의 의도에 의해 변형

---

[*] 한국언론진흥재단 유튜브 리터러시 체크 리스트. https://www.facebook.com/dadoc.kpf/posts/356
1045004021100 (검색일 : 2021.6.16)

되고 왜곡될 수 있다. 이런 일이 생기면 잘못된 메시지가 시청자에게 전달되어 잘못된 판단을 유도할 수 있으므로 이를 막기 위한 실천문을 만들어보는 활동이 필요하다.

[자료3-11] 사진, 영상 등의 활용에 관한 취재보도준칙

11) **(사진, 영상 등의 활용)** 촬영한 사진과 영상의 보도, 외부자가 촬영한 사진과 영상을 활용한 보도, 그래픽을 활용한 보도 등에서 원본을 변형하거나 왜곡하지 않는다.

① 사진은 촬영된 원본을 쓴다. 선명하고 정확한 사진을 위한 손질이라도 최소한에 그쳐야 한다.

② 촬영한 영상을 편집하는 과정에서 피사체에 대한 근본적 변형이나 왜곡이 일어나지 않도록 주의한다.

③ 정보 그래픽에 사용된 사진 또는 영상 자료의 원본과 그 출처를 밝힌다. 특정 내용을 강조하기 위해 원자료를 과장하거나 왜곡하여 그래픽을 만들지 않는다.

④ 일반인 또는 외부자가 촬영·편집·제작한 사진, 영상, 그래픽 등을 활용하여 보도할 경우에는 그 출처를 분명히 밝힌다. 이때 외부 사진, 영상, 그래픽의 변형 및 왜곡 여부를 사전에 검증한다.

⑤ 웹 등 디지털 공간의 사진, 영상, 그래픽 등은 유포 과정에서 변형, 왜곡, 편집됐을 가능성이 있으므로 되도록 원본 및 원작자를 확인하고 그 변형, 왜곡 여부를 검증한 뒤, 취재보도에 활용한다. 또한 그 저작자를 최대한 확인하고, 보도에 활용해도 좋다는 승낙을 받는다. 저작권이 없는 정보라 할지라도 그 출처를 정확하게 기사에 표기한다.

실천문을 만들 때는 제시된 ①에서 ⑤까지의 취재보도준칙 내용을 살리면서 유튜버들에게 경각심을 고취하는 내용을 담아야 한다. 이때는 [활동지

[활동지3-12] 사진, 영상 등의 활용 준칙으로 유튜브 리터러시 실천문 만들기 활동지

사진, 영상 등의 활용 준칙으로 유튜브 리터러시 실천문 만들기	
학번( ) 이름( )	
취재보도준칙	**실천문**
① 사진은 촬영된 원본을 쓴다. 선명하고 정확한 사진을 위한 손질이라도 최소한에 그쳐야 한다.	
② 촬영한 영상을 편집하는 과정에서 피사체에 대한 근본적 변형이나 왜곡이 일어나지 않도록 주의한다.	
③ 정보 그래픽에 사용된 사진 또는 영상 자료의 원본과 그 출처를 밝힌다. 특정 내용을 강조하기 위해 원자료를 과장하거나 왜곡하여 그래픽을 만들지 않는다.	
④ 일반인 또는 외부자가 촬영·편집·제작한 사진, 영상, 그래픽 등을 활용하여 보도할 경우에는 그 출처를 분명히 밝힌다. 이때 외부 사진, 영상, 그래픽의 변형 및 왜곡 여부를 사전에 검증한다.	
⑤ 웹 등 디지털 공간의 사진, 영상, 그래픽 등은 유포 과정에서 변형, 왜곡, 편집됐을 가능성이 있으므로 되도록 원본 및 원작자를 확인하고 그 변형, 왜곡 여부를 검증한 뒤, 취재보도에 활용한다. 또한 그 저작자를 최대한 확인하고, 보도에 활용해도 좋다는 승낙을 받는다. 저작권이 없는 정보라 할지라도 그 출처를 정확하게 기사에 표기한다.	

3-12]를 이용하여 정리 활동을 하면 된다.

　'①사진은 촬영된 원본을 쓴다. 선명하고 정확한 사진을 위한 손질이라도 최소한에 그쳐야 한다'는 준칙으로 실천문을 만든다면, 이 준칙의 핵심인 '원본은 어떤 형태로든 가공하지 않아야 한다'는 것을 인지해야 한다. 이에 기초하여 '①유튜브 영상을 제작할 때 사진은 반드시 원본을 사용하여 진실을 전달한다'와 같은 실천문을 만들면 된다. '③정보 그래픽에 사용된 사진 또는 영상 자료의 원본과 그 출처를 밝힌다. 특정 내용을 강조하기 위해 원자료를 과장하거나 왜곡하여 그래픽을 만들지 않는다'는 준칙으로는 2개의 실천문을 만들 수 있다. 예컨대 '사진과 영상의 출처는 반드시 밝힌다'와 '원자료를 과장, 왜곡하지 않는다'이다. 이처럼 특정 준칙으로 여러 개의 실천문을 만들 수도 있다. 나머지 준칙들도 핵심 내용을 파악하여 간단명료한 실천문을 만들면 된다. 이런 실천문은 유튜브 영상을 만드는 사람이 지켜야 할 구체적인 지침 역할을 할 수 있다.

　실천문은 메시지가 잘 전달되도록 최대한 압축된 문장으로 만들어야 한다. 실천문 작성은 개별 활동으로 해도 되지만, 여러 의견을 모아 작성하는 게 효과적이므로 협력 활동을 통해 실천할 수도 있다.

08
질문 중심의 비판적 미디어 수용 교육

질문과 비판적 미디어 수용 교육의 관계 ·················

비판적 미디어 수용 교육이 활기차게 이뤄지려면 미디어 텍스트에 담긴 메시지를 의심하는 일이 일상화되어야 하고, 궁금한 점은 질문을 통해 해결해야 한다. 요즘 학생들은 깊이 있게 생각하는 것을 싫어하고, 그에 따라 질문하는 것을 꺼리는 경향이 있다. 미디어가 전하는 뉴스, 지식, 정보에 대하여 의문을 갖고 스스로 질문하고 그에 대한 해결책을 찾아가는 힘을 키워야 비판적 미디어 수용 교육이 제대로 자리를 잡을 수 있다.

비판적 미디어 수용 교육을 제대로 하려면 자유롭게 질문할 수 있는 풍토를 만들어야 한다. 질문 부재 현상의 이유는 교사와 학생 양쪽에서 모두 찾을 수 있다.

첫째, 교사의 수업 진도 문제다. 학생들에게 질문하지 않는 이유를 물어보면 대체로 교과 진도에 쫓기는 교사에게 질문할 엄두가 나지 않는다고 한다. 이 문제를 해결하려면 수업 시간에 지식만 전달하게 할 것이 아니라 질문할 수 있는 시간적 여백을 줘야 한다. 그래야 질문이 살아나고 질문이 주는 효과를 실감할 수 있다.

둘째, 학생들의 배움에 대한 착각에서 기인한다. 예전보다 쉽게 학습할 수 있는 환경이 구축되어 있고, 많은 수의 학생들이 학원, 과외, 교육 방송, 인터넷 강의 등을 통해 학습한다. 그러다 보니 뭔가를 많이 알고 있는 것으로 착각하고 있다. 그러니 질문을 할 필요성을 느끼지 못하는 것이다.

질문을 살리려면 '집어넣는 교육'에서 '꺼내는 교육'으로 바꿔야 한다. 이를 위해 교사는 일방적인 주입식 교육에서 벗어나야 한다. 학생들은 가슴속에 담아둔 궁금한 점을 꺼내 자유롭게 질문해야 한다. 더불어 스스로 질문을 만들 수 있어야 한다. 질문이라는 것을 한 번쯤 치르는 행사로 여길 게 아니다. 미디어 리터러시 교육을 할 때 질문이 살아 있는 수업이 되도록 해야 한다.

질문 역량을 키우는 소셜리딩 활동 ··················

소셜리딩(social reading)은 원래 디지털 텍스트를 읽기 전과 후 그리고 텍스트를 읽는 과정에서 지식, 정보, 정서 등이 글쓴이와 독자, 독자와 독자 사이에 교류가 가능한 읽기를 의미한다.[*] 소셜미디어의 발달로 읽을 책을 공유하고 함께 읽거나, 소셜미디어를 통해 미리 지정한 책을 읽고 지정된 시간에 인터넷 공간에 모여 독후감을 나누는 형식도 소셜리딩의 한 형태이다.

---

* 북 리뷰(338호). 이제 소셜리딩에 주목하자. https://bookerslab.tistory.com/271(검색일 : 2021.7.8)

이런 소셜리딩을 응용하면, 종이로 만든 활동지를 기반으로 두 사람이 함께 읽고 쓰는 대화 형식의 활동을 할 수 있다. 소셜리딩은 스크랩한 미디어 텍스트를 함께 읽고 각자 만든 질문과 답변을 서로 교환한 뒤 상대방이 쓴 질문에 대한 답변, 답변에 대한 질문을 만들면서 읽기 쓰기 역량과 비판적 미디어 읽기 역량을 키우기 위해 필자가 창안했다. [활동지3-13]을 보고 진행 과정을 알아보자.

짝꿍과 함께하는 소셜리딩 활동을 할 때는 두 사람에게 똑같은 활동지를 주고 시작하면 된다. 먼저 각자 활동지 속의 스크랩한 기사를 잘 읽고 질문 ❶, ❷, ❸과 답변 Ⓐ, Ⓑ, Ⓒ를 만든 뒤에, 서로 교환하여 질문 ❶, ❷, ❸을 읽고 그에 대해 답변을 하고, 답변 Ⓐ, Ⓑ, Ⓒ를 보고 그 답변이 나오게 된 배경을 스크랩한 뉴스를 읽고 그에 기초하여 질문을 만들면 된다. 짝꿍①의 질문과 답변은 짝꿍②가 정리하고, 짝꿍②의 질문과 답변은 짝꿍①이 정리한다. 이때 질문은 의문형으로, 답변은 명사형으로 적는다. 그런 다음 서로 질문하고 답변한 내용을 검토하여 무리가 있는지 없는지 서로 이야기를 나누면서 마무리하면 된다.

질문과 답변하는 칸 밑에 요약한 내용을 정리할 수 있는 칸을 만들어 질문과 답변한 내용을 중심으로 요약하는 활동을 할 수도 있다. 질문과 답변 속에 기사의 주요 내용이 들어가 있으므로 이를 간추리면 핵심 내용이 요약된다. 소셜리딩에 있어 요약은 일종의 복습 활동이고, 주요 내용 중에 빠진 게 있는지 확인하는 절차이기도 하다.

이 활동을 할 때 스크랩한 기사를 제대로 읽지 않고는 질문과 답변을 만들

[활동지3-13] 짝꿍과 함께하는 기사 소셜리딩 활동지

짝꿍과 함께하는 기사 소셜리딩하기							
짝꿍①	학번		이름		짝꿍②	학번	이름
기사 출처				( )일보/신문, 년 월 일			

기사 스크랩 붙이는 곳

질문	답변
❶	
❷	
❸	
	Ⓐ
	Ⓑ
	Ⓒ

수 없다. 당연히 쓰기도 불가능하다. 그러므로 소셜리딩은 리터러시의 기본인 읽기 쓰기에 최적화된 활동이고, 수평적으로 배우고 가르치는 소셜러닝(social learning) 역할도 한다.

소셜리딩은 가변성과 확장성이 있다.

첫째, 질문과 답변의 개수를 조절할 수 있다. 정치, 경제, 사회과학, 국제 관계처럼 중요하지만 딱딱한 경성 뉴스나 긴 글일 때는 아무래도 질문과 답변의 개수를 늘릴 수밖에 없다. 질문을 만들 때는 전체 글의 핵심을 파악하도록 하거나, 각 문단의 주요 내용을 이해하도록 만들면 된다.

둘째, 특정 주제를 반복해서 소셜리딩하면 그 분야의 심화 교육이 가능하다. 금융에 관련된 뉴스, 지식, 정보를 바탕으로 소셜리딩 활동을 반복하면 '뉴스를 활용한 금융 교육'이 되고, 정치 뉴스를 바탕으로 이 활동을 반복하면 '뉴스를 활용한 정치 교육'이 된다. 한편 사진이나 광고를 스크랩하여 소셜리딩 활동을 하면 사진과 광고를 분석적으로 보는 활동이 될 수도 있다.

셋째, 배려하는 마음을 키울 수 있다. 제시된 뉴스를 읽고 제대로 답변할 수 있게 질문을 만들어야 짝꿍 사이의 활동이 원만해진다. 대충 읽고 대강 질문을 만들면 상대방이 답변하기 어렵다. 이런 과정에서 상대방을 생각하는 배려심을 키울 수 있다.

넷째, 소셜리딩을 개별 교과 수업이나 독서교육에도 접목할 수 있다. 소셜리딩을 할 때는 신문만이 아니라 교과서의 특정 소단원이나 책의 한 부분을 '기사 스크랩 붙이는 곳'에 붙이고, 두 명이 함께 질문하고 답변하는 활동을 하면 그 부분에 대한 배움이 일어난다.

[활동지3-14] 책을 이용한 소셜리딩 활동지

《인류 이야기 3》 소셜리딩하기						
짝꿍①	학번		이름	짝꿍②	학번	이름

중세에는 기계에 필요한 부속품을 나무로 만들었다. 그러나 나무는 쉽게 닳는다는 흠이 있었다. 그래서 쇠를 이용한 기술을 찾았는데 쇠를 녹이기 위해서는 엄청난 화력이 필요했다. 처음에는 나무를 사용해 화력을 얻었는데, 그러다 보니 차츰 숲이 고갈되기 시작했다. 그러자 무연탄이 사용되었다. 하지만 땅속 깊이 파 내려가야 캘 수 있는 석탄을 용광로까지 운반해야 했고, 광산은 침수를 막아 건조 상태를 유지해야 했다. 처음에는 그럭저럭 말을 이용해 탄차를 끌었으나, 점점 특별한 기계를 적용하는 문제가 제기되기 시작했다. 이 어려운 문제를 해결하기 위해 몇몇 발명가들이 열심히 연구한 결과, 1777년, 제임스 와트는 드디어 실용 가치가 있는 증기 엔진을 최초로 세상에 내놓게 되었다.

영국인은 식민지에서 생산되는 천연 원료를 영국으로 가져와 완제품으로 가공해 세계 각처에 수출했다. 17세기에 미국의 조지아와 캐롤라이나 주민들은 솜털을 뽑아낼 수 있는 '목화'라는 신종 식물을 재배하기 시작했다. 여기서 뽑아낸 목화솜을 영국으로 보내면 랭커셔의 주민들이 그것으로 옷감을 짰다. 이 방직업은 수공업자의 집에서 손으로 이루어졌다. 오래잖아 방직업계에는 많은 개량 기계가 등장했다.

목화에서 솜을 빼내는 일을 수작업으로 할 때는 하루 1파운드밖에 해내지 못하던 것을 엘리 휘트니가 발명한 조면기로 대치되면서 생산량이 급증했다. 드디어 리처드 아크라이트와 성직자인 에드먼드 카트라이트가 수력으로 움직이는 대형 방적기를 발명했다. 와트의 엔진은 아크라이트의 방적기를 움직일 수 있는 방법을 발견하여 세계 각지의 인간관계를 일신시킨 경제적, 사회적 혁명을 가져왔다.

– 《인류 이야기 3》(헨드릭 빌렘 반 룬, 아이필드)에서 부분 발췌

질문	답변
❶ 중세 시대에 기계에 필요한 부속품은 무슨 재료로 만들었는가?	
❷ 영국의 방직업에 필요한 천연 원료를 제공한 나라는?	
❸ 석탄을 용광로까지 운반하고 광산의 침수를 막아준 기계와 그 기계의 발명가는?	
	Ⓐ 목화
	Ⓑ 숲이 고갈됨
	Ⓒ 대형 방적기
질문과 답변 중심으로 요약하기	

[활동지3-14]는《인류 이야기 3》이라는 책의 한 부분을 발췌하여 소셜리딩을 위해 구성한 활동지이다.

기사 스크랩에 기초한 소셜리딩 활동 경험을 바탕으로 유튜브를 보고 정리하는 활동을 할 수도 있다. 특정한 주제를 정해 관련 유튜브를 찾아 함께 보고 그에 관련된 질문과 답변을 하게 하면 대강대강 아무 생각 없이 시청하는 행동을 고칠 수 있다. 기사 기반의 소셜리딩 활동의 경험을 바탕으로 [활동지3-15]를 이용하여 유튜브 소셜리딩 활동을 해보자.

유튜브 소셜리딩 활동지의 '유튜브 화면 캡처 붙이는 곳'에는 함께 본 유튜브의 섬네일이나 주요 화면을 캡처하여 붙이면 된다. 기사 스크랩에 기초한 소셜리딩 활동처럼 질문과 답변하는 칸 밑에 요약하는 칸을 만들어 질문과 답변을 중심으로 주요 내용을 간추리는 활동을 할 수도 있다.

질문하는 역량을 발전시키려면 기사나 유튜브 기반의 활동에서처럼 텍스트의 주요 내용을 확인하는 활동에서 벗어나 핵심 질문을 통해 고등사고력을 키워야 한다. 만약 '영양'을 주제로 핵심 질문 역량을 키우려면 개념적 범주에 관련된 예시를 바탕으로 핵심 질문을 전개하는 방법(Jay McTighe 외, 2013)을 익혀야 한다.

[표3-2]를 통해 알 수 있듯이 개념적 범주에 따라 수많은 핵심 질문을 할 수 있다. 핵심 질문은 학생에게 학습 이해의 문을 열어준다. 즉, 핵심 질문을 반복적으로 탐구함으로써 학생은 이해에 다가갈 가능성을 높일 수 있다. 영양과 관련된 개념인 '비만'에 관한 질문을 할 때 단순히 '비만이란 무엇인가?'라는 질문이 아니라, '이상적인 몸무게란 무엇인가?'와 같은 핵심 질문이 필요하

[활동지3-15] 짝꿍과 함께하는 유튜브 소셜리딩 활동지

짝꿍과 함께하는 유튜브 소셜리딩하기							
짝꿍①	학번		이름		짝꿍②	학번	이름
	유튜브 제목						
	유튜브 주소						
	주요 내용						
	시청 일자						

유튜브 화면 캡처 붙이는 곳

질문	답변
❶	
❷	
❸	
	Ⓐ
	Ⓑ
	Ⓒ

[표3-2] '영양'을 주제로 개념적 범주로부터 핵심 질문 도출하기 사례

개념의 범주	예시	핵심 질문
개념	비만	이상적인 몸무게란 무엇인가?
주제	균형 잡힌 식단	우리는 무엇을 먹어야 할까?
이론	다이어트는 수명에 영향을 끼친다.	나의 식단이 내 삶에 영향을 끼치는가?
정책	설탕이 든 음료와 주류에 대해 정부가 부과하는 세금이나 금지 정책	정부는 사람들이 먹고 마시는 것에 대하여 참견할 권리가 있을까?
쟁점	합성 비타민과 변형 곡물의 가치	'자연적인 것'이 더 좋은 것인가?
가설	하루에 세끼 식사를 하는 게 가장 이상적이다.	우리는 얼마나 많이, 그리고 얼마나 자주 먹어야 하는가?
관점	달걀 유통 업체의 '믿을 수 없을 정도로 좋은 식품'이나 심장학회의 '콜레스테롤 통제하기'	식단과 관련하여 우리는 누구를 신뢰할 수 있을까?

다. 주제 차원에서도 '균형 잡힌 식단은 어떤 것일까요?'가 아니라 '우리는 무엇을 먹어야 할까?'라는 핵심 질문을 할 수 있어야 한다.

핵심 질문은 학생이 추상적이거나 연결되지 않은 상태로 남을 수 있는 개념과 사실로부터 의미를 구축할 수 있도록 도움을 준다. 핵심 질문은 열린 답변, 토론 가능성, 고차원적 사고, 추가 질문 가능성, 정당한 근거 제시 등을 담아내는 질문이다. 그러므로 비판적 미디어 읽기에 기초한 비판적 미디어 수용 교육을 할 때 핵심 질문에 기초한 탐구 활동을 할 수 있는 길을 열어줘야 한다.

질문 중심의 비판적 광고 읽기 활동 ··················

다양한 미디어 텍스트를 활용하여 질문 활동을 할 수도 있다. 신문 광고에 기초한 '질문 중심의 광고 읽기' 활동은 [활동지3-16]을 참고하여 실시할 수 있다.

신문 광고에 기초하여 '질문 중심의 광고 읽기' 활동을 한 뒤에는 방송 광고를 보고 질문 중심의 광고 읽기 활동으로 전환할 수도 있다. 방송 광고를 바탕으로 질문 중심의 광고 읽기 활동을 할 때는 방송 광고의 몇 장면을 캡처하여 '광고 스크랩 붙이는 곳'에 넣으면 된다. 이렇게 질문 중심으로 광고 읽기 활동을 하면 질문에 답하는 과정에서 자연스레 쓰기 활동이 활성화될 수 있다.

한편 사진이나 만평 등을 활용하여 질문 중심으로 그 속에 담긴 의미를 분석할 수도 있다. 예를 들어 시사만평을 활용하여 질문에 기반을 둔 이해 분석 활동을 할 수 있다. 시사만평은 대부분 집단과 집단 사이의 갈등을 풍자적으로 표현한 것이다. 이 때문에 '누구와 누구 사이의 갈등을 표현했나?', '갈등의 핵심은 무엇인가?', '갈등의 해결 방안은 무엇인가?' 등의 질문을 통해 만평의 실체를 밝히는 활동을 할 수 있다. 이렇게 다양한 질문을 반복할수록 비판적 미디어 읽기 역량도 커진다. 미디어 텍스트 속에 담긴 다양한 메시지를 추적

[활동지3-16] 질문 중심의 광고 읽기 활동지

질문 중심의 광고 읽기	
학번( ) 이름( )	
광고 출처	
광고 스크랩 붙이는 곳	

질문	답변
어떤 재화나 서비스를 알리고 있는가?	
누가(무엇이) 출연했으며 왜 뽑았을까?	
상품의 어떤 특성을 강조하고 있는가?	
어떤 사람을 소비 대상으로 하는가?	
어떤 요소를 활용하여 소비자를 설득하고 있는가?	
허위 또는 과장된 부분이 있는가?	

하는 과정이 질문이기 때문이다.

질문 중심의 유튜브 비판적 읽기 활동 ···················

　온라인으로 동영상을 보는 이용자의 90% 이상이 유튜브를 시청하고 있다. 2020년 4월 6일 KT 그룹의 디지털 미디어렙 나스미디어가 발표한 '2020 인터넷 이용자 조사(NPR, Netizen Profile Research)'에 따르면, 온라인 동영상 시청 때 유튜브를 이용한다는 응답은 93.7%였다. 유튜브 이용률은 연령이나 성별에 상관없이 모두 90% 이상을 기록했다. 연령대별로 보면 10대 이용률은 99.2%, 20대는 98.0%이다.[*]

　이처럼 학생들에게 유튜브 이용은 일상이지만, 그에 상응하는 비판적 미디어 수용 교육은 미미한 상황이다. 유튜브의 등장은 1인 미디어 발달에 기여했고, 정치 정보 확산, 생생하게 살아 있는 정보의 유통, 이용자와의 직접 소통 활성화, 정치 정보의 민주화를 촉진했다. 창의적인 아이디어에 기초한 다양한 콘텐츠를 아무 대가 없이 공유하여 타인에게 도움을 주는 역할도 하고 있다. 하지만 문제점도 노출되고 있다.

　첫째, 유튜브의 추천 알고리즘을 통한 확증 편향(confirmation bias)의 문제이다. 자신의 관심 영역이나 태도와 일치하는 정보가 집중적으로 노출될수록 한쪽만 바라보게 되는 강제적 편향성을 가지게 된다. 확증 편향은 선택적 노출이 일어나는 메커니즘과 개인의 정파적인 선택의 결과이지만, 이것이 반복

---

[*] 이데일리(2020.4.6). 동영상 서비스 이용자 93% "유튜브 시청"…10대는 99.2%. https://www.edaily.co.kr/news/read?newsId=02335366625733496&mediaCodeNo=257(검색일 : 2021.7.17)

되면 다양성에 기초한 사고를 가로막을 수 있다.

둘째, 중독성의 문제이다. 유튜브 이용자 중에는 파도처럼 이어지는 유사 정보의 늪에 빠져 헤어나지 못하는 경우가 많다. 그러다 보면 무심히 시간만 낭비하는 허무함을 경험하지만, 쉽게 빠져나오지 못하고 중독 상태가 되고 만다. 일부 유튜버들은 자극적이고 선정적인 콘텐츠를 이용하여 중독을 부추기기도 한다.

셋째, 언어 생활의 오염 문제이다. 시청자의 이목을 끌기 위해 거친 언어와 비속어를 남발함에 따라 유튜브 생산자의 비도덕성과 비윤리성이 지탄의 대상이 되고 있다. 유튜브 생산자들이 좋아요, 구독, 알림 설정 등을 높이려고 자극적인 내용의 글을 올리거나 악의적으로 행동하는 어그로(aggro) 문제도 심각한 상황이다.

넷째, 이득의 창출 문제이다. 유튜브에 가짜뉴스와 허위조작정보를 올리는 사람들은 정치적, 경제적, 이념적인 이득을 얻기 위한 속셈을 갖고 있다. 자신의 정치적, 이념적 입장을 펼치기 위해 왜곡되고 편향된 메시지를 제공하는 사람들이 넘쳐난다. 조회 수를 높여 경제적 이득을 취하기 위해 지나치게 자극적이고 선정적인 행위를 하거나, 대놓고 상품 광고를 하는 유튜버들도 있다.

유튜브에 담긴 메시지를 비판적으로 따지는 활동은 [활동지3-17]을 이용하여 질문 중심으로 할 수 있다. 이런 활동을 할 때 선정할 유튜브 텍스트는 교사가 선정할 수도 있고, 학생들이 자유롭게 선정할 수도 있다. 교사가 선정할 때는 메시지가 분명하게 드러난 유튜브를 뽑아야 한다. 그래야만이 비판

[활동지3-17] 비판적 유튜브 읽기 활동지

비판적 유튜브 읽기	
학번( ) 이름( )	
유튜브 섬네일 캡처 붙이는 곳	
유튜브 제목	
유튜브 주소	
주요 내용	
시청 일자	년 월 일

질문	답변
누가 만들었나?	
왜 만들었나?	
이 메시지에 무엇이 누락되었나?	
다른 사람이 이 메시지를 어떻게 해석할 수 있나?	
이 메시지를 통해 누가 이득을 볼 수 있나?	
이 메시지를 통해 누가 피해를 볼 수 있나?	

적 유튜브 읽기가 요구하는 질문에 자신 있게 답할 수 있고, 이런 과정을 통해 [그림3-1]처럼 비판적 유튜브 읽기를 구체적으로 체험할 수 있기 때문이다.

[그림3-1] 비판적 유튜브 읽기 활동 결과물

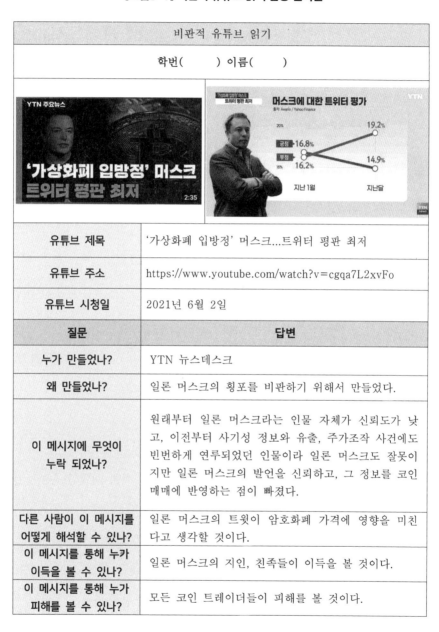

비판적 유튜브 읽기	
학번( ) 이름( )	
유튜브 제목	'가상화폐 입방정' 머스크...트위터 평판 최저
유튜브 주소	https://www.youtube.com/watch?v=cgqa7L2xvFo
유튜브 시청일	2021년 6월 2일
질문	답변
누가 만들었나?	YTN 뉴스데스크
왜 만들었나?	일론 머스크의 횡포를 비판하기 위해서 만들었다.
이 메시지에 무엇이 누락 되었나?	원래부터 일론 머스크라는 인물 자체가 신뢰도가 낮고, 이전부터 사기성 정보와 유출, 주가조작 사건에도 빈번하게 연루되었던 인물이라 일론 머스크도 잘못이지만 일론 머스크의 발언을 신뢰하고, 그 정보를 코인 매매에 반영하는 점이 빠졌다.
다른 사람이 이 메시지를 어떻게 해석할 수 있나?	일론 머스크의 트윗이 암호화폐 가격에 영향을 미친다고 생각할 것이다.
이 메시지를 통해 누가 이득을 볼 수 있나?	일론 머스크의 지인, 친족들이 이득을 볼 것이다.
이 메시지를 통해 누가 피해를 볼 수 있나?	모든 코인 트레이더들이 피해를 볼 것이다.

09
수행평가와 연계한 비판적 미디어 수용 교육

수업 시간에 스마트폰 사용 문제를 두고 논란이 계속되고 있다. 사용을 찬성하는 쪽에서는 차라리 보조 교재로 여기고 효율적으로 사용하는 방법을 가르쳐야 한다고 주장한다. 반대쪽에서는 스마트폰을 사용하면 수업 몰입도가 떨어져 수업 진행에 어려움이 있다는 점을 강조한다. 실제로 수업 시간에 몰래 게임을 하거나 웹툰이나 영화를 보는 학생이 있지만, 그렇다고 무조건 전체 학생들의 사용을 제한하는 것은 무리다. 차라리 수업 시간에 스마트폰을 효율적으로 활용할 방안을 찾아야 한다. 이런 상황을 고려하여 개발한 수행평가 프로그램이 '스마트폰과 액션러닝을 통한 토론학습'이다.

'스마트폰'은 수행과제 해결에 필요한 뉴스, 지식, 정보를 찾아가는 '접근' 역량을 키우기 위해 사용한다. 또한 스마트폰을 통해 찾은 뉴스, 지식, 정보를 '분석'하고 '평가'하여 사용해야 한다는 점을 교육하기 위해 사용한다. 비판적 미디어 읽기에 기초한 비판적 미디어 수용 교육을 하려면 스마트폰을 사용할 필요가 있다.

'액션러닝'은 팀을 구성하여 팀원과 스마트폰의 도움을 받아 주어진 수행 과제를 해결하는 과정에서 모둠 구성원 모두에게 배움이 일어나게 하는 기법 차원에서 적용했다. 이때 팀원들이 협력하여 수행과제를 해결하는 과정에서 검색한 자료를 바탕으로 새롭게 '창조'하는 역량을 키울 수 있다.

'토론학습'은 팀의 결론을 만드는 과정에서 팀원들이 지닌 서로 다른 생각을 토론을 통해 나누면서 관점의 지평을 넓히고, 수행과제가 요구하는 활동을 실천하는 과정에서 '행동'하는 경험을 해보도록 하기 위해서이다.

이를 통해 알 수 있듯이 '스마트폰과 액션러닝을 통한 토론학습'은 수행평가를 하면서 모든 의사 수단을 활용하여 접근, 분석, 평가, 창조, 행동하는 역량을 키우는 미디어 리터러시 교육의 일환으로 구성한 것이다.

1. 수행평가 설계 ················

스마트폰과 액션러닝을 통한 토론학습에 기초한 수행평가는 미디어 리터러시 교육을 위해 여러 측면을 고려해 설계했다.

첫째, 비판적 미디어 수용 교육을 할 시간을 마련했다. 수행과제 처리 과정에서 필요한 뉴스, 지식, 정보 등을 검색하는 활동을 할 때 가짜뉴스, 뉴스 어뷰징(News Abusing), 제목 소비자, 유튜브 사용자의 특성, 통계의 비판적 이해 등을 설명하는 시간을 마련하여 비판적 미디어 읽기의 중요성을 이해하도록 했다.

둘째, 연성 뉴스보다 경성 뉴스 활용도를 높이도록 했다. 감성적이면서 흥미 있는 내용을 담은 스포츠·연예·생활 정보 위주의 '연성 뉴스' 주제보다 정치, 경제, 사회과학, 국제 관계 관련 보도처럼 딱딱한 '경성 뉴스'를 기반으로 수행과제를 선정하여 학생들이 평소에 잘 접하지 않는 영역에 관심을 가지도록 했다.

셋째, 토론·발표·논술이 연동되게 했다. 수행과제를 처리하여 팀별로 결론을 맺으려면 반드시 토론 과정이 필요하다. 팀별 결론을 정리하여 발표할 때는 상대방을 고려하여 논리적으로 발표해야 한다. 다른 팀의 발표 내용을 참고하여 나의 결론을 내릴 때는 주장과 근거 중심의 논증적 글쓰기 능력이 필요하다. 이런 일련의 활동 과정에서 토론과 발표 그리고 논술이 자연스레 이뤄지도록 했다.

넷째, 교과 역량을 키우도록 했다. 스마트폰을 활용하여 뉴스, 지식, 정보를 수집하여 해석하고 평가하는 과정에서 정보 활용 능력을 높이고, 팀별로 토론을 통해 의사소통 및 협업 능력을 키우도록 했다. 더불어 수행과제를 처리할 때 다양한 사회적 갈등을 접하고 이를 통해 문제 상황을 파악하고 해결하는 과정에서 문제해결력과 의사 결정력을 기를 수 있도록 했다.

2. 수행평가 준비 ·················

스마트폰과 액션러닝을 통한 토론학습 중심의 수행평가를 위해 준비할 게 있다.

첫째, 학생들의 뉴스 리터러시 역량을 알아보는 검사가 필요하다. 검사지는

[활동지3-18] 뉴스 리터러시 역량 테스트 활동지

뉴스 리터러시 역량 테스트		
학번( ) 이름( )		
순번	구분	나의 경험 정도
1	나는 신문을 통해 뉴스를 본다.	☆☆☆☆☆☆☆☆☆☆
	나는 방송을 통해 뉴스를 본다.	☆☆☆☆☆☆☆☆☆☆
	나는 스마트폰을 통해 뉴스를 본다.	☆☆☆☆☆☆☆☆☆☆
2	나는 연성 뉴스(연예, 스포츠 분야 뉴스)를 자주 본다.	☆☆☆☆☆☆☆☆☆☆
3	나는 경성 뉴스(정치, 경제, 국제, 사회 분야 뉴스)를 자주 본다.	☆☆☆☆☆☆☆☆☆☆
4	나는 뉴스 내용을 의심하는 편이다.	☆☆☆☆☆☆☆☆☆☆
5	나는 가짜뉴스가 있다는 것을 알고 있다.	☆☆☆☆☆☆☆☆☆☆
6	나는 정치·경제 문제에 관한 논쟁을 좋아한다.	☆☆☆☆☆☆☆☆☆☆
7	나는 주장을 뒷받침할 근거를 제시할 수 있다.	☆☆☆☆☆☆☆☆☆☆
8	나는 시사 이슈에 관심이 있다.	☆☆☆☆☆☆☆☆☆☆
9	나는 시사 이슈를 주제로 친구들과 적극적으로 토론할 수 있다.	☆☆☆☆☆☆☆☆☆☆
10	나는 토론할 때 진행을 촉진하는 역할을 할 수 있다.	☆☆☆☆☆☆☆☆☆☆

학생들이 선호하는 미디어, 뉴스, 지식, 정보에 대한 접근 능력, 시사 이슈에 대한 관심 정도, 논리적으로 토론을 할 수 있는 역량 등을 알아볼 수 있도록 [활동지3-18]과 같이 구성하면 된다.

이 검사는 효율적인 수행평가를 위해 학생들의 미디어 리터러시 역량을 알아보기 위한 사전 활동에 해당한다. 이 검사 결과를 참고하여 부족한 부분이 있으면 그에 대한 지도와 교육을 해야 한다. 예를 들어 '나는 가짜뉴스가 있다는 것을 알고 있다'라는 질문에 가짜뉴스의 실체를 모른다는 결과가 많이 나왔다면, 가짜뉴스에 관한 설명을 해야 한다. 또 '나는 주장을 뒷받침할 근거를 제시할 수 있다'라는 항목에 자신감이 없는 학생이 있으면, 그 학생을 대상으로 근거를 설정하는 방법을 설명해야 팀별 토론에 적극적으로 참여할 힘이 생긴다. '나는 시사 이슈를 주제로 친구들과 적극적으로 토론할 수 있다'는 항목이 부실하다면 토론 방법을 가르쳐야 한다. 이처럼 기본적인 역량을 파악하여 부족한 면이 있으면 보완해 줘야 원만하게 수행평가가 진행될 수 있다.

둘째, 개별 활동과 협력 활동이 조화롭게 이뤄지도록 활동지를 구성해야 한다. 수행평가를 위한 활동지는 개인이 해야 하는 활동과 여럿이 해야 하는 활동을 구분되게 구성한 뒤에 정리 방법을 구체적으로 설명해야 한다.

[활동지3-19]는 A4 용지 2장으로 구성하였다. 왼쪽 활동지는 팀원들끼리 협력하여 수행과제에 관련된 뉴스, 지식, 정보를 찾아 정리하고, 팀의 결론을 정리하는 칸으로 구성했다. 오른쪽 활동지는 다른 팀의 발표자와 발표 내용을 메모하고, 나의 결론을 정리하도록 설계했다.

셋째, 스마트폰과 액션러닝을 통한 토론학습의 수행 절차를 정리하여 공지

[활동지3-19] 스마트폰과 액션러닝을 통한 토론학습 활동지

액션러닝 과제			팀1	발표자( )
팀원 이름			팀2	발표자( )
정보 수집 일지 (스마트폰으로 찾은 뉴스나 정보를 정리)		**다른 팀의 발표 내용**	팀3	발표자( )
			팀4	발표자( )
			팀5	발표자( )
			팀6	발표자( )
팀의 결론		**나의 결론**		

해야 한다. [자료3-12]와 같이 수행평가 절차는 아주 자세히 정리하여 사전에 공지하고, 수행평가 첫 시간에 설명하는 시간을 가져야 한다.

[자료3-12] 스마트폰과 액션러닝을 통한 토론학습의 수행 절차

① 수행평가 활동지의 '액션러닝 과제'는 그날 수행할 과제를 적는다. 액션러닝 과제는 수행과제인데 판서를 통해 알린다. 이때 주제 설정 배경도 설명하므로 경청해야 수행과제 처리를 원만하게 할 수 있다.

② **비판적 미디어 수용 교육 차원에서 이뤄지는 뉴스, 지식, 정보를 접할 때 유의해야 할 점을 설명할 때 경청하고, 그 내용을 숙지해야 한다.**

③ '팀원 이름' 칸에는 자기가 소속된 팀의 구성원 이름을 모두 적는다. 수행평가 때 결석한 학생은 적지 않는다.

④ '정보 수집 일지' 칸에는 제시된 액션러닝 과제를 해결하기 위해 수집한 뉴스나 정보를 상대방이 알아보기 쉽게 핵심 내용을 중심으로 기록한다. 액션러닝 과제 해결에 필요한 자료는 팀별로 똑같은 자료만 찾지 말고, 각자 뉴스나 정보를 수집하여 기록한다.

⑤ '팀의 결론' 칸에는 주어진 수행과제를 팀별로 토론한 뒤에 그에 따른 결론을 상대방이 알아보기 쉽게 논리적으로 정리한다.

⑥ 팀별 결론 정리가 끝나면 팀별 대표가 전체 학생을 대상으로 알아듣기 쉽게 또 박또박 논리적으로 발표를 한다. 그날 발표자는 나눠준 '팀별 결론 발표 활동지'에 주요 내용을 기록한 뒤에 그것을 보고 발표한다.

⑦ 각자 팀별 결론 내용을 조용한 분위기에서 귀를 기울여 듣고 주요 내용을 '다른 팀의 발표 내용' 칸에 정리한다. 이때 각 팀의 발표자 이름도 기록한다.

⑧ 자기 팀의 결론과 다른 팀의 결론을 참고하여 참신한 자기 생각을 '나의 결론' 칸에 논리적으로 서술한다.

이렇게 정리된 수행평가 절차는 학급에 게시해도 되고, 유인물을 만들어 개인별로 제공해도 된다.

3. 수행평가를 위한 액션러닝 과제 설정 ·················

액션러닝 과제(수행과제)는 스마트폰으로 다양한 뉴스와 정보를 수집하고, 분석하고, 평가하여 문제 상황을 해결할 수 있는 능력을 키우기에 적합한 주제를 뽑아야 한다. 수행과제를 정할 때는 현재 떠오른 쟁점에 관련된 주제도 좋고, 이미 지나간 쟁점이지만 곱씹어볼 만하면 주제로 선정해도 된다. 수행과제는 한꺼번에 모두 공개해도 되고, 몇 개씩 나눠서 공지해도 된다. [자료 3-13]의 액션러닝 과제는 몇 해 전에 사용했던 주제지만, 지금 시점에서 사용해도 무난한 것들이다.

[자료3-13] 수행평가에 사용했던 액션러닝 과제

순번	수행 시기	액션러닝 과제(수행과제)	비고
1	3월	핀테크(fintech) 활성화를 위한 방안을 다각적으로 제시하시오.	금융교육
2	3월	한국은행의 기준금리 인하가 우리 경제에 미칠 긍정적 영향과 부정적 영향을 제시하시오.	금융교육
3	4월	중국 경제의 성장세 둔화가 우리나라 경제에 미칠 영향과 대책을 마련하시오.	
4	4월	AIIB(AIIB, Asian Infrastructure Investment Bank) 창립이 우리 경제와 세계 경제에 미칠 영향을 조사하여 발표하시오.	
5	5월	이슬람 국가에 사는 관광객을 우리나라에 유치하기 위한 합리적인 방안을 제시하시오.	세계시민 교육
6	5월	인공지능(AI, Artificial Intelligence) 등장이 경제에 미칠 영향을 다각적으로 검토하시오.	정보교육
7	6월	통일의 경제적 효과를 다각적으로 검토해 발표하시오.	통일교육 계기수업
8	6월	여성의 경제 활동 참여율을 높일 방안을 제시하시오.	양성평등 교육
9	6월	피터팬 증후군(peter pan syndrome)을 줄일 방안을 제시하시오.	
10	6월	3D프린터 등장으로 새로 생길 직업과 그 직업의 등장 배경(이유)을 설명하시오.	진로교육

수행과제는 교사가 설정하는 것이 원칙이지만, 공동 주도성을 키우기 위해 학생과 교사가 의논하여 주제를 정할 수도 있다. '인공지능 등장이 경제에 미칠 영향을 다각적으로 검토하시오'라는 수행과제는 학생과 교사가 논의하여 정한 주제이다.

한편 수행과제를 설정할 때 단순히 특정 교과의 학습 요소만을 고려할 수 있지만, 다른 교과와의 융합을 고려하여 주제를 설정할 수도 있다. 예컨대 '이슬람 국가에 사는 관광객을 우리나라에 유치하기 위한 합리적인 방안을 제시하시오'라는 수행과제는 윤리 과목의 세계시민교육과 연동될 수 있는 교과 융합적인 주제이다.

4. 수행평가 진행 ··················

스마트폰과 액션러닝을 통한 토론학습은 학습 환경에 따라 시간 구성을 다양하게 할 수 있다. 이 수행평가는 원래 한 시간 동안 이뤄지는 프로그램이지만, 학생들의 학습 능력을 고려하여 2시간 동안 활동해도 된다. 2시간으로 진행할 때는 첫 시간에 팀의 결론 정리 활동까지 진행하고, 두 번째 시간에는 팀별 결론 발표와 나의 결론을 정리하는 활동을 진행하면 된다.

스마트폰과 액션러닝을 통한 토론학습의 흐름은 [그림3-2]와 같다.

첫 번째로 교사가 액션러닝 과제를 부여하고 과제 선정 배경을 설명한다. 예컨대 '핀테크 활성화를 위한 방안을 다각적으로 제시하시오'라는 수행과제를 제시했다면, 핀테크의 등장 배경이나 핀테크가 일상생활에서 어떻게 사용되고 있는지 등을 간략하게 설명하면 된다. 수행과제를 정할 때는 그에 관련

[그림3-2] 스마트폰과 액션러닝을 통한 토론학습의 흐름

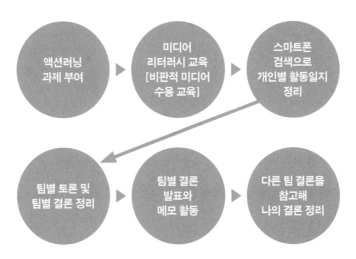

된 뉴스, 지식, 정보가 풍부한지를 사전에 검색을 해봐야 한다. 만약 자료가 부족하면 수행과제 처리가 곤란해질 수 있다.

두 번째로 비판적 미디어 읽기에 기초한 비판적 미디어 수용 교육을 한다. 스마트폰 검색을 통해 찾은 정보를 무조건 믿지 말고, 교차 검증이나 복합 검증을 통해 자료를 검증하는 활동을 비롯하여 뉴스, 지식, 정보를 비판적 관점에서 읽는 방법이나 언론의 특성을 이해하는 교육을 한다. 이를 위해 [자료 3-14]와 같은 비판적 미디어 수용 교육을 위한 대본을 만들어 체계적으로 설명하면 된다.

[자료3-14] 비판적 미디어 수용 교육을 위한 대본

• 교차 검증과 복합 검증하기

오늘부터 스마트폰을 이용하여 뉴스, 지식, 정보를 수집하여 문제를 해결하는 힘을 키우기 위한 수행평가를 실시합니다. 수행과제를 해결하려면 스마트폰을 활용하여 필요한 뉴스, 지식, 정보를 수집해야 합니다. 이때 여러분이 찾은 뉴스, 지식, 정보가 가짜뉴스이거나 허위조작정보라면 팀이 내린 결론이 허위일 수 있습니다. 팀원들이 열심히 토론하여 알찬 결론을 내렸더라도 가짜뉴스와 허위조작정보를 통한 결론이라면 결코 진실한 것이라고 할 수 없습니다. 이런 문제를 해결하려면 여러분이 찾은 뉴스, 지식, 정보의 신뢰성을 검증하는 작업을 해야 합니다. 여러분이 찾은 뉴스는 다른 언론을 통해 확인해 보는 '교차 검증'이 중요합니다. 정보를 수집할 때도 두 개 이상의 포털 사이트에 관련 내용을 입력하여 진위를 알아보는 '중복 검증'을 해야 합니다. 이를 통해 진실하고 올바른 뉴스, 지식, 정보를 활용하여 팀의 결론을 도출하기 바랍니다. 그리고 여러분이 접하는 다양한 자료를 무조건 믿지 말고 의심하는 습관을 갖기 바랍니다.

• 언론의 프레임 이해하기

여러분들은 스마트폰으로 보는 뉴스를 통해 사회에서 일어나는 여러 가지 일들을 간접적으로 보게 됩니다. 그런데 뉴스는 뉴스를 생산하는 미디어 조직 안에서 기자나 편집과 같은 뉴스 결정권자가 뉴스를 고르는 게이트 키핑(gate keeping) 과정을 통해 선별적으로 선택되고 배제되며 강조와 해석 등의 가공이 이뤄집니다. 이때 언론의 프레임에 따라 시청자들에게 전달되는 내용이 달라질 수 있습니다. 특정 언론 보도만 자주 보다 보면 그 언론이 만든 프레임에 빠져 다른 입장을 무작정 비판할 수 있습니다.

뉴스는 특정한 시각에 의해 생산되고 대부분의 담론은 주류 권력 집단의 이해관계를 반영하기 때문에 일정한 프레임(frame, 틀)이 있습니다. 우리 사회는 보수와 진보 언론이 보여주는 대립적 입장이 더욱 두드러지고 있습니다. 예컨대 지금까지 조선일보와 한겨레는 각각 보수적이고 진보적인 입장을 상징적으로 대변하는 언론으로, 같은 사건이더라도 서로 다른 정치 성향과 이데올로기를 보입니다. 첨예하게 대립하는 사건일 때는 양쪽 입장을 모두 살펴야 합니다. 그렇지 않으면 특정 언론의 프레임에 갇혀 잘못된 판단을 할 수 있고, 프레임에 갇혀 상대방과의 대화가 힘들거나 심할 경우 언쟁으로 번질 수 있습니다. 그러므로 주어진 문제 상황을 비판적 관점에서 읽고 자기 생각을 가져야 합니다. 그래야만이 언론이 만든 프레임에 빠지지 않고 비판적으로 사유할 힘이 생깁니다.

• 유튜브 이용자 특성 이해하기

유튜브 이용자 중에 사실보다 자신이 듣고자 하는 이야기를 듣는 경향이 강한 사람이 있습니다. 이들에게 확증 편향(Confirmation bias), 필터 버블(Filter bubble), 에코 체임버(Echo chamber) 등의 현상이 나타나고 있습니다. '확증 편향'은 선입관을 뒷받침하는 근거만 수용하고, 자신에게 유리한 정보만 선택적으로 수집하는 현상입니다. 자기가 보려는 것만 보고 믿고 싶은 것만 믿기 때문에 정보의 객관성을 유지할 수 없습니다. 확증 편향에서 벗어나려면 사실을 객관적으로 바라보는 노력, 나와 다른 의견을 청취하는 태도, 내 생각의 폭을 깊게 성찰하는 일 등이 필요합니다.

'필터 버블'은 사용자에게 맞게 필터링된 정보만이 마치 거품(버블)처럼 사용자를 가둬버린 현상을 말합니다. 이것은 관심 없는 정보, 싫어하는 정보는 저절로 걸러지고 사용자가 좋아할 정보만 제공하는 알고리즘이 만들어낸 문제입니다. 이로 인해 정보 이용자는 자신도 모르게 한쪽 정보만을 편식하게 되고, 타인에 의해 가치관이 왜곡될 수 있습니다. 관심 없지만 알아야 하는 정보를 접하고 서로 다른 의견을 교환하는 일을 필터 버블이 막고 있습니다. 필터 버블을 극복하려면 인터넷 검색 기록 삭제, 쿠키 삭제, 인터넷 정보 보호 모드 사용 등을 해야 합니다.

'에코 체임버'는 소셜미디어에서 비슷한 성향의 시청자들만 모여 소통한 결과 다른 사람들의 이야기는 안 들리고, 자신들의 이야기만 증폭돼 진실인 것처럼 느껴지는 현상을 말합니다. 같은 방에 있는 사람들은 같은 메아리만 듣게 마련입니다. 최근 정치·시사 유튜브를 즐겨 시청하는 사람들 사이의 에코 체임버의 심각성을 우려하는 목소리가 높습니다. 에코 체임버인 유튜브를 '공론장'으로 착각해서는 안 됩니다.

• 제목 소비자 되지 않기

헤드라인은 독자의 눈길을 끌기 위해 기사의 요점을 아주 짧게 본문보다 큰 글씨로 정리한 뉴스의 제목입니다. 헤드라인을 자극적으로 붙여 독자를 유인하는 경우가 많습니다. 실제로 신문을 볼 때 제목이 마음에 들어 읽는 경우가 많습니다. 신문을 읽을 때 원래부터 특별히 관심 있는 뉴스 기사는 찾아 읽지만, 상당수의 사람은 제목을 먼저 읽고 그 제목이 마음에 들면 그에 딸린 본문을 읽습니다.

한참 전에 신문에서 '골프 치는 사람이 평균 5년 더 오래 산다?'라는 헤드라인의 기사를 본 적이 있습니다. 이 기사의 시작은 '골프를 치는 사람은 골프를 치지 않는 사람보다 평균 5년 정도 더 살 수 있다는 연구 결과가 나왔다'였습니다. 골프가 운동(원인)이니 수명 연장에 도움이 된다(결과)는 게 인과 관계가 있는 것처럼 보입니다. 물론 기사 내용 중에 '골프를 치기 때문에 골퍼들이 건강하다고 단정 지을 순 없다'는 지적도 소개하고 있습니다. 하지만 헤드라인만 대충 읽는 사람이 있다면 오해의 소지가 있습니다. 지나치게 인과적인 헤드라인이기 때문입니다. 인간의 수명 연장에는 운동은 물론 식생활, 의료 혜택, 스트레스 정도 등 여러 가지 변수가 작용합니다. 기아에 시달리는 사람들에게 골프를 치게 한다고 수명이 연장될 수 없습니다. 이들에게는 무엇보다 먼저 영양식을 공급해야 수명 연장에 도움이 될 것입니다. 이 헤드라인은 운동이 수명 연장에 도움이 된다는 상관성의 문제를 지나치게 인과적으로 나타낸 경우라고 할 수 있습니다. 사실 제대로 제목을 붙인다면 '골프 치면 건강에 도움이 된다'는 식으로 골프와 건강과의 상관관계를 강조해야 합니다. 이렇듯 선정적이고 자극적인 제목에 혹해서 신문을 읽는 사람들을 '제목 소비자'라고 합니다.

대표적인 소셜미디어인 유튜브도 선정적이고 선동적인 제목을 붙여 시청자를 유인하고 있습니다. 제목이 자극적일수록 내용이 빈약하거나 편향되고 왜곡된 내용으로 구성된 영상인 경우가 의외로 많습니다. 특정 유튜브의 제목에 현혹되어 구독하지 않도록 조심하기 바랍니다. '드디어 미군 철수'라는 제목의 유튜브 영상을 본 적이 있습니다. 하지만 유튜브 영상의 실제 내용은 미군 주둔비 문제를 두고 한국과 미국이 갈등을 빚고 있다는 내용이었습니다. 이처럼 자극적이고 선동적인 제목을 붙여 시청자를 유인하는 경우가 많습니다. 유튜브 영상의 섬네일을 지나치게 화려하게 꾸미는 것 역시 시청자를 유인하려는 방법입니다. 이런 영상은 겉은 화려하지만 내용은 별로 없고, 소재도 빈약한 경우가 많습니다. 신문이든 유튜브든 간에 제목에 현혹되어 보지 않도록 유의하기 바랍니다.

• 사설 제대로 이해하기

여러 가지 뉴스, 지식, 정보를 수집하여 팀별 토론을 거쳐 팀의 결론을 내릴 때 여러 의견을 참고하는 게 좋습니다. 사회적 쟁점에 관한 의견을 스마트폰으로 수집하다 보면 사설을 자주 접하게 됩니다. 사설은 사회적 쟁점에 관한 신문사의 의견이지만, 주장이 뚜렷하므로 결론을 맺을 때 참고할 수 있습니다. 하지만 하나의 사설만 참고해 결론을 내리면 문제가 될 수 있습니다.

사설을 찾아볼 때는 보수와 진보 신문의 사설을 비교하는 게 좋습니다. 실제 최저임금 인상에 관한 두 신문의 사설을 비교하면 극명한 차이가 있음을 알 수 있습니다. 중앙일보는 '적용 대상 근로자가 전체의 25%인 500만 명이나 되기 때문에 급격한 최저임금 상승의 비현실성을 거론하면서 우리 경제가 최저임금 상승분을 감당하기 힘들다'는 의견을 내고 있습니다. 반면에 한겨레는 '저임금 노동자 500만 명의 생계에 직접 영향을 주는 최저임금 제도가 소득 양극화 개선에 가장 효과적인 정책 수단'이라고 강조하고 있습니다.

한 신문사의 사설만 읽게 되면 특정한 주제나 현상을 이해하는 데 문제가 발생할 수 있지만, 여러 신문의 사설을 함께 비교하여 읽게 되면 문제 상황을 제대로 파악하여 해결책도 쉽게 낼 수 있습니다. 사설 비교 사이트를 이용하면 특정 주제나 문제를 놓고 의견이 상반된 사설을 쉽게 찾을 수 있습니다. 논리적 비약이나 편향적인 내용이 담긴 사설은 배척하는 게 좋습니다. 주장의 근거가 부족하거나, 감정에 호소하는 표현이 가득한 사설도 과감하게 무시해야 합니다.

• 뉴스 어뷰징 이해하기

뉴스는 기자가 취재하여 생산하는 새로운 소식입니다. 하지만 모든 뉴스가 그렇지는 않습니다. 다른 언론사의 뉴스를 비슷하게 베끼기도 합니다. 이것을 뉴스 어뷰징(News abusing)이라고 합니다. 이 문제를 한국토지주택공사(LH) 직원의 3기 신도시 투기 사태에 관한 뉴스 기사를 통해 알아보겠습니다.

A언론은 '3기 신도시 투기 사태로 한국토지주택공사(LH) 직원들의 도덕적 해이가 도마 위에 오른 가운데 인터넷 유료 사이트에서 토지 경매 강사로 활동하며 가욋돈을 챙겨온 LH 직원이 파면됐다'고 했습니다.

B언론은 '한국토지주택공사(LH) 직원들의 3기 신도시 투기 논란이 확산되는 가운데, 인터넷 유료 사이트에서 토지 경매 강사로 활동하며 가욋돈을 챙겨온 LH 직원이 파면됐다'고 했습니다.

이처럼 두 언론의 기사 내용에 별 차이가 없음을 알 수 있습니다. 특히 '가욋돈'처럼 특정한 어휘를 사용한 점으로 보아 둘 중에 한 언론이 기사를 베꼈다는 것을 쉽게 짐작할 수 있습니다.

뉴스 어뷰징에서 어뷰징(abusing)은 일정한 기준이나 한도를 넘어서 함부로 쓰는 '남용'과 잘못 사용하는 '오용'을 뜻하는 어뷰스(abuse)에서 나온 말입니다. 우리 나라에서는 온라인과 모바일에서 조회 수를 높이기 위해 같은 뉴스 기사를 제목이 나 내용을 살짝 바꿔 반복해서 전송하는 뉴스 어뷰징 행위가 자주 일어나고 있습 니다. 인터넷 포털 검색에서 클릭 수를 늘리려고 의도적으로 유사한 제목의 기사 를 계속해서 올리기도 합니다. 뉴스 어뷰징은 인기 검색 순위를 올리기 위해 클릭 수를 조작하는 불법적인 행위라고 할 수 있습니다.

뉴스 어뷰징을 하는 기자는 노트북 앞에 앉아 그때그때 올라오는 뉴스 기사를 확 인하고, 내용을 발췌하여 약간의 문구 수정과 편집 과정을 거쳐 인터넷에 게시하 기도 합니다. 이렇게 되면 한 명이 하루에만 수십 개의 기사를 올릴 수 있습니다. 뉴스 어뷰징은 뉴스 기사의 신뢰성을 떨어뜨리는 심각한 문제입니다. 스마트폰으 로 뉴스를 수집할 때 뉴스 어뷰징 여부를 따져봐야 합니다.

• 광고성 기사 감별하기

여러분이 스마트폰으로 찾은 뉴스 중에는 특정 기업이나 정부 조직 등으로부터 대 가를 받고 홍보하는 내용이 담긴 광고성 기사가 있습니다. 언뜻 봐서는 기사인지 광고인지 구분하기도 어렵습니다. 많은 언론사가 이러한 광고성 기사를 신문, 방 송 뉴스, 인터넷 뉴스 등에 게재합니다. 혼선은 고스란히 독자에게 피해로 돌아갑 니다. 광고성 기사를 읽고 그 내용에 현혹되어 광고한 상품을 아무 생각 없이 사기 도 합니다. 광고성 기사는 갈수록 교묘해지고 있습니다. 기사를 읽을 때 기업이 만 든 편파적인 홍보자료라고 생각하지 않도록 작성하는 경우가 많습니다. 이런 행 위는 사실상 독자를 속이는 것입니다. 애초에 광고성 기사는 돈벌이가 목적이기 때문에 내용의 사실성이나 객관성 등은 우선적인 고려 사항이 아닌 게 큰 문제입 니다. 광고성 기사가 여러분과 상관없는 일이 아닙니다. 주요 언론사 교육 섹션 기 사의 상당수가 기사가 아닌 광고인 것으로 나타났기 때문입니다. 교육 관련 광고 성 기사는 사교육의 도움만 받는다면 개인적인 능력과 상관없이 목표를 달성할 수 있다는 느낌을 전달하여 여러분에게 혼란을 줄 수 있습니다.

인터넷신문의 광고성 기사 문제도 심각합니다. 광고가 기사의 본문을 모두 가리거 나, 기사의 본문을 가리는 광고의 제거가 복잡하거나 불가능할 때도 있습니다. 광 고가 기사 스크롤을 따라다닐 때도 있고, 과도한 팝업 또는 팝언더 광고가 적용된 것도 있습니다. 이런 것들은 기사의 본문 가독성을 현저히 떨어뜨리는 심각한 문 제입니다. 그러므로 광고성 기사에 속지 않도록 비판적 관점에서 뉴스를 읽는 자세를 가져야 합니다.

• 통계 비판적으로 보기

신문이나 유튜브 영상에는 통계가 자주 등장합니다. 통계는 사람들이 관심을 가지거나 살아가는 어떤 모습에서 하나하나의 현상을 모아서 숫자로 계산하여 그 전체적인 상태나 형태를 나타내는 것입니다. 일반적으로 도표와 그래프로 나타냅니다. 여러 가지 텍스트 중에서 도표와 그래프로 표현된 자료는 신뢰하는 경향이 있습니다. 숫자는 거짓말을 하지 않는다는 믿음 때문일 것입니다. 그런데 이런 믿음을 특정 이해 집단이 교묘하게 이용할 때가 있습니다. 이 문제를 두 개의 통계를 통해 알아보겠습니다.

첫 번째 통계는 로이터, CNN, KBS가 정리한 코로나19 백신 1차 접종률 자료입니다. 이 자료를 보면 미국과 영국은 30~40% 수준이고, 이스라엘은 100%를 넘어서고 있는데, 우리나라는 1.16%에 불과합니다. 두 번째 통계는 인구 10만 명당 확진자 숫자입니다. 인구 10만 명당 미국은 8,986명, 영국은 6,739명, 이스라엘은 9,086명입니다. 우리나라는 186명입니다. 인구 10만 명당 숫자이니 다른 나라의 전체 인구수와는 비교할 필요가 없습니다. 우리나라의 확진자 수는 접종률이 100%를 넘어가는 이스라엘에 비해 약 50분의 1수준에 불과합니다.

첫 번째 통계의 낮은 접종률을 근거로 국민의 안전을 고려하지 않는다며 정부를 비판하는 사람들이 있습니다. 이런 사람들은 두 번째 통계를 감추었거나 모르는 상황에서 정부의 정책을 의도성을 가지고 비판했다고 볼 수 있습니다. 하지만 두 번째 통계를 보면 우리나라의 방역 체계가 잘 작동하고 있다고 볼 수 있습니다. 외려 정부의 코로나19 대응책에 대해 비판보다 박수를 보낼 수 있는 통계입니다. 이렇게 통계를 이해 관계에 따라 의도성을 가지고 활용하는 일이 자주 일어나면 국민을 혼란스럽게 만들고, 국가 정책의 원활한 수행에 어려움이 따를 수 있습니다.

이런 상황을 이해하고 미디어를 통해 접하는 통계는 무조건 믿지 말아야 합니다. 이를 위해 통계를 볼 때 실천할 점이 있습니다. 첫째, 통계를 만드는 사람이 누구인지, 그가 거기서 노리는 목표가 무엇인지 항상 의문을 품어야 합니다. 둘째, 상관관계와 인과 관계를 절대 혼동하지 말아야 합니다. '열량은 높지만, 영양가는 낮은 즉석식과 즉석식품을 많이 섭취하는 아이 중에는 비행 청소년이 많다'라는 통계가 나왔다고 해봅시다. 이런 통계를 접한 사람들은 정크푸드(junk food)가 아이를 비행 청소년으로 만들었다고 생각할 것입니다. 하지만 이 통계는 정크푸드 섭취와 비행 청소년 사이의 인과 관계를 나타낸 게 절대 아닙니다. 셋째, 통계를 근거로 '과학적으로' 또는 '유의미한'이라는 형용사를 남발하는 정보도 조심해야 합니다. 유튜브 영상을 보면 통계를 제시하고 이를 바탕으로 과학적이니 통계 차원에서 유의미하다는 식의 설명을 하는 사람들이 많습니다. 이런 영상을 보면 정말 그런지 따져 봐야 합니다. 미디어의 통계를 접할 때마다 수치 이면에 가려진 실체적 진실에 근접하기 위한 노력이 필요합니다. '우리가 안다고 믿는 많은 기준은 전혀 기준이 되지 못할 수 있다'는 말이 있습니다. 미디어를 통해 통계를 볼 때 꼭 되새겨야 할 말입니다.

• 가짜뉴스 알아보기

저번에 실시한 뉴스 리터러시 역량 테스트 결과를 보니 의외로 가짜뉴스에 대한 이해가 부족한 사람이 많았습니다. 이런 상황을 고려하여 오늘은 가짜뉴스에 관해 이야기해 보겠습니다.

가짜뉴스는 말 그대로 가짜를 진실처럼 포장한 뒤에 시청자를 유인하는 뉴스입니다. 우리는 일반적으로 뉴스를 신뢰합니다. 이 때문에 뉴스가 전하는 사실이나 의견을 쉽게 믿는 경향이 있습니다. 가짜뉴스를 생산하는 사람은 바로 이런 점을 노립니다. 진짜처럼 교묘하게 포장된 가짜뉴스는 사람들의 입맛에만 맞으면 쉽게 유통되고 퍼져 나갑니다. 가짜뉴스를 생산하는 사람들의 목적은 분명합니다. 정치적, 경제적, 이념적 이익을 얻기 위해서입니다.

거짓 주장이나 추문을 이용하여 가짜뉴스를 만들어 특정 정치인이나 정당의 신뢰성을 추락시키는 데 사용한 경우가 꽤 있습니다. 이런 일은 정치에 대한 혐오를 조장하고, 사회적 갈등을 일으켜 여론을 한쪽으로 몰아서 선거를 통한 투표 결과에 이득을 보려는 불법적인 정치 행위입니다. 물론 다수의 연구자는 선거에 직접적인 영향은 없었다고 하지만, 중요한 변수인 것은 확실합니다.

경제적으로는 가짜뉴스를 만들어 올린 뒤에 클릭 수를 증가시켜 광고 수익을 늘리는 데 이용합니다. 일부 유튜버들은 자신의 경제적 이득을 위해 자극적으로 콘텐츠를 제작하거나 아예 가짜뉴스나 허위조작정보를 올리기도 합니다. 다른 사람의 명예를 훼손하는 가짜뉴스를 만들어 이를 돈벌이 수단으로 이용하는 사람도 있습니다. 미국에서는 이것을 '모욕 사업'이라고 합니다. 이렇듯 개인의 경제적 이득을 취하기 위해 마구잡이로 가짜뉴스를 생산하는 사람이 있습니다. 심각한 문제가 아닐 수 없습니다. 이 때문에 징벌적 손해배상제의 도입을 강력하게 주장하는 사람도 있습니다. 온라인에서 악의적으로 가짜뉴스를 유포한 사람에게 실제 손해액의 3배 안에서 배상 판결을 낼 수 있게 하자는 말도 나오고 있습니다.

그런데 사람들은 왜 가짜뉴스에 이끌릴까요? '정보의 폭포 현상' 또는 '동조화 폭포 현상' 때문입니다. 정보의 폭포 현상은 앞선 사람의 행동을 보고 이를 모방하는 것을 뜻하고, 동조화 폭포 현상이란 다수의 사람이 무엇인가를 믿으면 자신도 덩달아 믿는 경향을 의미합니다.

가짜뉴스에 관한 경각심을 가지도록 국제도서관연맹(IFLA)의 가짜뉴스 판별법을 칠판에 게시하겠습니다. 꼭 살펴보세요.

▶ **가짜뉴스 판별을 위한 8가지 가이드**[*]

① 출처 확인 : 해당 뉴스 사이트의 목적이나 연락처 등을 확인하기

② 본문 읽어보기 : 전체 내용을 꼼꼼하게 확인하기

③ 작성자 확인 : 작성자가 실존 인물인지, 어떤 이력을 가졌는지 등을 확인해 믿을 만한 정보인지 판별하기

④ 근거 확인 : 관련 정보가 뉴스를 실제로 뒷받침하는지 확인하기

⑤ 날짜 확인 : 오래된 뉴스를 재가공한 건 아닌지 확인하기

⑥ 풍자 여부 확인 : 뉴스 내용이 이상하다면 풍자성인지 의심하기

⑦ 선입견 점검 : 자신의 평소 가치관이 판단에 영향을 미치지 않는지 확인하기

⑧ 전문가에게 문의 : 해당 분야 관련자에게 확인하기

미디어 리터러시 교육을 전담할 교과와 시간이 따로 없는 상황에서 체계적으로 비판적 미디어 읽기 교육이 어려운 상황이지만, 이런 방식으로 수행평가 시간 때마다 비판적 미디어 수용 교육을 할 수 있다. 아울러 창의적 체험활동, 동아리 활동, 학교 행사 활동을 통해서도 교육 시간을 마련할 수 있다.

---

[*] 대한민국 방송통신위원회 블로그. 가짜뉴스 근절로 청렴한 일상 만들어가요! https://blog.naver.com/kcc1335/221990796338(검색일 : 2021.7.5)

요즘 학생들은 스마트폰을 능숙하게 사용하고 있지만, 뉴스, 지식, 정보가 사회적·문화적으로 미치는 영향에 대한 이해는 매우 부족한 상태이다. 짧은 시간이라도 비판적 미디어 읽기 활동을 해야만 미디어를 비판적인 관점에서 분석하고 평가할 수 있는 길이 열린다.

세 번째로 수행과제 해결에 필요한 '정보 검색 활동'을 스마트폰으로 하고, 그 내용을 활동지의 '정보 수집 일지' 칸에 기록한다. 이때 팀원들이 각자 다양한 자료를 찾도록 해야 한다. 모두 같은 자료를 찾게 되면 토론할 소재의 부족으로 토론이 활발해질 수 없다.

네 번째로 팀별 토론을 바탕으로 '팀별 결론'을 내린다. '핀테크 활성화를 위한 방안을 다각적으로 제시하시오'라는 수행과제의 경우에는 각 팀에서 토론을 통해 핀테크 활성화 방안을 구체적으로 제시해야 한다. 팀별 토론을 할 때는 수행과제가 요구하는 사항을 제대로 반영하도록 한다. [그림3-3]은 수행평가 때 스마트폰으로 자료를 찾아 정리하여 팀의 결론을 내린 뒤에 대표자가 발표하는 장면이다.

[그림3-3] 수행평가 활동 일부 장면

다섯 번째로 각 팀의 대표가 팀별 결론을 발표하면, 그 내용을 '다른 팀의 발표 내용' 칸에 정리한다. 팀별 결론은 각 팀의 대표가 전체 학생을 대상으로 발표한다. 이때 모든 학생은 각 팀의 발표를 잘 듣고 발표자의 이름과 핵심 내용을 해당 칸에 적는다. 발표할 팀은 체계성을 갖추도록 [활동지3-20]을 이용하여 팀별 결론 발표를 위한 기본 개요를 작성한 뒤에 이를 바탕으로 논리적이고 체계적으로 발표한다.

[활동지3-20] 팀별 결론 발표 활동지

발표 흐름	발표할 내용
발표자 소개	저는 (　)팀의 발표자 (　) 입니다.
자기 팀의 결론(주장)	우리 팀의 결론은 (　　　　　　　　　　) 입니다.
주장에 따른 근거	왜냐하면 (　　　　　　　　　) 때문입니다.
근거에 따른 설명	예를 들어 (　　　　　　　　　) 입니다.
결론	마무리하자면 (　　　　　　　　　) 입니다.
마무리	감사합니다.

[자료3-15]는 '어벤져스2의 한국 촬영이 우리 경제에 미칠 영향을 발표하시오'라는 수행과제의 실제 발표 내용이다.

[자료3-15] 팀별 결론 발표 사례

- 저는 1팀의 발표자 OOO입니다.
- **'우리 팀의 결론(주장)'**은 어벤져스2의 한국 촬영이 우리 경제에 긍정적인 영향을 미칠 것으로 봅니다.
- **'왜냐하면'** 4,000억 원의 홍보 효과와 2조 원의 국가 브랜드 가치 상승으로 이어질 것이라고 한국관광공사가 전망했기 때문입니다.
- **'예를 들어'** 어벤져스2 한국 촬영 때 서울의 발전된 모습이 자주 노출되면 국가 브랜드 상승 효과로 이어져 관광산업 진흥과 더불어 국내 영화산업이 발전하게 될 것입니다.
- **'마무리하자면'** 어벤져스2의 한국 촬영 때문에 불편도 있겠지만, 경제적인 효과가 있으므로 긍정적으로 평가합니다.
- 감사합니다.

마지막으로 다른 팀의 결론을 참고하고, 자기 입장을 결정하여 논리적으로 '나의 결론'을 내린다. 나의 결론을 내릴 때는 자기 팀의 결론을 그대로 가져오지 않도록 해야 한다. 그렇지 않으면 다른 팀이 빌표할 때 경청하지 않을 수 있다. [그림3-4]처럼 정리된 결과물은 교사가 거둔 뒤에 사전에 공지한 루브릭에 따라 평가하면 된다.

[그림3-4] 수행평가 결과물

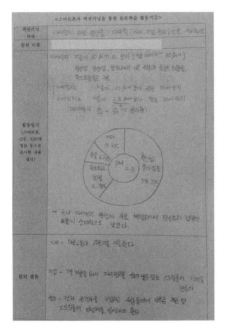
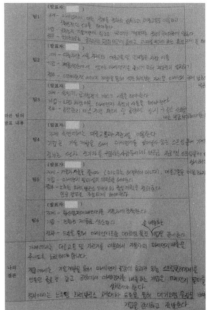

5. 수행평가 루브릭 ··················

'스마트폰과 액션러닝을 통한 토론학습' 기반의 수행평가는 개별 평가를
통해 점수화한다. 팀별 평가를 하면 무임승차자와 남의 탓을 하는 학생이 생
겨 외려 교육 효과를 반감시킬 수 있다. 이런 상황을 고려하여 팀별 활동 상황
을 평가하기는 하지만, 점수화하지 않는 비형식적 평가*로 처리하여 학생들의

---

* 비형식적 평가는 공식적으로 결과를 남기지는 않고 학생에 대한 정보를 파악하기 위해 수시로 이뤄지는 평가이다.
학습과 연계된 평가를 위해 수업 때 신속하고 효율적인 도구를 활용하여 점수나 성적을 산출하지 않는 것을 원칙으
로 한다.

참여 동기를 높였다. 정의적 영역의 평가를 통해 관찰된 내용은 과목별 세부 능력 특기 사항에 기록하면 된다.

수행평가 결과물인 활동지는 회수하여 루브릭에 맞춰 평가한다. 루브릭을 작성할 때의 '평가 기준'은 수행평가의 주요 활동인 뉴스, 지식, 정보 수집 정도, 팀의 결론, 다른 팀의 발표 내용, 나의 결론을 중심으로 설정한다. 세부 내용은 평가 기준을 세분화한 것으로 부분 점수를 줄 수 있는 근거가 되도록 여러 영역으로 나눠서 [표3-4]처럼 구성하면 된다.

[표3-4] 수행평가 평가 요소와 세부 내용

평가 기준	세부 내용
정보 수집 일지 기록의 충실성	적합한 자료 수집 여부, 내용의 풍부성
팀 결론의 논리성	팀 결론의 구체성, 팀 결론의 논리성
다른 팀의 발표 내용 정리성	다른 팀의 발표 내용 정리 정도, 경청 정도
자기 결론의 참신성	다른 팀의 발표 내용 참고 정도, 결론의 참신성

4개의 평가 기준과 8개의 세부 내용에 기초하여 진술된 분석적 루브릭은 [표3-5]와 같다. 루브릭이 생소한 경우에는 평가 기준은 채점 요소로, 수준은 채점 기준으로 판단해도 된다.

[표3-5] 수행평가 루브릭

평가 기준	수준			
	탁월함(4점)	우수함(3점)	평범함(2점)	노력함(1점)
정보 수집 일지 기록의 충실성	수행과제 처리에 필요한 뉴스나 정보를 제대로 수집하여 일지를 아주 풍부하고 알기 쉽게 정리하였다.	수행과제 처리에 필요한 뉴스나 정보를 수집하여 일지를 알기 쉽게 정리하였다.	수행과제 처리에 필요한 뉴스나 정보를 일부 수집하여 일지를 일부만 정리하였다.	적극적인 도움을 받으면 잘 정리할 수 있다.
팀 결론의 논리성	팀의 결론을 상대방이 알기 쉽게 구체적이고 논리적으로 제대로 정리하였다.	팀의 결론을 상대방이 알기 쉽게 구체적으로 정리하였다.	팀의 결론을 일반적인 수준에서 정리하였다.	적극적인 도움을 받으면 잘 정리할 수 있다.
다른 팀의 발표 내용 정리성	6개 팀의 발표 내용을 모두 구체적이고 논리적으로 정리하였다.	5개 팀의 발표 내용을 구체적이고 논리적으로 정리하였다.	1~4개 팀의 발표 내용을 일반적으로 정리하였다.	적극적인 도움을 받으면 잘 정리할 수 있다.
자기 결론의 참신성	자기 팀의 결론을 그대로 옮기지 않고 다른 팀의 발표를 참고하고 참신한 자기 입장을 더하여 논리적으로 정리하였다.	자기 팀의 결론을 그대로 옮기지 않고 다른 팀의 결론을 참고해 일반적으로 정리하였다.	자기 팀의 결론을 거의 그대로 나의 결론으로 옮겨 정리하였다.	적극적인 도움을 받으면 잘 정리할 수 있다.

루브릭의 수준 중에 '노력함'은 '적극적인 도움을 받으면 잘 정리할 수 있다'로 진술하고, 1점을 부여한 이유가 있다. 액션러닝 과제에 대한 이해 부족으로 제대로 처리하지 못했거나, 빈칸으로 제출한 학생의 참여를 북돋우는 일종의 격려 메시지이다. 서툴고 힘들지만, 계속해서 수행평가에 적극적으로 참여하기를 바라는 마음을 담은 메시지가 1점인 셈이다. 루브릭은 단순히 점수를 매기는 역할만이 아니라, 개별 학생의 수행 정도를 확인하여 성장과 발전의 길로 이끄는 이정표 역할도 한다.

6. 수행평가 내용 기록 ·················

수행평가 과정에서 살핀 인지적, 정의적 영역의 평가를 바탕으로 세부 능력을 기록할 수 있다. 수행평가는 교과 역량을 중심으로 기록하거나 활동하는 과정을 살펴 기록할 수 있다. 교과 역량을 중심으로 기록할 때는 해당 교과의 교과 역량과 연계하여 기록하면 된다. '스마트폰과 액션러닝을 통한 토론학습'은 [표3-6]과 같은 사회과의 교과 역량과 연계하여 기록할 수 있다.

[표3-6] 사회과 교과 역량

교과 역량	의미
창의적 사고력	새롭고 가치 있는 아이디어를 생성하는 능력
비판적 사고력	사태를 분석적으로 평가하는 능력

문제해결력 및 의사 결정력	다양한 사회적 문제를 해결하기 위해 합리적으로 결정하는 능력
의사소통 및 협업 능력	자신의 견해를 분명하게 표현하고 타인과 효과적으로 상호작용하는 능력
정보 활용 능력	다양한 자료와 테크놀로지를 활용하여 정보를 수집, 해석, 활용, 창조할 수 있는 능력

스마트폰과 액션러닝을 통한 토론학습 기반의 수행평가는 사회과의 정보 활용 능력, 문제해결력 및 의사 결정력, 의사소통 및 협업 능력과 밀접하게 관련되어 있다. 그러므로 이런 역량을 중심으로 수행평가 활동 과정과 결과물을 살펴 [자료3-16]과 같이 기록하면 된다.

[자료3-16] 교과 역량 중심의 기록 예시

정보 활용 능력이 탁월함. 스마트폰과 액션러닝을 통한 토론학습에 기초한 수행평가 때 핀테크 활성화를 위한 방안을 다각적으로 제시하는 수행과제 해결을 위해 금융감독원의 정보를 수집하여 정부 정책 차원의 활성화 방안을 제시했고, 보안 업체의 육성을 통해 안정된 금융 거래가 이뤄져야 한다는 팀의 결론을 도출하는 과정에 적극적으로 참여함.

수행평가 과정과 결과물을 토대로 기록할 때는 [자료3-17-①, ②]처럼 수행평가 활동 내용, 그 과정에서 일어난 배움의 정도, 수행과제를 해결하면서 학습 차원에서 성장한 부분을 중심으로 기록하면 된다.

[자료3-17-①] 수행평가 활동과 결과물에 대한 기록 사례

스마트폰과 액션러닝을 통한 토론학습에 기초한 수행평가 주제인 핀테크 활성화를 위한 방안을 다각적으로 제시하는 활동을 할 때(활동), 다양한 정보를 수집하여 기술과 금융이 결합된 형태의 금융 거래의 변화를 확인했고(배움), 이 활동 과정에 문제해결에 적합한 정보를 수집하여 해석하고 이를 팀의 결론 도출 과정에 적극적으로 활용함(성장).

[자료3-17-②] 수행평가 활동과 결과물에 대한 기록 사례

스마트폰과 액션러닝을 통한 토론학습 중에 미세먼지 해소를 위한 방안을 제시하는 과제를 수행할 때(활동), 먼지와 미세먼지의 차이에 기초해 우리나라의 지역별 미세먼지 발생 현황을 통계를 통해 파악하여 실체를 알았고(배움), 가계는 불법 소각과 같은 미세먼지를 발생시키는 일을 하지 않고, 기업은 미세먼지를 줄이는 장치를 적극적으로 개발 가동해야 하며, 정부는 미세먼지 문제를 해결할 컨트롤타워를 만들어 단기·장기 정책 시행과 함께 중국 정부와 미세먼지 해결을 위한 외교적 노력을 해야 한다는 등의 방안을 다각적으로 제시함(성장).

이런 내용은 과목별 세부 능력 및 특기 사항에 기록할 수 있지만, 피드백을 위한 자료로도 활용할 수 있다. 예를 들어 평가 요소 중에서 '팀의 결론' 정리가 부실하면, 팀별 토론 과정에 적극적으로 참여하도록 피드백하면 되고, '나의 결론'이 산만하다면 주장과 근거에 기초한 논증적인 글쓰기 방법을 지도하여 논리적으로 결론을 맺을 수 있도록 도와주면 된다.

7. 수행평가 효과 ··················

스마트폰과 액션러닝을 통한 토론학습 중심의 수행평가를 하면 여러 가지 교육 효과를 거둘 수 있다.

첫째, 세상을 두루 살필 수 있는 안목을 갖게 된다. 연예, 스포츠 등과 같은 연성 뉴스에 치우친 학생들에게 정치·경제·사회·문화 등 경성 뉴스에 관심을 가지도록 수행과제를 설정하여 세상을 균형 잡힌 시각에서 살필 수 있도록 할 수 있다.

둘째, 경청하고 메모하는 습관을 기를 수 있다. 수행평가 때 팀별 토론을 거쳐 결정된 팀별 결론을 팀의 대표가 발표할 때 이를 활동지에 메모해야 하므로 조용한 분위기에서 상대방의 발표를 경청하고, 핵심 내용을 메모하는 습관이 생기기 때문이다.

셋째, 읽기, 쓰기, 생각하기, 토론하기, 발표하기, 듣기 등 학습에 필요한 기초 역량을 키울 수 있다. 수행과제를 해결할 때 자신이 찾은 정보를 읽고, 핵심 내용을 요약하고, 팀별 토론을 거쳐 결론을 맺어야 한다. 그리고 다른 팀의 발표를 잘 듣고 자기 결론도 구조화해야 한다. 이런 일련의 과정에서 학습의 기초에 해당하는 여러 가지 기본 역량을 키울 수 있다.

넷째, 자기 입장을 논리적으로 표현하는 역량을 키울 수 있다. 팀의 결론을 내리기 위해 토론하는 과정이나 팀을 대표하여 전체 학생들을 대상으로 발표할 때 논리적으로 전달해야 하기 때문이다.

다섯째, 협력 활동의 중요성을 인식할 수 있다. 요즘 학생들은 혼자 활동하는 것을 즐기는 세대이다. 상대적으로 협력하는 활동을 힘들어한다. 팀별 토론을 통해 팀별 결론을 내리는 활동을 하면서 여럿이 하는 활동의 필요성을 인지하게 된다. 이런 태도가 체화되면 학생들이 사회에 나갔을 때 그 속에서 이뤄지는 팀 단위 활동에 수월하게 적응할 수 있을 것이다.

Media Literacy

10
미디어 역학자 되기 프로젝트

여러 종류의 미디어가 등장하고 미디어 기술의 발달로 다양한 뉴스, 지식, 정보를 손쉽게 얻을 수 있지만, 가짜뉴스와 허위조작정보가 코로나19처럼 번져 많은 문제점을 발생시키고 있다. 이에 대처하려면 누구나 가짜뉴스와 허위조작정보를 치료하는 '미디어 역학자(media epidemiologist)'가 되어야 한다. 미디어 역학자는 미디어를 통해 번지는 악성 질병인 가짜뉴스나 허위조작정보 등을 치료하는 사람이다. 미디어 역학자는 미디어 관련 질병 치료를 통해 잘못된 미디어에 대항하는 미디어 면역력을 갖게 하고, 종국적으로는 비판적으로 미디어를 읽을 수 있는 튼튼한 안목을 보유하도록 도와야 한다.

미디어 역학자 되기 프로젝트는 '비판적 미디어 수용 교육'을 위해 실천할 수 있지만, 가짜뉴스와 허위조작정보 문제를 해결하기 위한 과정에서 '창조'와 '행동' 역량을 키울 수 있어 '창의적 미디어 활용과 생산 교육'의 성격도 지니고 있다. 앞서 말했듯이 비판적 미디어 수용 교육과 창의적 미디어 활용과 생산 교육은 서로 분리되어 있지 않고 상호 연결되어 있다는 사실을 이 프로젝트를 통해서도 확인할 수 있다. 이런 여러 가지 측면을 고려하여 필자가 창안한 것이 미디어 역학자 되기 프로젝트이다.[*]

이 프로젝트는 원래 동아리 활동으로 기획한 것이지만, 정규 시간에 비판적 사고력을 키우기 위한 수업 활동, 수행평가, 방과 후 수업, 창의적 체험활동, 사회공헌활동을 할 때 사용해도 된다.

1. 프로젝트 개요 ·····················

미디어 역학자는 네 가지 역할을 해야 한다.

첫째, 가짜뉴스나 허위조작정보를 찾아 분석하고 평가하여 그 내용을 정리하는 '조사자(Researcher)' 역할을 해야 한다. 조사자는 미디어를 통해 뉴스, 지식, 정보 등을 살펴보고 허위적인 것들을 확인하여 그 내용을 구체적인 기록으로 남겨야 한다.

둘째, 가짜뉴스나 허위조작정보 등으로 인해 발생하는 혐오와 차별, 정치·경제·사회·문화적 문제를 고칠 '치유자(Problem-solver)' 역할을 해야 한다. 조사 과정에서 나타난 문제들을 치유하여 우리 사회의 건강성을 유지해야 하기 때문이다.

셋째, 치유 방안을 논리적으로 정리하여 가르칠 '교육자(Educator)' 역할을 해야 한다. 미디어에 대한 맹목적 신뢰로 인해 발생할 수 있는 문제의 심각성

---

[*] '미디어 역학자 되기 프로젝트'는 필자가 창안하여 2020년 시청자 미디어 재단을 통해 공개한 프로그램이다.

을 깨우치기 위한 교육이 필요하기 때문이다.

넷째, 가짜뉴스와 허위조작정보의 심각성을 널리 알리는 '전파자(Activist)' 역할을 해야 한다. 전파자는 교육자가 정리한 가짜뉴스와 허위조작정보 대처 방안이나 가짜뉴스 방지 법령 만들기, 가짜뉴스와 허위조작정보의 심각성을 알리는 길거리 홍보 활동 등의 새로운 방안을 창안하고 이를 정리하여 소셜미디어를 통해 알리는 일을 해야 한다. 미디어 역학자 프로젝트는 [표3-7]처럼 혼자 혹은 여럿이 하는 활동으로 운영할 수 있다.

[표3-7] 미디어 역학자 프로젝트 수행 방법

1인 프로젝트	2인 프로젝트	4인 프로젝트
조사자(A)	조사자(A)	조사자(A)
치유자(A)	치유자(A)	치유자(B)
교육자(A)	교육자(B)	교육자(C)
전파자(A)	전파자(B)	전파자(D)

1인 프로젝트는 한 사람(A)이 조사자, 치유자, 교육자, 전파자 역할을 혼자 도맡아 처리하고, 2인 프로젝트는 한 사람(A)이 조사자와 치유자를 맡고, 다른 한 사람(B)은 교육자와 전파자 역할을 맡는다. 4인 프로젝트는 조사자(A), 치유자(B), 교육자(C), 전파자(D) 역할을 각자 맡아 처리하면 된다. 2인 혹은 4

인 프로젝트를 할 때 각자 분리된 상태에서 미디어 역학자 활동을 해서는 안 된다. 조사자가 정리한 것을 이해해야 치유자 역할을 할 수 있고, 치유자가 정리한 내용을 바탕으로 교육자 역할을 준비할 수 있기 때문이다. 또한 교육자의 프로그램을 정확하게 이해해야 전파자 역할을 제대로 수행할 수 있다. 이때 역할 분담에 상관없이 실질적으로는 조사자, 치유자, 교육자, 전파자 역할의 상호 연결성을 이해하고 함께 모여 준비하고 실천해야 한다.

2. 단계별 주요 활동 ···················

미디어 역학자 되기 프로젝트는 가짜뉴스와 허위조작정보의 문제점을 알리는 파워포인트를 만들어, 이를 바탕으로 설명하는 형식의 영상을 만들어 유튜브에 올리면 마무리되는 활동이다. 이 프로젝트의 주요 활동을 단계별로 정리하면 [표3-8]과 같다.

[표3-8] 미디어 역학자 되기 프로젝트 단계별 주요 활동

단계별	주요 활동	활동 주체
1단계	미디어 역학자 되기 프로젝트 설계하기	교사
2단계	미디어 역학자 되기 프로젝트 의미와 활동 방법 설명하기	교사
3단계	미디어 역학자 되기 프로젝트를 위한 자료 조사와 파워포인트 만들기	학생

4단계	미디어 역학자 되기 프로젝트 결과물 발표하기	학생
5단계	미디어 역학자 되기 프로젝트 결과물을 영상화하여 유튜브에 올리기	학생
6단계	유튜브에 올린 영상에 대한 반응을 살펴 보완하기	학생, 교사

미디어 역학자 되기 프로젝트는 단시간에 이뤄질 수 없다. 일주일 정도의 시간을 주고 단계별로 실천하도록 해야 한다. 단계별 활동의 주요 내용을 정리하면 다음과 같다.

1단계 : 미디어 역학자 되기 프로젝트 설계하기

코로나19로 인해 사람들이 느끼는 공포심을 이용한 가짜뉴스와 허위조작정보가 기승을 부리는 상황을 고려하여 동아리 학생들이 미디어 역학자 되기 프로젝트를 실시하기로 했다. 이때 한 사람이 조사자, 치유자, 교육자, 전파자 역할을 모두 맡도록 설계했다. 네 가지 역할에 해당하는 활동의 주요 내용을 파워포인트로 만들어 발표하고, 그 내용을 영상화하여 유튜브에 탑재하는 활동을 통해 가짜뉴스와 허위조작정보에 대한 이해와 인식을 높이도록 설계했다.

2단계 : 미디어 역학자 되기 프로젝트 의미와 활동 방법 설명하기

2단계는 미디어 역학자 되기 프로젝트 활동의 의미와 활동 방법을 소개하

[활동지3-21] 미디어 역학자 되기 프로젝트 파워포인트 구성 활동지

PPT 1면	PPT 2면
미디어 역학자(Media Epidemiologist) 되기 프로젝트 학번( ) 이름( )	가짜뉴스나 허위조작정보를 검색하여 넣는다. 인터넷 뉴스나 기타 채널을 통해 검색하여 스크랩하여 넣으면 된다. 반드시 출처를 기록한다.
PPT 3면	**PPT 4면**
2면에 있는 **가짜뉴스나 허위조작정보의 핵심 내용**을 요약한다.	2면과 3면의 가짜뉴스와 허위조작정보를 **치유하기 위한 방안**을 생각하여 구체적으로 제시한다.
PPT 5면	**PPT 6면**
4면의 치유 방안을 **어떻게 교육하면 좋을지**를 정리하여 제시한다. 교육 대상은 자신이 선택한 가짜뉴스나 허위조작정보를 보고 가장 큰 피해를 받을 수 있는 사람들로 설정한다.	5면의 교육 방안을 **어떤 방식으로 전파할지**를 제시한다. 예를 들어 PPT 5면에서 동북고 학생들을 대상으로 교육했다면 그것을 강동구나 서울 전체 학생들에게 전파할 방안을 구체적으로 제시한다.

※ **유의점** : 파워포인트는 6장을 기본으로 하고 더 추가할 수 있다. 예를 들어 6면에 정리할 교육 내용이 많을 때는 7~8면까지 늘릴 수 있다. 미디어 역학자의 역할을 구체화하는 차원에서 12장 정도의 파워포인트 구성을 권장한다.

고, 파워포인트 구성을 위한 [활동지3-21]을 제공한 뒤 이를 바탕으로 파워
포인트를 설계하도록 구체적인 실천 방법을 설명했다.

3단계 : 미디어 역학자 되기 프로젝트를 위한 자료 조사와 파워포인트 만들기

3단계는 미디어 역학자 되기 프로젝트를 위한 자료를 찾아 이해하고 이를
활용하여 파워포인트를 카드뉴스 형식으로 만드는 활동을 하는 시간이다.

[그림3-5]에서 제시한 미디어 역학자 되기 프로젝트의 파워포인트 슬라이
드 내용은 5G가 코로나19를 전파한다는 가짜뉴스에 기초하여 핵심 내용, 허
위조작정보의 영향, 치유 방안, 어른들을 위한 교육 실천 방안, 교육 내용을 전
파할 방안 등을 구체적으로 정리한 것이다.

4단계 : 미디어 역학자 되기 프로젝트 결과물 발표하기

미디어 역학자 되기 프로젝트를 위해 각자 만든 파워포인트의 내용에 기초
하여 5분 정도 발표한다. 이때 참가자들은 발표자의 발표를 잘 듣고 이해하
기 힘든 부분이나 수정·보완할 부분에 대한 의견을 제시한다. 발표자는 참가
자의 의견을 참고하여 최종 파워포인트를 완성한다. 발표 활동은 미디어 역학
자 되기 프로젝트를 영상화하여 유튜브에 올리기 위한 사전 점검 작업 역할도
한다. 이를 통해 자신이 만든 파워포인트에서 강조해야 할 점이나 문제점을
찾아 수정·보완하는 단계라고 생각해도 된다.

[그림3-5] 미디어 역학자 되기 파워포인트 구성 사례

5단계 : 미디어 역학자 되기 프로젝트 결과물을 영상화하여 유튜브에 올리기

5단계는 미디어 역학자 되기 프로젝트를 위해 제작한 파워포인트의 내용을 발표하는 장면을 영상화하여 유튜브에 올리면 된다. 유튜브에 올리기 전에 초상권, 저작권 위반 사항이 있는지 반드시 확인해야 한다.

학생들이 제작하여 유튜브에 탑재한 미디어 역학자 되기 프로젝트 영상은 [자료3-18]을 통해 확인할 수 있다.

[자료3-18] 유튜브에 업로드한 동영상 사례[*]

6단계 : 유튜브에 올린 영상에 대한 반응을 살펴 보완하기

유튜브에 탑재한 미디어 역학자 되기 프로젝트 영상에 대한 반응을 살펴 수정하고 보완해야 할 부분이 생기면 이를 반영할 필요가 있다. 이 때문에 유튜브 영상을 탑재한 이후에 댓글이나 공유 상태 등을 살펴봐야 한다.

---

[*] https://www.youtube.com/channel/UCDetgVMbEdYg75xPTywGNZw

미디어 역학자 되기 프로젝트는 비판적 미디어 읽기에 기초한 비판적 미디어 수용 교육을 위해 실시하지만, 일련의 준비와 진행 과정에서 자연스럽게 유튜브 콘텐츠를 제작하는 창의적 미디어 활용과 생산 교육을 동시에 수행하고 있다. 되풀이하는 말이지만, 미디어 리터러시 교육은 리터러시 역량 강화, 비판적 미디어 수용, 창의적 미디어 활용과 생산 교육이 조화롭게 구성되어 이뤄져야 현장성이 있는 프로그램으로 정착될 수 있다.

Media Literacy Education

창의적 미디어 활용과 생산 교육 차원에서 주목해야 할 하위 역량은 '창조'와 '행동' 역량이다. '창조'는 자기 표현에 대한 자신감을 가지고 창조적으로 미디어나 미디어 콘텐츠를 생산할 수 있는 능력이고, '행동'은 사회적 쟁점이나 현안 해결을 위해 의제 설정에 기초하여 주체적으로 사회 문제 해결에 참여하는 역량이다.

Part 4
창의적 미디어
활용과 생산 교육

01
창의적 미디어 활용과 생산 교육의 이해

미디어 리터러시는 '모든 종류의 의사소통 수단을 기반으로 접근, 분석, 평가, 창조, 행동할 수 있는 역량'이다. 창의적 미디어 활용과 생산 교육 차원에서 주목해야 할 하위 역량은 '창조'와 '행동' 역량이다. '창조'는 자기 표현에 대한 자신감을 가지고 창조적으로 미디어나 미디어 콘텐츠를 생산할 수 있는 능력이고, '행동'은 사회적 쟁점이나 현안 해결을 위해 의제 설정에 기초하여 주체적으로 사회 문제 해결에 참여하는 역량이다.

창의적 미디어 활용과 생산 교육은 다양하게 실천할 수 있다.

첫째, 미디어 텍스트를 활용하는 교육을 할 수 있다. 이전부터 해오던 신문 활용교육이나 뉴스활용교육이 미디어 텍스트를 활용하는 교육 방식이다. 예 컨대 신문 기사를 예화 자료로 활용하는 인성 교육, 기사, 칼럼, 사진, 만평, 광고 등의 신문의 구성 요소를 활용하여 희망 진로를 탐색하는 포트폴리오 만들기 활동, 해시태그를 이용하여 다양한 뉴스를 검색해 주제를 탐색하는 뉴스활용교육, 신문을 활용한 논술교육 등이 있다. 아울러 유익한 방송을 보고 주요 내용을 요약하는 활동, 특정 유튜브를 비판적 관점에서 보고 문제점을 확인하는 활동처럼 영상 미디어를 활용한 교육도 있다.

둘째, 미디어나 미디어 콘텐츠를 생산하는 활동을 할 수 있다. 예전과 달리 미디어에 대한 국가의 통제가 쇠퇴하여 누구나 자유롭게 미디어를 생산할 수 있어 자신의 잠재력을 충분히 계발하며, 예술적 창의성과 참여 민주주의 문화를 육성할 기회가 많아졌다. 예를 들어 스톱 모션, UCC, 공익광고, 리믹스, 브이로그, 영상, 애니메이션 등을 제작하여 자신의 역량을 적극적으로 표현할 수 있다. 이런 활동은 이미 나와 있는 애플리케이션이나 도구들을 이용해도 되고, 창의적 방법을 기획하여 제작할 수도 있다. 미디어나 미디어 콘텐츠 생산 활동을 할수록 아이디어를 생성하고 창의적으로 표현하는 역량이 신장된다. 미디어 제작 활동을 할 때는 기계적이고 기술적인 면을 익히는 것 못지 않게 창의적이고 융합적인 사고를 형성하는 데 주력해야 한다.

셋째, 사회 참여 교육을 실전할 수 있다. 미디어를 통해 포착한 다양한 사회 문제 해결에 적극적으로 참여하는 과정에서 학생 주도성을 키울 수 있다. 미디어 리터러시 교육으로 키운 학생 주도성의 경험을 통해 공동체 문제를 해결하기 위해 정치 과정에 주체적으로 참여하는 시민의 주도성을 육성할 수도 있다. 이를테면 코로나19 상황에서 사회적 거리두기의 중요성을 강조하는 프로그램, 저출산 고령화 문제에 대한 인식 개선 프로그램, 청소년의 노동 인권 개선 프로그램, 젠더 갈등의 이해를 돕는 프로그램을 생산하여 실행한 뒤에 그 결과를 정리하여 여러 사람에게 공유하는 활동이 가능하다. 이를 통해 한 사회의 구성원으로서 자신이 해야 할 역할 수행의 의미와 가치를 인식할 수 있다.

02

성취기준 재구조화를 통한 창의적 미디어 활용과 생산 교육

학교에서 미디어 리터러시 교육을 위한 교육과정 성취기준은 국어과의 특정 과목을 제외하고는 명확하게 제시되어 있지 않다. 이런 상황에서 다른 교과에서 미디어 리터러시 교육을 하려면 성취기준 재구조화를 통하여 실천할 수밖에 없기 때문에 상당한 어려움이 있다. 그렇지만 성취기준 재구조화의 원리만 이해하면 여러 교과에서 미디어 텍스트를 활용하는 교육, 미디어나 미디어 콘텐츠를 생산하는 교육, 미디어에 기초한 사회참여교육 등의 창의적 미디어 활용과 생산 교육을 적극적으로 실천할 수 있다. 고등학교 사회과의 '통합사회' 과목의 성취기준인 [자료4-1]을 재구조화하여 미디어 리터러시 교육을 수업 속에서 실천하는 방안을 알아보자.

[자료4-1] 통합사회 교육과정 성취기준 일부

> [10통사04-03]사회적 소수자 차별, 청소년의 노동권 등 국내 인권 문제와 인권 지수를 통해 확인할 수 있는 세계 인권 문제의 양상을 조사하고, 이에 대한 해결 방안을 제시한다.

제시된 교육과정 성취기준의 학습 요소는 '인권 문제'이다. 이에 근거하여 사회적 소수자인 장애인이나 이주 노동자의 인권 침해 문제, 청소년 노동 인권 등을 미디어 리터러시 교육을 통해 실행할 수 있다. 또한 세계 인권 문제는 국제기구나 비정부 기구 등에서 발표하는 인권지수를 활용하여 세계 각 지역에서 나타나는 인권 문제의 양상과 해결 방안에 대해 수업할 수도 있다.

미디어 리터러시 교육을 위한 성취기준 재구성은 몇 단계의 과정을 거쳐야 한다.

첫 번째 단계는 성취기준을 분석해야 한다. '[10통사04-03] 사회적 소수자 차별, 청소년의 노동권 등 국내 인권 문제와 인권지수를 통해 확인할 수 있는 세계 인권 문제의 양상을 Ⓐ조사하고, 이에 대한 Ⓑ해결 방안을 제시한다.'에서 Ⓐ의 '조사하기'와 Ⓑ의 '해결책 제시하기'는 학생들이 활동을 통해 달성해야 한다.

두 번째 단계는 미디어 리터러시 교육을 할 수 있게 수업·평가 활동을 구체화해야 한다. 예를 들어 성취기준 속의 사회적 소수자인 '이주 노동자'를 중심으로 노동 인권에 관한 수업·평가 활동을 한다면, 신문이나 유튜브 등의 미디어 텍스트를 스크랩하여 읽고 문제점을 찾는 활동과 미디어가 이주 노동자를 보도하는 형태를 비판적인 시각에서 탐색하는 활동, 이주 노동자의 인권을 개선하기 위한 영상 성명서 만들기 활동으로 구체화할 수 있다.

세 번째 단계는 첫 번째, 두 번째 단계를 종합하여 수업·평가 활동을 진행하면 된다. 이때 리터러시 역량 강화, 비판적 미디어 수용, 창의적 미디어 활용과 생산 교육이 자연스레 연계되게 해야 한다.

외국인 신분으로 한국의 사업장에서 임금을 받기 위해 일하고 있는 사람인 이주 노동자의 노동 인권을 주제로 성취기준 재구조화에 따른 미디어 리터러시 교육 방안을 [표4-1]을 통해 알아보자.

[표4-1] 이주 노동자의 노동 인권 개선을 위한 미디어 리터러시 교육

단계	차시	교수학습 활동	평가 활동
리터러시 역량 강화 교육 [접근 활동]	1차시	• 우리나라의 이주 노동자 노동 인권 실태 조사 하기[개별 활동] - 신문, 유튜브 등을 통해 이주 노동자의 노동 인권 현황을 조사한다. - 〈활동지1〉을 사용하여 이주 노동자의 노동 인권 현황을 조사한다.	자기 평가
비판적 미디어 수용 교육 [분석, 평가 활동]	2차시	• 이주 노동자의 노동 인권에 대한 보도 형태 알아보기[개별 활동] - 이주 노동자에 대한 언론의 보도 형태를 비판적인 관점에서 조사한다. - 〈활동지2〉를 사용하여 이주 노동자의 노동 인권에 대한 보도 형태를 정리한다.	자기 평가

창의적 미디어 활용 과 생산 교육 [창조, 행동 활동]	3차시	• 이주 노동자의 노동 인권 해결을 위한 영상 성 명서 만들기[모둠 활동] - 이주 노동자의 노동 인권 개선을 위한 해결 방 안을 제시한다. - 〈활동지3〉을 사용하여 이주 노동자의 노동 인 권 해결을 위한 영상 성명서를 제작하여 공유 한다.	모둠 평가

1차시는 [활동지4-1]에 기초하여 이주 노동자의 노동 인권 실태를 조사하는 시간이다. 이를 위해 신문과 유튜브 등의 미디어에 '접근'하여 이주 노동자의 노동 인권 실태를 조사해야 한다. 이때 가능하면 다양하게 자료를 수집하여 실태를 정확하게 파악해야 한다. 이주 노동자의 노동 인권 실태 전반을 조사하는 것은 어려움이 있으므로 주거 문제, 임금 착취 문제 등 특정 범위를 정하여 조사한다. 이후에는 신문과 유튜브에서 확인한 내용의 핵심 사항을 정리하고, 이주 노동자의 노동 인권 실태 조사 결과를 요약하여 발표하는 활동으로 마무리하면 된다.

2차시는 [활동지4-2]를 이용하여 이주 노동자의 노동 인권에 대한 언론의 보도 형태를 '분석'하고 '평가'하는 시간이다. 이 활동은 1차시와 비슷하게 진행하면 된다. 한국 언론의 이주 노동자 보도 형태를 분석해 보면 한국인에 의해 자행되는 언어 폭력, 서비스 거부, 침을 뱉는 등의 모욕적 행위, 폭행 등을 자극적이고 선정적으로 다루는 경우가 많다. 정작 이주 노동자의 노동 인권 개선을 위한 실질적인 부분을 다룬 심층 취재 보도는 찾기 어렵다. 이런 측면을 고려하여 언론의 이주 노동자에 대한 보도 형태를 신문과 유튜브를 통해

[활동지4-1] 이주 노동자의 노동 인권 실태 조사하기 활동지

이주 노동자의 노동 인권 실태 조사하기		
학번( ) 이름( )		
신문 출처		
유튜브	제목	
	주소	

신문 내용 정리	유튜브 내용 정리

이주 노동자의 노동 인권 실태 조사 요약하기

[활동지4-2] 이주 노동자의 노동 인권 보도 형태 조사하기 활동지

이주 노동자의 노동 인권 보도 형태 조사하기		
학번(　　　) 이름(　　　　　)		
신문 출처		
유튜브	제목	
	주소	
신문 보도 형태 정리		**유튜브 보도 형태 정리**
이주 노동자의 노동 인권 보도 형태 요약하기		

조사한 뒤에 이를 요약하여 발표하는 활동을 하면 된다.

3차시는 [활동지4-3]을 이용하여 이주 노동자의 노동 인권 개선을 위한 영상 성명서를 '창조'하고 '행동'하는 시간이다. 이를 위해 파워포인트 설계, 제작, 발표 시나리오 구성, 영상 촬영과 SNS 공유 담당자를 정해야 한다. 영상 성명서는 20장의 파워포인트 슬라이드를 만든 뒤에 이그나이트 방식으로 발표 장면을 촬영하면 된다. 이그나이트 방식은 20장의 파워포인트 슬라이드를 만든 뒤에 한 장당 15초씩 발표하여 5분 안에 발표를 끝내는 형식이다.

이주 노동자의 노동 인권 침해 문제를 해결하기 위한 이그나이트 방식의 영상 성명서를 만들기 위해서는 우선 20장의 슬라이드를 만드는 게 중요하다. 이때 전체적인 흐름을 유지하기 위해 ①부터 ⑳까지 슬라이드에 담길 주요 내용을 스케치한 뒤에 파워포인트를 제작하면 된다.

①에는 성명서 제목, 팀명, 팀원 이름, 발표 날짜를 정리하고, ⑳에는 성명서의 마지막에 해당하기 때문에 '감사합니다.'라는 인사말을 적도록 한다. 슬라이드 전반부(②~⑥)에는 이주 노동자의 노동 참여 실태를 정리하고, 중반부(⑦~⑬)에는 이주 노동자에 대한 보도 형태의 문제점, 후반부(⑭~⑲)에는 개선책을 중심으로 성명서를 설계하여 파워포인트를 만든다.

파워포인트를 스케치하고 만든 뒤에 영상 성명서를 제작하는 활동은 모둠 구성원들이 함께 참여하여 준비하고, '해야 할 일'을 맡은 사람은 그 부분의 마무리 상태를 최종 점검한다. 영상 성명서는 20장의 파워포인트를 바탕으로 이미 작성해 둔 발표용 대본을 읽는 형식이므로 호소력이 있는 목소리를 가진 사람이 맡는 게 바람직하다. 완성된 영상 성명서는 소셜미디어에 공유하는 활

[활동지4-3] 이주 노동자의 노동 인권 개선 파워포인트 설계 활동지

이주 노동자의 노동 인권 개선을 위한 영상 성명서 제작을 위한 파워포인트 설계하기				
모둠 이름				
모둠 구성원				
①	②	③	④	⑤
⑥	⑦	⑧	⑨	⑩
⑪	⑫	⑬	⑭	⑮
⑯	⑰	⑱	⑲	⑳

해야 할 일	담당자
영상 성명서 발표용 파워포인트 설계	
영상 성명서 발표용 파워포인트 제작	
이그나이트 방식의 영상 성명서 발표용 대본 작성	
이주 노동자의 노동 인권 개선 영상 촬영과 SNS 탑재	

동을 통해 이주 노동자의 노동 인권 개선을 위한 메시지를 전파하는 행동을 하면 된다.

이렇게 교육과정 성취기준을 재구조화하는 활동을 통해 미디어 리터러시 교육의 중심인 접근, 분석, 평가, 창조, 행동하는 역량을 자연스레 키울 수 있다.

03

사회 문제 해결을 위한 게이미피케이션 코딩 대회

우리 사회에서 발생하는 여러 가지 문제 상황을 해결하는 역량을 키우는 일에는 누구나 관심을 가져야 한다. 또한 미디어를 통해 정치, 경제, 사회, 문화, 스포츠 등에 관련된 사건 사고를 접할 때 무조건 비판하기보다 문제의 본질을 파악하고 해결책을 모색하는 것이 우리 사회의 발전을 위해 필요하다. 이런 맥락에서 실천한 프로그램이 '사회 문제 해결을 위한 게이미피케이션(gamification) 코딩 대회'이다.

소프트웨어 기술 습득보다 기술을 활용해 문제를 창의적으로 해결하는 법을 스스로 찾는 훈련을 하도록 하는 게 코딩의 진짜 목적이다. 코딩이 또 다른 차원의 수학 과목이나 사교육 영역으로 흐르지 않도록 하기 위해서는 코딩 교육을 현실의 문제를 개선하는 쉽고 편리한 도구로 인식할 수 있게 해야 한다. 이는 코딩 교과보다 우리가 살아가는 사회와 지역이 당면한 문제를 발견하고

그것을 개선하기 위한 논의를 하는 교육을 더 필요로 한다.[*]

지금은 로 코드(low code), 또는 아예 코딩이 필요하지 않은 노 코딩(no coding)이 등장하여 유료·무료로 다양하게 제공되고 있어, 실제로 코딩을 잘 모르는 사람들도 어렵지 않게 애플리케이션이나 간단한 프로그램을 개발할 수 있는 환경이 구축되어 있다. 따라서 실제 코딩에 앞서 창의적으로 사고하는 힘을 기르는 과정이 필요하다.

이런 상황을 고려하여 [표4-2]와 같은 과정으로 게이미피케이션 코딩 대회를 진행할 수 있다. 이 대회는 '사회적 거리두기'에 관한 기사를 읽고 게임이 아닌 것에 게임적 사고와 게임 기법을 활용해 문제 상황의 해결책을 모색하는 활동을 한다.

[표4-2] 게이미피케이션 코딩대회 진행 과정

순서	주요 내용	비고
1	대회 진행을 위한 업무 분장	대회 진행을 위해 맡아야 할 일을 중심으로 업무 분장 실시
2	대회 문제 제작	창의·융합력을 키울 수 있는 문제 구성
3	대회 요강 제작과 배포	누구나 알기 쉽게 대회 요강을 제작하여 배포

---

* 한겨레(2018.3.19). 코딩보다 기술이 지렛대 될 수 있는 사회 문제 발견 중요. https://www.hani.co.kr/arti/economy/it/836665.html(검색일 : 2021.8.16)

4	대회 진행	스마트폰을 활용하여 대회 문제를 해결할 때 필요한 지식과 정보를 확보하도록 허용
5	심사 활동	복수의 심사위원이 채점하여 공정성 유지
6	마무리 활동	협의회 자리를 마련하여 대회 성찰

1. 대회 진행을 위한 업무 나누기 ·················

게이미피케이션 코딩 대회를 진행하려면 [표4-3]과 같은 업무 분장이 필요하다. 행사와 밀접하게 관련이 있는 교과목의 교사, 행사와 관련된 부서의 담당자, 해당 행사에 관심을 가진 지원자 등을 중심으로 해야 할 일을 나누면 된다.

[표4-3] 게이미피케이션 코딩대회 업무 분장 사례

이름	교과목	담당 업무	비고
권영부	경제	요강 기획, 문제 출제, 심사와 진행 총괄	수석교사
박0수	정보	대회장 준비와 감독, 심사	2학년 1반 감독
송0정	정보	대회장 준비와 감독, 심사	2학년 2반 감독
박명0	수학	대회장 준비와 감독, 심사	2학년 3반 감독
이0민	수학	대회장 준비와 감독, 심사	1학년 14반 감독

강O식	과학	대회장 준비, 심사	복도 감독
서O덕	수학	대회 협의회비와 수상자 처리	연구부장
심O경	국어	대회 협의회비와 수상자 처리	연구부

2. 대회 문제 제작

대회 문제를 제작할 때 다양한 미디어 텍스트를 사용할 수 있지만, 실생활 관련성을 높이기 위해 뉴스를 활용하는 게 효과적이다. 이번 대회는 '코로나 19'를 주제로 정했기 때문에 '사회적 거리두기'를 보도한 두 편의 기사를 골라 [활동지4-4]와 같은 문제를 만들었다.

대회 문제를 구성할 때는 해당 대회와 관련된 기사를 제시하고, 내용의 이해 정도를 알아볼 수 있게 요약할 칸을 만들고, 문제해결에 도움이 될 수 있는 자료와 문제를 제시하면 된다.

3. 대회 요강 제작과 배포

대회 요강은 참가자가 충분히 이해할 수 있도록 [자료4-2]처럼 자세히 구성해야 한다. 대회 요강은 대회 취지, 대회 일시와 장소, 대회 참가자가 이해할 사항, 수상자 결정과 심사기준, 참가 신청과 신청자 유의 사항 등을 중심으로 제작하면 된다.

[활동지4-4] 게이미피케이션 코딩 대회 문제지

2020년 게이미피케이션(Gamification) 코딩 대회

학번(   ) 이름(   )

2020년 06월 08일
01면 (종합)

무너지는 생활방역… "거리두기 강화" 한목소리

수도권 '하루 확진 50명 미만' 깨져
방문판매·체육시설 등 곳곳 구멍

정부가 사회적 거리두기에서 생활방역(생활 속 거리두기)으로 전환한 기준인 신종 코로나바이러스감염증(코로나19) '하루 확진자 50명 미만'이 수도권 수치만으로도 깨졌다. 이태원 클럽 집단감염과 등교수업 방역에 집중한 사이 방문판매업소, 생활체육시설 등 예상치 못한 곳이 뚫렸다. 전문가들은 지금이라도 거리두기를 강화하는 게 절실하다고 강조했다.

중앙방역대책본부(방대본)에 따르면 7일 0시 기준 코로나19 신규 확진자는 57명으로 이틀째 50명을 넘겼다. 이 가운데 수도권에서 발생한 환자가 52명으로 수도권 수치만으로도 '하루 확진자 50명 미만'이란 기준을 넘겼다.

생활방역 전환의 또 다른 기준인 '감염경로 미확인 비율 5% 미만'은 이태원 사태와 쿠팡 물류센터 집단감염을 거치면서 일찌감치 넘어섰다. 지난달 24일부터 이날 0시까지 2주간 신고된 586명 중 8.7%(51명)가 감염경로 미확인 사례다.

그럼에도 정부는 생활방역을 유지했다. 등교수업이 진행됨에 따라 수도권에 한해 학원, 노래방, PC방 등을 대상으로 영업중단 권고 등 사회적 거리두기에 준하는 방역지침을 내리는 것으로 대신했다.

정부가 이태원 사태, 등교수업 등을 이유로 유흥시설과 학원, 노래방 등에 방역을 집중한 사이 생각지 못한 방문판매업소와 생활체육시설 등에서 집단감염이 발생했다. 이날 오후 3시30분 기준 건강용품 방문판매 업체 '리치웨이' 관련 누적 확진자는 전날보다 4명 늘어 46명을 기록했다. 서울 양천구 탁구장과 관련해서는 방문자 1명, 방문자와 접촉해 감염된 2명이 추가돼 최소 20명이 코로나19 양성 판정을 받았다. 정부는 8일부터 19일까지 불법 방문판매 업체를 집중 점검하고 노인을 대상으로 한 판매 활동이 확인되면 시정조치 및 경찰 수사 의뢰 등으로 엄정히 대응할 방침이다.

전문가들은 현 상황을 매우 심각하다고 진단했다. 김우주 고대구로병원 감염내과 교수는 "수도권은 인구밀집 등에서 대구·경북과 다르다고 수차례 경고했는데 정부 메시지에 혼선이 있었다"며 "지금이라도 거리두기를 강화하는 등의 조치가 절실하다"고 강조했다.

≫관련기사 8면

김영선 기자 ys8584@kmib.co.kr

2020년 06월 08일
18면 (IT,과학)

물리적 거리 두기와 마스크의 방역 효과, 예상보다 더 좋았다

캐나다 연구진, 개인방역 효과 분석
감염자와 거리 2m 이상으로 벌리고
마스크 등 개인 장비 착용 병행 땐
감염 가능성 65~80% 떨어져

한동안 잠잠했던 국내 코로나19 감염자가 하루 수십명대로 늘고 있는 가운데 인구 밀집지역인 수도권에 비상이 걸렸다. 이태원 클럽과 물류센터, 소규모 교회 등 다양한 공간에서 코로나19가 확산하고 있어서다. 올해 초 대구 신천지교회에서 비롯된 것과 같은 걷잡을 수 없는 확산을 걱정할 수준은 아니지만 방역당국은 긴장 속에서 상황을 예의주시하고 있다.

백신이 없는 상황에서 코로나19의 위협에 대응하는 유일한 방법은 '물리적(사회적) 거리 두기'와 마스크 착용 등 개인방역 수칙을 지키는 일이다. 그렇다면 이런 노력이 코로나19를 막는 데 어느 정도 효과를 낼 수 있을까. 최근 과학계에서 이 질문에 대한 구체적인 답이 나왔다.

캐나다 맥매스터대 연구진은 지난 1일 세계적인 의학 학술지 '랜싯'에 개인방역 수칙과 장비의 효과를 분석한 논문을 발표했다. 세계보건기구(WHO)의 의뢰로 진행된 이번 연구는 코로나19를 중심으로 중증급성호흡기증후군(SARS·사스), 중동호흡기증후군(MERS·메르스)을 포함한 44건의 연구 결과를 재분석해 이뤄졌으며, 대상 인원은 모두 2만5697명이다.

논문에 따르면 세계 방역당국이 강조하는 개인방역 수칙은 일반적인 예상보다 훨씬 좋은 효과를 보였다. 물리적 거리 두기의 경우 감염자와의 거리가 1m 이하일 때에는 감염 가능성이 12.8%에 달했다. 하지만 2m로 거리를 벌리자 수치가 2.6%로 뚝 떨어졌다. 입에서 튀는 비말, 즉 침방울의 사정거리가 그리 길지 않기 때문이다. 사람 간 거리를 두세 걸음만 더 벌려도 코로나19 예방효과가 매우 높아진다는 얘기다.

마스크 착용의 효과도 기대 이상이다. 이번 연구에선 한국의 'KF94'와 유사한 'N95' 마스크와 함께 수술용 마스크 등을 조사했는데 마스크를 쓰지 않았을 때에는 감염 가능성이 17.4%에 이르렀다. 하지만 마스크를 쓰자 3.1%로 하락했다. 논문은 수술용 마스크보다 N95 마스크가 코로나19를 방어하는 효과가 더 크다면서도 의료 종사자에게 돌아가야 할 마스크 물량을 부족하게 할 정도의 대량 소비는 경계해야 한다고 설명했다.

이번 연구에선 국내에서는 일반인의 보호용으로는 제시되지 않는 보안경과 얼굴 가리개, 고글에 대한 방호 효과도 분석했다. 코로나19의 또 다른 감염 통로로 인식되는 '눈'을 가리는 장비들이다. 분석 결과 이런 장비를 착용하지 않았을 때에는 감염 가능성이 16%, 착용했을 때에는 5.5%로 낮아졌다.

분석 내용을 종합하면 개인방역 수칙과 장비 착용을 실천했을 경우 감염 가능성이 대략 65~80% 이상 떨어지는 셈이다. 연구팀을 이끈 데릭 추 맥매스터대 의대 교수는 라이브사이언스 등 미국 언론에 "손 씻기와 같은 기본적인 위생 조치들 역시 코로나19의 세계적인 대유행에 대비하는 중요한 방법"이라고 설명했다.

이정호 기자 run@kyunghyang.com

[게이미피케이션의 이해]

비게임적인 분야에서 해결하기 어려운 문제를 게임적 매커니즘을 활용하여 재미있게 해결하는 게 게이미피케이션이다. 이에 해당하는 사례로 영동고속도로의 덕평휴게소 남자 화장실 소변기에 설치된 '강한 남자 찾기'라는 게임을 들 수 있다. 이 게임은 소변기에 장착된 센서로 소변의 양과 세기를 측정해 앞 사람과의 스코어를 경쟁하는 게임으로 변기 밖으로 튀는 소변의 양을 상당량 줄였다. 또한, 해당 게임으로 인해 방문객들이 다시 방문하고자 하는 이유를 만들어주고 입소문과 SNS 등을 통해서 더 많은 사람의 방문을 유도하고 있다.

[기사 내용 요약]

[게이미피케이션 코딩 대회 문제]

제시된 기사를 읽고 핵심 사항을 파악한 뒤에 사회적 거리 두기를 즐겁게 실천할 수 있는 게이미피케이션을 설계한 뒤에 그 내용을 간략하게 설명하시오.

[자료4-2] 게이미피케이션 코딩 대회 요강

[2020년 게이미피케이션 코딩 대회 알림]

※ 이 대회는 문·이과를 구분하는 개념 없이 누구나 개인별로 신청할 수 있다.

● 대회 참가 학생은 요강을 꼼꼼하게 읽고 이해한 뒤에 참가해야 한다.

▣ 대회 취지

스티브 잡스는 코딩은 창의적이고 수리적 마인드를 키워주기 때문에 '코딩은 생각하는 방법을 가르치는 것'이라고 했다. 이런 맥락에서 볼 때 주어진 문제 상황을 창의적으로 표현하는 역량을 키우는 것은 실제 코딩에 앞서 해야 할 중요한 일이다. 이런 점을 고려해 이번 대회는 실제 코딩을 하는 게 아니라 게임이 아닌 것에 게임적 사고와 게임 기법을 활용해 문제를 해결하고 사용자를 몰입시키는 과정을 일컫는 게이미피케이션(Gamification) 활동을 전개한다.

게이미피케이션으로 비게임적인 분야에서 해결하기 어려운 문제를 게임적 매커니즘을 활용하여 재미있게 해결할 수 있다. 게이미피케이션 사례로 영동고속도로의 덕평휴게소 남자 화장실 소변기에 설치된 '강한 남자 찾기'라는 게임을 들 수 있다. 이 게임은 소변기에 장착된 센서로 소변의 양과 세기를 측정해 앞사람과의 스코어를 경쟁하는 게임으로 변기 밖으로 튀어 나가는 소변의 양을 상당량 줄였다. 또한, 해당 게임으로 인해 방문객들이 다시 방문하고자 하는 이유를 만들어주고 입소문과 SNS 등을 통해서 더 많은 사람의 방문을 유도하고 있다.

▣ 대회 일시와 장소 및 준비물
1. 대회 일시: 2020.6.22(월) 16:20~17:50
2. 대회 장소: 본관 2층 2학년 1반, 2반, 3반, 1학년 14반 교실
3. 준비물: 스마트폰, 필기구, 색연필

▣ 대회 참가자가 이해할 사항
1. 이번 대회는 여러 과목의 성취기준과 연계하여 성취기준 달성 정도를 알아볼 수 있는 근거를 마련했다. 이번 대회에 관련된 과목과 관련 교육과정 성취기준은 다음과 같다.

과목	대회 관련 교육과정 성취기준
통합사회	[10통사03-02] 교통·통신의 발달과 정보화로 인해 나타난 생활 공간과 생활양식의 변화 양상을 조사하고, 이에 따른 문제점을 해결하기 위한 방안을 제안한다.
사회문화	[12사문01-03] 사회·문화 현상의 탐구 과정에서 활용되는 다양한 자료 수집 방법의 유형과 특징을 비교한다.
사회문제탐구	[12사탐02-03] 청소년 게임 과몰입의 원인에 대한 다양한 관점을 파악하고, 토의 등을 통해 게임 과몰입 문제의 해결 방안을 도출한다.
생활과 윤리	[12생윤04-02] 정보기술과 매체의 발달에 따른 윤리적 문제들을 제시할 수 있으며 이에 대한 해결 방안을 정보윤리와 매체윤리의 관점에서 제시할 수 있다.
언어와 매체	[12언매03-06] 매체를 바탕으로 하여 형성되는 문화에 대해 비판적으로 이해하고 주체적으로 향유한다.
정보	[12정보01-01] 정보사회에서 정보과학의 지식과 기술이 활용되는 분야를 탐색하고 영향력을 평가한다.

2. 이 대회는 실제 코딩을 하는 게 아니라 코딩을 위한 창의적 아이디어에 기초한 게이미피케이션 표현 활동이다.
3. 게이미피케이션에 대한 기초적인 이해 자료를 대회당일 제공하지만, 사전에 인터넷 검색을 통해 일정 정도 이해하고 참가해야 문제해결에 도움이 된다.
4. 대회 참가자는 당일 주어진 문제를 읽고 문제 상황에 대한 이해를 바탕으로 게이미피케이션을 창의적으로 구성하면 된다. 게이미피케이션을 설계한 뒤에 색연필 등을 활용하여 알아보기 쉽게 색칠해야 한다.

■ 수상자 결정과 심사기준
1. 수상자 결정
 심사는 기준에 따라 복수의 심사위원이 채점하고, 그 결과에 따라 최우수상, 우수상, 장려상으로 구분하여 학년별 시상을 원칙으로 한다. 단, 질적 우수성과 참가자 숫자에 따라 변동될 수 있다.
2. 심사기준

문제 상황 설정력	창의적 문제해결력	심미적 능력	게이미피케이션 능력
20점	20점	20점	40점

```
▣ 참가 신청과 신청자 유의 사항
1. 리로스쿨 접속-알림신청-가정통신(신청)-'2020년 게이미피케이션 코딩 대
회'에 신청한다. 신청자는 코로나19로 인한 생활 속 거리 두기를 위해 70명을
선착순으로 모집한다.
2. 70명에 해당하는 학생은 대회 참여를 알리는 문자를 통해 알 수 있다.
3. 등교일이 아닌 신청자는 대회당일(6월 22일) 4시 20분까지 등교하여 경시대
회에 응해야 한다.
4. 경시대회 입실 교실은 당일 본관 2층 2학년 1반, 2반, 3반, 1학년 14반 교실
출입구에서 확인할 수 있다.
```

대회 요강에는 여러 교과의 교육과정 성취기준을 제시하여 학교 교육의 연
장선에서 이뤄지는 활동이라는 점을 강조할 필요가 있다. 교육은 반드시 교
과 수업을 통해서만 이뤄지는 게 아니라 다양한 비교과 활동을 통해서도 가능
하다고 인식하는 게 중요하기 때문이다.

요강이 만들어지면 학급문서 수발함을 통해 배포하거나 학교 홈페이지에
탑재한 뒤 전체 학생들에게 문자로 공지하면 된다.

4. 대회 진행 ·················

대회를 진행할 때 요강에서 준비물로 제시한 스마트폰을 자유롭게 이용하
여 문제해결 과정에서 필요한 뉴스, 지식, 정보 등의 자료를 탐색할 수 있도록
한다. 한편 대회장마다 감독 교사를 배치하여 조용한 분위기에서 활동하도록
한다. 감독 교사는 입실한 뒤에 대회 진행 과정과 심사기준을 간략하게 소개
한 뒤에 감독하면 된다. 대회 장면과 결과물은 [그림4-1-①, ②]와 같다.

[그림4-1-①] 게이미피케이션 코딩 대회 활동 장면

[그림4-1-②] 게이미피케이션 코딩 대회 결과물

 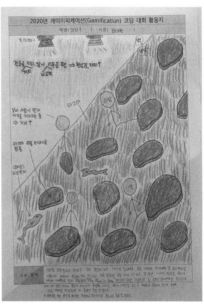

[그림4-1-②]의 왼쪽 작품은 마스크에 센서를 부착하여 다른 사람과 2m 이상의 거리를 유지하면 포인트가 쌓이고, 이를 이용하여 음료수를 교환할 수 있는 게임을 설계한 것이다. 오른쪽 작품은 지하도처럼 어두운 곳에서는 사회적 거리두기가 어려우므로 빔 프로젝트를 이용하여 바닥에 일정 간격의 징검다리를 놓아 사람들이 그것을 밟고 지나가도록 설계한 것이다. 모두 게임적인 요소를 활용하여 사회적 거리를 두기를 실천할 방안을 제시하고 있다.

5. 심사 활동 ·················

요강에 고지된 심사기준에 따라 심사하되, 심사 과정에서 어려운 점은 심사위원들의 협의를 통해 해결하면 된다. 전체 작품을 살펴보고 작품의 수준을 가늠한 뒤에 심사를 시작한다. 심사는 [그림4-2]처럼 복수의 심사위원이 채점한 뒤에 이를 합산하여 등위를 결정한다.

[그림4-2] 심사 활동 장면

6. 마무리 활동 ··················

대회가 모두 마무리된 뒤에 협의회 자리를 마련하여 대회 진행 과정에서 생긴 문제점이나 에피소드를 나누고, 이를 바탕으로 차기 대회를 구상하면 된다. 이런 대회는 초·중·고등학교에서 개별 교과의 수행평가나 교과 학습 활동, 동아리 활동, 창의적 체험활동, 학급 단위 행사 활동 등을 통해 실천할 수 있다.

04
창의력을 키우는 통계 활용 교육

창의력을 키우는 통계 활용 교육의 이해 ·················

창의력을 키우는 통계 활용 교육은 여러 갈래로 실천할 수 있다.

첫째, 통계 속에 담긴 메시지를 읽는 교육을 할 수 있다. 통계는 글이 아닌 숫자를 활용하여 메시지를 전달하기 때문에 그 속에 담긴 메시지를 정확하게 읽는 교육이 필요하다. 비만에 관한 통계가 나왔다면 비만이 사회 문제로 등장했다는 뜻이고, 기후 변화 통계가 자주 등장한다면 기후 위기 상황이 자주 나타나기 때문이다. 이렇듯 통계가 전하려는 메시지를 정확하게 읽는 활동을 해야 한다.

둘째, 비판적 통계 읽기 교육에도 실천할 수 있다. 신문과 방송 등을 통해 전달되는 다양한 통계 기사는 비판적 읽기를 통해 옳고 그름을 가려내는 교육이 필요하다. 실제로 왜곡되거나 편향적인 통계 기사가 미디어를 통해 전파되고 있다. 이런 상황이 방치되면 통계에 대한 불신으로 이어질 수 있다.

셋째, 논술 교육에도 적용할 수 있다. 논리적인 글쓰기를 위해 통계를 이해하고 분석하거나 근거로 설정하여 자신의 주장을 펼칠 수 있기 때문이다.

넷째, 토론 교육에도 활용할 수 있다. 토론은 합리적 근거에 기초하여 상대방을 논리적으로 설득하는 것이다. 이때 통계를 자신의 주장을 뒷받침하는 근거로 삼아 논박을 이어가면 된다.

다섯째, 창의력을 키우는 교육에도 접목할 수 있다. 통계에 대한 이해를 바탕으로 통계 포스터 만들기, 통계를 활용한 공익광고 만들기, 통계 시각화하기 등의 활동을 통해 창의력을 발휘하게 할 수 있다.

통계를 활용한 공익광고 만들기 ·················

공익광고는 인간 존중의 정신을 바탕으로 사회와 공동체의 발전을 위한 의식 개혁을 목표로 하며, 광고라는 설득 커뮤니케이션을 통하여 제반 사회 문제에 초점을 맞추고 국민의 태도를 공공의 이익을 지향하는 모습으로 변화시키는 것을 목적으로 하며, 휴머니즘, 공익성, 범국민성, 비영리성, 비정치성을 기본 이념으로 한다.[*]

통계를 활용하여 공익광고 만드는 활동을 통해 창의력을 키울 수 있다. 이때 활용할 통계를 찾아 조사 내용, 조사 기관, 조사 기간, 조사 지역, 조사 대상, 통계 단위, 조사 방법(전수조사, 표본조사), 통계 출처 등의 기본 요소를 파악할 때는 [활동지4-5]를 사용하면 된다.

---

[*] 한국방송광고진흥공사. https://www.kobaco.co.kr/site/main/content/what_public_ad(검색일 : 2021.8.25)

[활동지4-5] 통계 활용 공익광고 만들기를 위한 통계 분석 활동지

통계 활용 공익광고 만들기를 위한 통계 분석
학번(   )   이름(   )

■ 다음 통계 자료는 통계청과 여성가족부가 2018년 4월 25일 배포한 '2018 청소년 통계' 보도 자료의 한 부분이다.

통계 구성 요소 살펴보기			
조사 내용		조사 기관	
조사 기간		조사 지역	
조사 대상		통계 단위	
조사 방법	전수조사	통계 출처	
	표본조사		
제시된 통계를 통해 알게 된 사실 정리하기			

제시된 통계는 학생들의 비만율이 해를 거듭할수록 증가하고 있다는 사실을 알리고 있다. 이를 바탕으로 '건강한 생활을 위한 비만 줄이기'를 주제로 공익광고 만드는 활동을 하면 된다. 이때 기존의 공익광고를 분석하는 활동을 통해 공익 차원에서 전달하려는 메시지가 무엇인지를 여러 각도에서 판단할 시간을 [활동지4-6]을 통해 가져야 한다.

[활동지4-6] 공익광고 분석 활동지

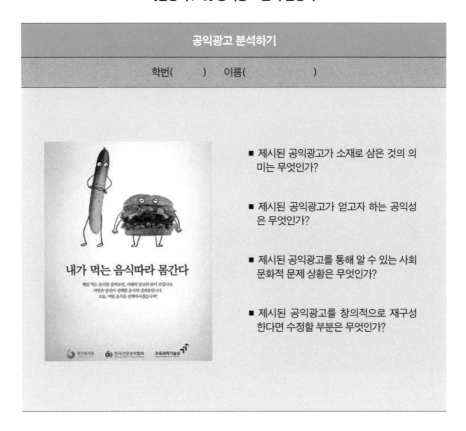

여러 연구 결과에 따르면 아침밥을 거르면 하루 섭취 열량이 줄 것 같지만, 실제로는 큰 차이가 없는 것으로 조사됐다. 배가 고파 점심, 저녁 식사량이 늘어나고 열량이 높은 간식 섭취가 잦아지기 때문이다.

이런 관점에서 비만을 줄이기 위해 아침을 잘 챙겨 먹어야 한다는 메시지를 담은 공익광고를 만들 때 하단에 청소년들의 아침 식습관에 관한 통계를 첨부하면 신뢰성을 확보할 수 있다. [그림4-3]은 아침 식습관 통계를 활용하여 아침밥을 먹고 건강한 생활을 하자는 메시지를 담은 공익광고 제작 사례이다.

[그림4-3] 통계를 활용한 공익광고 제작 사례

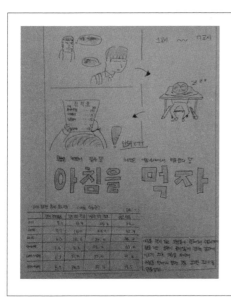

아침 식습관

구분	전혀 먹지 않음	먹지 않는 편임	가급적 먹는 편임	항상 먹음
2011	7.2	13.4	25.4	54.0
2014	7.7	16.0	23.9	52.4
2017	6.3	22.6	35.0	36.2
9~12세	1.6	5.3	28.2	65.0
13~18세	6.3	17.2	35.0	41.6
19~24세	8.3	34.3	37.9	19.5

(단위 : %)

〈자료: 여성가족부, 「청소년종합실태조사」 각년도, 9~24세 청소년 대상임〉

완성된 통계 활용 공익광고는 [표4-4]와 같은 루브릭을 토대로 평가하여
피드백하면 된다.

[표4-4] 통계 활용 공익광고 피드백을 위한 루브릭

평가 기준	수준		
	상	중	하
통계 활용 정도	비만율 증가를 이해하는 데 필요한 가장 적절한 통계를 활용하였다.	비만율 증가를 이해하는 데 필요한 일반적인 통계를 활용하였다.	비만율 증가를 이해하는 데 필요한 적절한 통계를 찾는 방법을 익혀야 한다.
구성 정도	통계를 광고 요소로 활용하였고, 광고 카피가 선명하며, 사진, 그림과 같은 다른 광고 요소를 적절하게 활용하였다.	통계를 광고 요소로 활용하였고, 광고 카피가 선명하며, 사진, 그림과 같은 다른 광고 요소를 일반적으로 활용하였다.	통계를 광고 요소로 활용하였고, 광고 카피가 선명하며, 사진, 그림과 같은 다른 광고 요소 활용법을 익혀야 한다.
전달 정도	다양한 색상을 활용해 상대방이 알기 쉽게 공익광고를 디자인하여 구체적으로 표현하였다.	다양한 색상을 활용하여 공익광고를 일반적으로 구성하여 표현하였다.	다양한 색상을 활용하여 상대방이 알기 쉽게 공익광고를 구성하는 방법을 배워야 한다.

통계 기사 읽고 창의적으로 시각화하기 ··················

복잡하게 구성된 통계 기사를 읽고 주요 내용을 시각적으로 표현하는 활동
을 통해 창의력을 키울 수 있다. 이 활동을 할 때는 통계 기사를 비판적 관점

에서 분석하는 활동을 반드시 해야 한다. 숫자를 활용한 통계는 글 중심의 기사보다 가독성이 있고 신뢰성도 높지만, 자의적 판단에 따라 전혀 다른 해석이 나올 수 있다. 예를 들어 소주 판매가 늘었다는 통계를 두고 '불황에 지친 서민이 소주만 마셨다'고 해석하고, 소주 판매가 줄어든 통계를 바탕으로 '불황 때문에 서민이 소주도 못 마셨다'고 해석하여 불황이 주는 암울함을 강조할 수 있다. 하지만 호황기에 기분이 좋아 소주를 많이 마셔 소주 판매가 증가하였거나, 호황이 지속되면서 사람들이 소주보다 더 좋은 술을 마셔 소주 소비가 줄었다고 해석할 수도 있다.

[표4-5] 통계 기사 읽고 창의적으로 시각화하기 활동 과정

단계별	주요 활동
1단계	적합한 통계 기사 선택하여 활동지 구성하기
2단계	통계 기사를 읽고 창의적으로 시각화 활동하기
3단계	통계 기사 시각화 결과물 평가와 피드백하기

통계 기사를 읽고 창의적으로 시각화하는 활동의 1단계는 적합한 통계 기사를 선택하여 활동지를 구성하는 것이다. 이를 위해 우선 정치, 경제, 사회, 문화 등의 통계 기사 중에서 어떤 영역을 다룰지 선택해야 한다. 다음으로 통계의 구성 요소를 파악하고, 인과성과 상관성을 따져 신뢰성 유무를 판단해야

한다. 이를 바탕으로 통계 기사를 시각화하는 활동지를 구성하면 된다.

[자료4-3]은 코로나19 충격으로 하락세를 이어가던 생산자물가지수가 보합세로 전환되었다는 소식의 경제 기사이다. 이 통계 기사를 통해 '지난 5월 농림수산품은 전월 대비 2.7% 상승했고, 공산품은 5개월 연속 하락세를 지속했다'는 것을 알 수 있다.

[자료4-3] 통계 시각화를 위한 경제 기사

코로나19 충격으로 하락세를 이어가던 생산자물가가 보합세로 전환됐다. 긴급재난지원금 지급으로 소비가 확대됐기 때문으로 분석된다.

한국은행이 23일 발표한 '2020년 5월 생산자물가지수'에 따르면 생산자물가는 전월 대비 보합세(0.0%)를 기록했다.

생산자물가는 코로나19 사태에 따른 국제유가 하락과 소비위축 등으로 지난 2월부터 4월까지 3개월 연속 하락세였다.

지속되는 하락세가 멈춘 것은 농림수산품을 중심으로 가격이 상승했기 때문으로 분석된다. 지난 5월 농림수산품은 전월 대비 2.7% 올랐다. 정부의 긴급재난지원금 지급에 따른 소비 확대 영향으로 한은은 설명했다.

반면 공산품은 5개월 연속 하락세를 지속했다. 5월 공산품은 전월 대비 0.2% 떨어졌다. '화학제품'(-0.7%)과 '컴퓨터, 전자 및 광학기기'(-0.5%) 등이 주로 하락했다. 전력, 가스, 수도 및 폐기물도 전월 대비 0.1% 하락을 보였다. 서비스는 '금융 및 보험 서비스'(0.9%), '음식점 및 숙박 서비스'(0.2%) 등이 올라 전월 대비 0.1% 상승했다. - 〈파이낸셜뉴스, 2020.6.23〉 기사 중 일부

제시된 통계 기사는 한국은행이 발표한 2020년 5월 생산자물가지수에 근거했기 때문에 신뢰할 수 있다. 한국은행의 경제 통계는 경제 주체들의 경

제 활동을 다양한 방식으로 정량화한 수치 자료로 공신력을 담보한 것이다. 이 때문에 언론사나 경제연구기관들이 경제 동향을 분석할 때 자주 인용하고 있다.

2단계는 통계 기사를 창의적으로 시각화 하는 활동을 [활동지4-7]을 통해 실행하는 시간이다. 통계 기사 시각화는 '효율적인 의사소통 및 메시지 전달을 위해 추상적 혹은 구체적인 아이디어를 시각적으로 형상화하는 과정'을 말한다. 시각화 활동 을 할 때는 색연필을 이용하여 시각적 효과를 높이도록 하고, 스마트폰을 이용하여 필요한 정보를 수집하여 통계 기사 속의 내용을 충분히 이해하도록 해야 한다.

기사를 읽고 이해가 잘 안 되는 부분이 있으면 스마트폰을 이용하여 알아볼 수 있도록 하고, 색연필을 이용하여 통계 시각화가 드러나도록 한다. 활동 모습과 결과물은 [그림4-4-①, ②]와 같다.

왼쪽 작품은 COVID를 중앙에 두고 1과 9를 위와 아래에 배치하여 코로나 19 상황을 알리고, 굵은 글자의 COVID 속에 위에는 가격이 떨어진 품목을, 아래에는 가격이 오른 품목을 시각적으로 표현했다. 오른쪽 작품은 가격이 오른 품목과 내린 품목을 그림으로 그리고 품목별 가격 변동 정도를 퍼센트로 나타내어 시각화했다.

3단계는 통계 기사 시각화 결과물을 평가하고 피드백하면 된다. 이때 통계 기사를 읽고 핵심 내용을 간추리는 역량, 핵심 내용을 그래프나 도표로 표현하는 역량, 상대방이 알기 쉽게 창의적으로 표현하는 역량 등을 중심으로 피드백하면 된다.

[활동지4-7] 통계 기사 읽고 창의적으로 시각화하기 활동지

통계 기사 읽고 시각화하기	
학번( ) 이름( )	
통계 기사 스크랩 붙이는 곳	
통계 기사 요약	
유의 사항	제시된 기사를 읽고 통계 관련 내용을 표와 그래프로 그려 시각화해도 되지만, 가능하면 창의력을 발휘하여 시각화하는 데 초점을 맞춰야 한다.
통계 기사 시각화	

[그림4-4-①] 통계 시각화 활동 모습

[그림4-4-②] 통계 시각화 활동 결과물

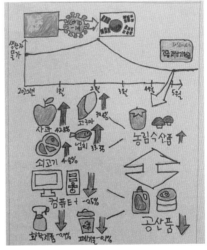

05
시간 관리 역량을 키우는 포모도로 통계토론

포모도로 통계토론의 이해 ···················

이탈리아의 프란체스코 시릴로(Francesco Cirillo)가 1980년대에 개발한 시간 관리법이 포모도로 테크닉(Pomodoro Technique)이다. 포모도로는 이탈리아어로 '토마토'라는 뜻인데, 개발자가 대학에서 토마토 모양의 타이머를 가지고 공부했다고 해서 생긴 말이다. 포모도로 테크닉의 핵심은 25분간 집중해서 일하고 5분간 휴식하는 형태를 4번 반복하는 것이다. 이렇게 하면 2시간이 걸리는데 이후에는 15~30분 정도 긴 휴식을 취한다.

덴마크를 노동자의 천국이라고 한다. 법정 근로 시간은 주당 37시간, 직장인 평균 퇴근 시간은 오후 4시이며, 실업자에게 2년 동안 기존 급여의 80~90%를 지급하는 현실 때문이다. 여기에 더해 포모도로 테크닉을 도입하여 주 4일 근무제를 일부 시행하고 있다. 이러한 포모도로 테크닉에서 영감을 얻어 구상한 것이 '포모도로 통계토론'이다.

이 활동은 학생들이 토론 준비를 사전에 철저하게 한 뒤에 점심시간에 모여 진행한다. 이때 발제자가 5분 동안 특정 주제를 통계를 활용하여 발표하면, 여러 명의 토론자가 통계 자료를 바탕으로 사전에 준비한 토론문에 기초하여 25분 동안 집중 토론을 하고 흩어지는 이른바 '번개 토론'이 이뤄진다. 이 활동을 통해 학생들은 시간 관리 역량에 기초한 토론 역량을 키울 수 있다. 포모도로 통계토론의 특징은 발제자는 물론 토론에 참여하는 사람 모두가 통계에 기초하여 정해진 시간 동안 밀도 있게 발제하고 토론해야 한다는 점이다.

포모도로 통계토론의 진행 ·················

포모도로 통계토론은 동아리 활동 프로그램으로 운영한 사례이지만, 학급 활동이나 창의적 체험활동은 물론 교과 수업 시간에서도 프로젝트 수업으로 실천할 수 있다. 이 활동을 준비하여 진행하는 과정은 [표4-6]과 같다.

[표4-6] 포모도로 통계토론 준비와 활동 과정

단계별	주요 활동	비고
1단계	포모도로 통계토론의 이해를 위한 사전 교육	
2단계	주제 선정과 발제자와 토론자 결정	사드 배치 이후 중국 진출 한국 기업의 경영 현황 토론
3단계	발제문과 토론문 작성	통계를 중심으로 발제문과 토론문 작성

4단계	발제에 기초하여 포모도로 토론 진행	5분 발제, 25분 토론
5단계	전체 과정 피드백	

1단계는 '포모도로 통계토론의 이해를 위한 사전 교육' 시간이다. 이때 교사는 포모도로의 의미와 통계를 비판적으로 읽어야 하는 이유, 통계토론을 진행하는 방법을 집중적으로 설명해야 한다. 학생들에게는 통계토론이 익숙하지 않겠지만, 합리적 설득과 논쟁을 위해 통계 기반의 토론이 필요하다는 것을 강조해야 한다. 이때 통계가 지닌 권위에 주눅 들지 말고 의도적으로 왜곡시킨 부분은 없는지, 편파적인 보도를 위해 편집된 게 아닌지 등을 찾아보는 비판적 읽기의 중요성도 강조해야 한다.

2단계는 '주제 선정과 발제자와 토론자를 결정'하는 시간이다. 포모도로 통계토론은 점심시간을 이용하여 진행되는 프로그램이다. 토론 주제는 학생들과 의논하여 결정하면 된다. 포모도로 통계토론은 경제동아리에서 실천한 프로그램인데, 당시 사회적 쟁점이었던 '사드 배치 이후 중국에 진출한 기업들의 경영 상황'을 주제로 선정했다. 2단계 때는 주제에 맞춰 통계를 중심으로 5분 동안 발제할 사람과 25분 동안 토론할 사람을 정해야 한다.

3단계는 발제자와 토론자가 결정된 이후 발제문과 토론문을 통계를 기반으로 작성하는 활동이다. 이때 발제자는 [그림4-5]와 같은 20장 정도의 파워포인트 슬라이드를 카드뉴스 형식으로 만들어야 한다. 이후 토론자는 발제자의 파워포인트를 보고, 질문할 내용을 정한 뒤에 이를 발제자에게 미리 제공

[그림4-5] 포모도로 통계토론을 위해 발제자가 만든 카드뉴스

하여 답변을 준비하도록 한다. 이런 과정이 필요한 것은 점심시간에 모여 집중적으로 토론해야 하기 때문이다.

완성된 발제자의 파워포인트 슬라이드를 바탕으로 발제자와 토론자는 [자료4-4]와 같은 토론문을 작성하면 된다.

[자료4-4] 포모도로 통계토론을 위한 토론문의 일부

Q : 이 통계 자료를 보면 중국 롯데마트 매출이 2016년 1분기부터 하락세입니다. 2017년 1분기까지는 큰 차이를 보이지 않다가 2분기부터 사드 갈등 이후 4월부터 월 평균 손실액이 950억 원으로 추정되는데요. 이에 대해 이런 현상이 발생한 원인과 이후 결과를 말씀해 주세요.

A : 롯데뿐 아니라 많은 한국 기업들이 중국 시장에서 매출에 피해를 보고 있는데 특히 롯데에 집중되고 있는 이유가 있습니다. 바로 롯데가 한국 정부에게 사드 배치 부지를 제공했기 때문인데요. 이를 중국 정부는 못마땅하게 생각해 불매운동을 벌이고 있습니다. 롯데마트는 중국에 진출해 112개 매장을 운영했지만 사드 보복으로 87곳의 영업이 중단됐고, 연말까지 매출 손실액만 1조 원에 달할 것으로 전망되자 중국 마트를 매각하기로 했습니다. 중국 현지 기업들도 관심을 보이고 있지만, 성사 가능성은 낮은 것으로 전해집니다. 관계자들에 의하면 중국 당국이 롯데를 비롯한 한국 기업에 공공연한 보복을 가하고 있는 상황에서 중국 기업들이 롯데마트 인수에 나서기는 쉽지 않을 것이라고 말합니다.

Q : 이 통계 자료는 검색키워드를 나타낸 것으로 '사드, 롯데, 반한, 한국제품 불매운동' 순으로 사드와 롯데가 그 외의 키워드에 비해 높은 검색수치인 것을 볼 수 있습니다. 제시된 통계 자료의 키워드를 연령대로 보면 20세 미만은 관심이 없지만 20~29세는 '롯데'에 큰 관심을, 30~39세는 '반한감정'과 '롯데'와 '사드', 40~49세는 '한국제품 불매운동'과 '사드'에 관심이 있습니다. 주로 남자의 경우 불매운동에 관심이 많고 여자의 경우 롯데에 관심이 많았습니다. 이에 대해 어떻게 생각하시나요?

A: 아무래도 정치적인 이슈이니까 20대 미만은 관심이 떨어지는 것으로 보입니다. 20~29세도 무기인 사드보다는 기업인 롯데에 더 관심을 가지고 30대부터는 정치적 이슈들을 민감하게 받아들여 이런 통계 결과가 나온 것으로 보입니다.

Q: 이 통계 자료는 무엇을 의미하는 것인가요?

A : 2017년 1월부터 사드 문제가 급부상되었고, 그 기간에 중국 최대 SNS 사이트인 버즈에서 롯데 마트 관련 버즈가 16,781회 일어났습니다. 그리고 그중 42.1%가 부정적으로 롯데마트를 보았고 불매운동이 진행, 이로 인해 롯데는 중국 시장에서 발을 빼게 되었습니다.

Q : 다른 기업들의 피해도 있을 것 같은데요. 그 통계가 있나요?

A : 네. 위의 통계 자료를 보시면 현대, 기아차 중국 판매량은 한반도 사드 배치 이전인 2016년 8월 12만 4,116대에서 사드 반입 이후 4개월이 지나고 7만 6,010대로 약 39% 감소했습니다. 아모레퍼시픽은 2016년 2분기 매출 1조 7,197억 원, 영업이익 3,097억 원에서 1년 후 영업이익은 1조 4,130억 원으로 17.8% 감소, 영업이익은 1,304억 원으로 57.9% 감소했습니다. 이를 보면 롯데뿐만 아니라 다른 기업들도 사드 배치로 인한 중국의 보복으로 많은 피해를 입었다고 볼 수 있을 것입니다.

Q : 그렇다면 한중관계가 전혀 개선될 여지가 없나요?

A : 아닙니다. 위 통계를 보면 현재 식자재 부분에서는 소스류가 12.4%, 엑기스류가 241.7% 증가했고요. 조미료는 720% 가까이 올랐습니다. 또한 최근 농식품 영역에서는 지난 8월까지만 해도 감소인 추세에서 지난 9월에 다시 증가 추세로 변했습니다. 사드에 대한 갈등은 계속 이어질지 모르나, 경제적인 측면에서는 충분히 개선될 여지가 있습니다.

Q : 중국의 한국 기업들이 힘든 상황에서도 왜 중국을 매력적인 시장으로 생각하고 있나요?

A: 중국은 갈수록 너무나 규모가 커지기 때문입니다. 현재 중국 남부지역의 성장률은 시장이 거대한 상태에서 8%인데, 대체제로 언급되는 동남아시아의 성장률은

고작 5%에 불과합니다. 또한, 우리나라에서 IMF라고 다들 알고 있는 국제통화기금에서 중국은 현재 미국과 대등한 양을 지니고 있고, 2030년쯤에는 그 양을 추월해 가장 큰 비율을 차지할 것으로 예상이 됩니다. 국제 통화기금의 수장, 크리스틴 라가르드는 약 10년 후에는 국제 통화기금에서 가장 많은 비율을 차지하는 가맹국에 설치한다는 규정에 따라 중국으로 본부를 옮기는 것으로 결정했습니다.

Q : 그럼 어떻게 해야 가장 현명한 선택일까요?

A : 중국은 후에 어느 시장보다 더 큰 규모로 성장하기 때문에 중국 시장에서 발을 빼는 것은 옳지 않다고 판단합니다. 최근 식품 영역에서는 다시 급격하게 그 양이 성장하는 추세로 미루어 보아, 아직 중국 시장에서 발을 빼는 것은 성급한 결정이며, 앞으로 생길 중국 시장의 가능성에 투자하는 것이 옳다고 생각합니다. 이를 이루기 위해서는 사드 배치에도 불구하고 중국 시장에 안착한 한국 기업과 그렇지 않은 기업 간의 피드백이 이루어져야 하고, 현재 중국 시장을 버려야 한다는 인식을 바꾸는 것이 우선순위일 것입니다.

4단계는 [그림4-6]과 같이 포모도로 통계토론을 진행하고, 마지막 5단계는 평가회를 열어 좋았던 점이나 보완해야 점 등을 이야기하고 전체 활동을 마무리하면 된다.

포모도로 통계토론은 경쟁 중심의 토론이 아니라 함께 준비하여 진행하는 협력 기반의 비경쟁식 토론이다. 이를 통해 특정 주제를 깊이 있게 분석하고 평가하는 자세를 가질 수 있다. 또한 토론을 펼칠 때 통계를 근거로 주장을 강화하기 때문에 자기주장의 정당성을 확보하는 방법을 익힐 수 있다.

[그림4-6] 포모도로 통계토론 모습

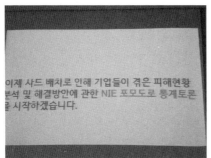 

06
노노그램 게임으로 한국을 빛낸 발명품 광고하기

노노그램의 이해 ··················

노노그램은 1988년 일본인 테츠야 니시오(西尾 徹也)가 창안한 퍼즐로 네모 네모 로직이라고도 한다. 노노그램은 바둑판 모양 위에 제시된 숫자를 사용해 그림을 형상화하는 게임이다. 일반 퍼즐처럼 숨어 있는 것을 찾기 위해 머리를 좀 써야 한다. 게임의 내용에 따라 쉽게 풀리기도 하지만 어려운 경우에는 상당한 시간과 정신력이 요구된다.

노노그램은 문제지의 왼쪽과 위쪽에 표시된 숫자들을 힌트로 게임을 풀어 나가면 된다. 숫자들은 그 숫자들이 있는 줄에 연속된 칸이 숫자만큼 순서대로 있다는 의미이다. 만약 1, 2, 3의 숫자가 있다면 1개짜리 칸과 2개짜리 연속된 칸과 3개짜리 연속된 칸이 순서대로 있다는 뜻이다. 가로와 세로 힌트를 잘 살펴서 모두 찾아내는 것이 노노그램의 묘미이다. 노노그램은 이미 출시된 인터넷 게임으로 스마트폰을 통해 즐길 수도 있지만, 종이를 이용하여 해당 칸에 색칠하는 형식으로도 진행할 수 있다. 다음의 문제(A)를 바탕으로 왼쪽과 위쪽의 숫자에 따라 색칠하면 결과(B)처럼 제시된 숫자가 하트를 품고 있다는 것을 알 수 있다.

〈문제(A)〉　　　　　　　　〈결과(B)〉

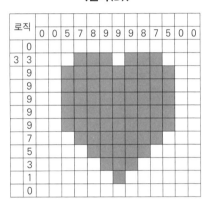

이렇게 가로축과 세로축에 나열된 숫자에 따라 색칠하는 활동으로 게임 속에 숨은 그림을 그리다 보면 수리적 추리력, 집중력 등을 키울 수 있다. 이 때문에 노노그램을 기적의 숫자 퍼즐, 머리가 좋아지는 숫자 퍼즐이라고 한다.

노노그램으로 광고 만들기 활동 ················

노노그램을 이용하여 여러 가지 창의적 미디어 활용과 생산 교육을 할 수 있다.

첫째, 뉴스를 읽고 형상화하는 활동을 할 수 있다. 만약에 '가을장마로 인해 수확을 앞두고 사과 농가의 피해가 심하다'는 뉴스를 봤다면, 사과 농가를 응원하기 위해 사과를 형상화하는 노노그램을 만들어 SNS 등에 공유하면 된다. 이런 활동은 타인의 아픔을 허투루 넘기지 않고 지지하는 공감 교육의 의미도 있다.

둘째, 광고 제작 활동을 할 수 있다. 예를 들어 기사나 유튜브를 보고 주요 내용을 이해한 뒤에 이를 바탕으로 노노그램 형식의 광고 제작 활동을 할 수 있다. 이 활동을 단계별로 정리하면 [표4-7]과 같다.

[표4-7] 노노그램으로 광고하기 단계별 활동

활동 단계	주요 활동	주요 내용
1단계	관련 기사 스크랩하기	기사를 스크랩한 뒤에 노노그램과 연계시킬 방안에 대한 아이디어를 생성한다.
2단계	활동지 만들어 투입하기	기사를 읽고 창의력을 발휘해 노노그램 형식의 광고를 만들도록 활동지를 제작한다.
3단계	노노그램으로 광고하기	기사를 읽고 주요 내용을 이해한 뒤에 노노그램을 이용한 광고를 만든다.
4단계	결과물 평가하고 피드백하기	학생들의 결과물을 평가 기준에 따라 살핀 뒤에 피드백한다.
5단계	결과물 공유하기	학생들이 만든 결과물을 다양한 SNS에 공유하여 활동의 의미를 서로 나누게 한다.

1단계는 노노그램으로 광고 만들기 활동에 적합한 기사나 유튜브를 스크

랩하는 시간이다. 이때 노노그램을 광고 만들기와 어떻게 연계시킬 것인가를 염두에 두고 판단해야 한다. [자료4-5] 기사는 발명의 날을 맞아 '페친'이 뽑은 한국 최고의 발명품 10선을 알리는 내용인데, 페이스북 이용자들은 우리나라를 빛낸 발명품으로 훈민정음, 온돌, 커피믹스, 이태리타월 등을 꼽았다.

[자료4-5] 페친이 뽑은 한국을 빛낸 발명품

'페친'이 뽑은 한국 최고 발명품 훈민정음

발명의날 맞아 10선 발표
커피믹스·이태리타월도

페이스북 이용자들은 훈민정음을 '우리나라 최고의 발명품'이라고 생각하는 것으로 조사됐다. 온돌과 커피믹스, 이태리타월도 페이스북 이용자들이 손꼽은 발명품 중 하나였다.

특허청은 18일 개청 40주년과 발명의날(19일)을 맞아 페이스북 이용자를 대상으로 조사한 '우리나라를 빛낸 발명품 10선'을 발표했다. 조사는 특허청 전문가 그룹이 사전에 선정한 발명품 25가지를 제시하고, 1인당 3개씩을 추천하도록 하는 방식으로 이뤄졌다. 지난 2일부터 17일까지 페이스북 이용자 570명이 조사에 참여했고, 유효응답 수는 1694개였다.

훈민정음은 이번 조사에서 전체 유효응답의 32.8%를 얻어 최고의 발명품으로 꼽혔다. 응답자들은 훈민정음을 최고의 발명품으로 꼽은 이유에 대해 "세종대왕과 신하, 국민이 함께 만든 상생의 이모티콘이다. 한국인의 자부심과 긍지가 느껴지는 발명이다"라는 등의 의견을 밝혔다. 훈민정음에 이어 2·3위로 꼽힌 발명품은 거북선(18.8%)과 금속활자(14.7%)였다. 4~10위는 온돌과 커피믹스, 이태리타월, 김치냉장고, 천지인 한글자판, 첨성대, 거중기 순이었다. 이종섭 기자
nomad@kyunghyang.com

우리나라를 빛낸 발명품 10선	
순위	발명품
1위	훈민정음
2위	거북선
3위	금속활자
4위	온돌
5위	커피믹스
6위	이태리타월
7위	김치냉장고
8위	천지인 한글자판
9위	첨성대
10위	거중기

(자료: 특허청)

[그림4-7-①] 노노그램 그리기 활동 장면

[그림4-7-②] 노노그램 그리기 활동 결과물

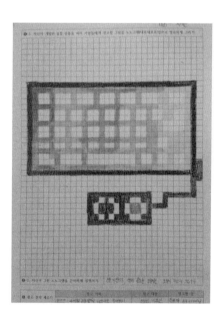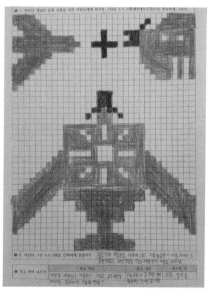

2단계는 스크랩한 기사를 바탕으로 창의력을 발휘해 노노그램 형식의 광고를 만들도록 활동지를 제작하는 시간이다. 융합 마인드를 키우기 위해 '우리나라를 빛낸 발명품과 자신이 좋아하는 상품을 융합해 새로운 상품을 만들어 노노그램으로 광고하기'를 활동 주제로 정했고, 광고 전략을 간략하게 정리할 수 있도록 활동지를 만들었다.

3단계는 [그림4-7-①, ②]처럼 제시된 기사를 읽고 주요 내용을 이해한 뒤에 한국을 빛낸 발명품과 자신이 좋아하는 상품을 결합하여 새로운 상품을 만들고 그것을 광고하기 위해 노노그램 형식의 광고를 만드는 시간이다.

[그림4-7-②]의 왼쪽 작품은 우리나라를 빛낸 발명품인 온돌과 자신이 좋아하는 키보드를 결합한 온돌 자판을 형상화한 것으로 수족냉증에 시달리는 사람들의 구매 욕구를 자극하는 광고판이다. 오른쪽은 거북선과 항공기를 결합한 거북항공선으로 태양전지를 사용하여 항해할 수 있도록 설계한 작품이며, 수상 구조 관련 단체를 광고 대상으로 삼고 있다.

4단계는 학생들의 활동 결과물을 기준에 따라 평가한 뒤에 피드백을 하는 시간이다. 이때 평가는 근거에 입각한 평가가 될 수 있도록 [표4-8]과 같은 루브릭을 만들어 실시하면 된다.

5단계는 학생들이 만든 결과물을 SNS에 공유하여 활동의 의미를 서로 나누는 단계이다. 우리나라를 빛낸 발명품과 자신이 좋아하는 물건을 조합하는 과정에서 융합의 중요성을 이해하는 것도 중요하지만, 이를 SNS에 공유하는 행동을 통해 발명의 가치와 창의력의 중요성을 서로 나누는 것도 소중한 일이다.

[표4-8] 노노그램 그리기 결과물에 대한 피드백을 위한 루브릭

평가 기준	수준		
	상	중	하
창의융합 역량	우리나라를 빛낸 발명품과 자신이 좋아하는 상품의 융합이 잘 드러나게 노노그램을 창의적으로 디자인하였다.	우리나라를 빛낸 발명품과 자신이 좋아하는 상품의 융합이 잘 드러나게 노노그램을 일반적으로 디자인하였다.	우리나라를 빛낸 발명품과 자신이 좋아하는 상품의 융합이 잘 드러나게 노노그램을 창의적으로 디자인하는 방법을 익혀야 한다.
광고 구성 역량	광고하는 상품의 특성이 잘 드러나도록 구성했고, 광고 전략도 뚜렷하게 정리하였다.	광고하는 상품의 특성이 잘 드러나도록 구성했고, 광고 전략도 일반적으로 정리하였다.	광고하는 상품의 특성이 잘 드러나도록 구성하고, 광고 전략을 정리하는 방법을 익혀야 한다.
전달 역량	다양한 색상을 활용하여 상대방이 알기 쉽게 광고를 구성하여 구체적으로 표현하였다.	다양한 색상을 활용하여 광고를 일반적으로 구성하여 표현하였다.	다양한 색상을 활용하여 알기 쉽게 광고를 구성하는 방법을 배워야 한다.

노노그램으로 한국을 빛낸 발명품 광고하기 프로그램을 기획하게 된 배경에는 재미있는 이야기가 숨어 있다. 한번은 지하철 여의도역에서 환승을 하여 까치산역 근방에 있는 어느 고등학교로 강의를 하려고 가는 길이었다. 환승을 위해 내려가는 계단의 벽면에 [그림4-8]처럼 양과 말이 모자이크 형식으로 그려져 있었다.

[그림4-8] 지하철 여의도역의 모자이크

　문득 양과 말이 그려진 배경이 궁금했다. 그 궁금증은 금방 풀렸다. 대형 그림의 모서리에 그 이유가 적혀 있었는데, 한때 여의도에 양과 말을 방목했다는 설명이었다. 조선말의 기록에 따르면 여의도에 일종의 국영 목장인 사축서의 관리가 파견되어 양과 염소를 키웠다고 한다. 또한 국회의사당이 있는 자리에 원래 있던 작은 산의 이름이 양말산인데, 그곳에 양과 말을 방목하면서 생긴 이름이라고 한다.

　여의도의 역사적 배경을 알게 된 뒤 한번은 스마트폰으로 노노그램 게임을 하다가 불현듯 여의도역의 모자이크와 노노그램 게임을 융합하고 싶었다. 이렇게 하여 탄생한 게 노노그램으로 우리나라를 빛낸 발명품을 광고하는 프로그램이다. 이 프로그램의 탄생 배경을 군이 설명하는 이유가 있다. 창의적 미디어 활용 교육을 위한 프로그램을 기획할 때 필요한 아이디어는 의외로 우리의 생활 곳곳에 숨어 있음을 강조하기 위해서이다. 창의적 미디어 활용 교육을 위한 프로그램을 개발할 때는 생활 속에서 얻는 아이디어를 비롯하여 미디어를 통해 접하는 다양한 뉴스, 책을 읽다가 얻게 된 영감, 다른 사람과 대화 때 얻은 아이디어 등을 메모해 두었다가 활용하면 된다.

이미 언급했듯이 미디어 리터러시는 '모든 종류의 의사소통 수단을 기반으로 접근, 분석, 평가, 창조, 행동할 수 있는 역량'이다. 여기서 창의적 미디어 활용 교육은 '창조'하고 '행동'하는 데 집중하는 활동이다. 이때 창조와 행동은 분절된 것이 아니다. 우리나라를 빛낸 발명품을 알리는 신문 기사를 읽고, 발명품과 자신이 좋아하는 상품과 융합하여 새로운 상품을 설계하는 것은 '창조' 활동이고, 노노그램 형식으로 광고하는 활동과 그 결과물을 SNS에 공유하는 것은 '행동' 활동이지만, 별개의 활동이 아니라 서로 연결된 프로그램으로 이해해야 한다. 창의적 미디어 활용과 생산 교육을 할 때는 창조와 행동을 항상 동일 선상에 두고 프로그램을 기획할 필요가 있다.

07
역사적 인물을 기리는 어반 폴리 설계하기

어반 폴리의 이해 ·················

어반 폴리(Urban Folly)는 실용성을 갖춘 도시의 조형물을 말한다. 도시의 보도, 광장, 공원 등에 설치된 장식용 건축물이나 조형물 형태로 존재한다. 도시의 큰 건축물 앞에 있는 조형물이나 조각품은 함부로 손댈 수 없지만, 어반 폴리는 만지거나 걸터앉는 등의 행위가 일정 부분 가능하다. 어반 폴리는 특정 지역의 역사와 문화를 상징하는 특징을 담아 제작하기 때문에 도시 속에 존재하는 문화 거점 공간 역할도 한다.

어반 폴리의 대표작으로 '시인의 방 – 방우산장(放牛山莊)'이 있다. 청록파 시인인 조지훈은 서울 성북구 성북동 60-44 개량 한옥에서 32년을 살았다. 지금은 없어졌고, 집터를 알리는 조그마한 표지석만 외로이 박혀 있다. 그는 자신이 거주했던 모든 집을 방우산장이라 하였다. 방우산장은 '마음속에 소를 한 마리 키우면 직접 키우지 않아도 소를 키우는 것과 다름없다'는 의미이다. 자신의 삶과 영혼, 사랑이 깃든 곳은 모두 자신의 집이라는 의미를 담아 경북 영양의 생가도, 성북동 집도 방우산장이라고 불렀다. 이런 의미를 살려 조지 훈 시인의 집터 근방인 성북동 대로변에는 방우산장 조형물이 있다. 조지훈 시인의 방을 상징하는 방우산장 조형물에는 의자들이 놓여 있는데, 지나가는 사람들이 이 의자에 앉아서 쉬어 갈 수 있다.

역사적 인물을 기리는 어반 폴리 설계하기 ⋯⋯⋯⋯⋯

역사적 인물을 기리는 일은 그 인물의 됨됨이를 지표 삼아 세파에 흔들리는 우리를 다잡기 위한 막중한 몸부림이라고 할 수 있다. 미국의 사학자인 거다 러너(Gerda Lerner)는 '역사를 아는 것은 당신 자신의 인생과 일에 의미를 부여하는 길이며, 자신의 과거에 무지한 사람들은 사회에서 어떠한 대접을 받아도 아무런 저항을 하지 못한다'고 했다. 그녀의 말처럼 역사는 자신의 인생과 동떨어질 수 없고, 역사를 이룩한 인물들의 삶을 통해 인생의 좌표를 설정할 수도 있다. 이런 차원에서 보면 역사 속에 존재했던 수많은 인물을 되새기는 일은 우리에게 주어진 중요한 과업인 것이다.

역사적 인물을 기리는 어반 폴리 설계하기 프로그램을 기획한 것은 원주와 통영 여행을 다녀온 뒤에 소설가 박경리의 삶을 통해 얻은 적잖은 감동에서 비롯되었다. 박경리의 삶은 가시밭길의 연속이었다. 1946년 21세의 나이에 결혼하여 딸과 아들을 두었지만, 25세 되던 해인 1950년 6.25 전쟁 중에 남편이 죽었다. 1957년에는 아들도 잃었다. 이후에도 사위 김지하의 옥바라지까지 하고, 설상가상으로 암으로 투병까지 한다. 그러한 질곡의 개인사를 지닌 그녀가 세계 역사에 길이 남을 대하소설《토지》를 장장 26년에 걸쳐 완성한 사실에 인간에 대한 경외감을 느꼈다. 이에 박경리 선생의 10주기 관련 기사인 [자료4-6]을 읽고 그분의 업적과 생애를 되새기기 위한 어반 폴리를 설계하는 활동을 했다.

[자료4-6] 어반 폴리 설계하기의 멘토 텍스트

'토지'가 움튼 평사리 들판, 고요히 내려앉은 박경리 정신

현장 득록   박경리 10주기 추모제

소설 1부의 배경 경남 하동서
토지 문학세계 짚는 세미나 등
시인·제자 등 참석에 추모문학제
정호승 추모시 낭송·제자 회고담
어머니 같은 모습 된 딸의 소감
사위 김지하의 시 '지리산' 노래
가장 문학적 방식으로 선생 기려

박경리의 '토지'와 평사리
'토지'는 1969년부터 1994년까지 26년에 걸쳐 5부 16권(최근판 20권)으로 완간된 대하소설이다.

지난 4월 경남 하동 박경리문학관에서 열린 박경리 10주기 추모문학제에서 정호승 시인이 추모시를 낭송하고 있다.

신가영 기자 kya@hookja.co.kr

[그림4-9-①] 어반 폴리 설계하기 활동 모습

[그림4-9-②] 어반 폴리 설계하기 활동 결과물

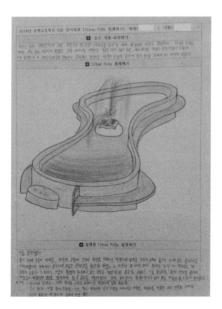 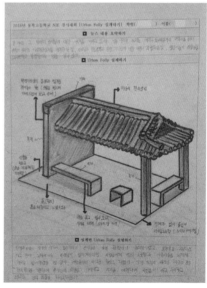

신을 기리기 위한 어반 폴리 설계 모습과 결과물이다.

[그림4-9-②]의 왼쪽 작품은 '토지 쉼터'인데, 우리의 모습이 물에 비치듯 자신의 소설에 조국의 현실을 투영한 작가의 업적을 기리기 위해 물과 관련된 분수대를 우리나라 지도 모양으로 형상화하고, 그 가장자리에 길쭉한 의자를 배치하여 사람들이 쉬어 갈 수 있도록 한 실용성을 갖춘 작품이다. 오른쪽 작품은 '버스 정류장'을 설계한 것인데, 소설 토지의 이미지를 담아 바닥에 황토를 깔고 지붕을 하동의 한옥 양식으로 만든 작품이다. 버스 정류장의 벽면에는 박경리 선생의 업적을 적어두었기 때문에 버스를 기다리는 사람들이 작가의 생애를 회고할 수 있다.

어반 폴리 설계하기는 몇 가지 확장성이 있다.

첫째, 대상의 확장성이 있다. 어반 폴리를 설계할 때 반드시 위인을 대상으로 해야 하는 것은 아니다. 우리 생활 주변의 평범한 사람이나 역사 속의 민중을 대상으로 할 수도 있다. 위인은 그냥 위인이 된 게 아니다. 특정 인물을 발굴하여 위인화하는 작업을 거쳐서 이뤄진 것이다. 그러므로 우리 지역이나 역사 속에 숨은 인물을 발굴하여 이 사람을 알리는 차원에서 대상을 확장할 수 있다.

둘째, 지역의 확장성이 있다. 어반 폴리를 반드시 도시에 설치한 조형물로 여길 필요가 없다. 전국 곳곳의 평범한 사람들에 얽힌 이야기를 발굴하여 그들의 행적에 의미를 부여하는 조형물을 설치할 수 있다. 경북 봉화에 가면 독립영화의 상징이 된 '워낭소리'의 주인공인 할아버지와 누렁이를 표현한 조형물이 있다. 늙은 소와 소달구지에 몸을 맡긴 처연한 노인상을 보고 방문객은 인간과 동물의 지순한 사랑에 고개를 숙인다. 춘천의 소양강에도 국민 애창곡인 '소양강 처녀'를 상징하는 소양강 소녀상이 우뚝 솟아 있다. 이런 조형물들이 확장된 의미의 어반 폴리라고 할 수 있다.

08
만다라트 그리기와 논리적 칼럼 쓰기

만다라트와 논리적 칼럼 쓰기의 이해 ··················

만다라트는 일본의 마쓰무라 아스오(松村寧雄)가 개발한 것으로 모눈종이 위에 아이디어를 생성하거나 생각을 궁리하는 기법이다. 이는 어떤 문제 상황이나 새로운 일을 기획할 때 다양한 생각을 추출하는 브레인스토밍이나 이미지와 핵심 주제어 그리고 색과 부호를 통해 두뇌 활용을 극대화하는 마인드 매핑(mind mapping)과 같이 사고를 확장해 가는 과정을 정리하는 데 유용하다. 활짝 핀 연꽃 모양으로 아이디어를 발상해 나간다고 하여 연꽃 기법이라는 별칭도 있다. [그림4-10]처럼 원과 사각형을 기본으로 하여 부처의 깨달음 경지를 그림으로 나타낸 불교의 만다라와 유사한 형태여서 만다라트(Mandal-art)라고도 한다.

[그림4-10] 불교의 만다라와 만다라트

	①!			②!			③!	
			①	②	③			
	⑧!		⑧	Ⓐ	④		④!	
			⑦	⑥	⑤			
	⑦!			⑥!			⑤!	

만다라트를 그릴 때는 먼저 큰 도화지에 가로, 세로 9칸씩 모두 81칸의 사각형을 만들어야 한다. 정중앙(Ⓐ)의 사각형에 '대주제'에 해당하는 꿈이나 목표, 사회적인 갈등 상황, 시사 쟁점 등을 적는다. 정중앙을 둘러싼 8칸(①~⑧)에는 꿈과 목표를 이루기 위한 방안이나 실천 계획, 갈등 해결책, 시사 쟁점의 해결책 등 '핵심 목표'를 핵심어 형태로 적는다. 여기서 끝난 게 아니라 계속해서 그 8개의 핵심 목표를 주변의 '①!~⑧!'에 배치하고, ①!를 달성하기 위한 '하위 목표'를 ①! 주변에 8개 배치한다. 똑같은 방식으로 ②!를 달성하기 위한 하위 목표를 ②! 주변에 8개 배치하는 방식으로 8개의 핵심 목표를 모두 채우면 된다.

만다라트는 자신의 사유를 대주제, 핵심 목표, 하위 목표로 이어지도록 하여 논리적으로 구성하는 과정을 거쳐야 하므로 이에 기초한 글쓰기는 물론 다른 형태의 활동을 창의적으로 구상하는 데 도움이 되는 아이디어 뱅크 역할을 할 수 있다.

만다라트를 가장 잘 활용한 사람 중에 일본의 유명한 야구선수 오타니 쇼헤이(大谷翔平)가 있다. 그는 고등학교 1학년 때 훌륭한 투수가 되기 위해 만다라트를 활용하여 자신의 꿈을 구체화했다. 이를 계기로 만다라트가 대중에게 널리 알려지게 되었다. 오타니는 '8개 구단 드래프트 1순위'를 '대주제'로 적고, 이를 달성하기 위한 여덟 가지 '핵심 목표'로 '몸 만들기, 제구, 구위, 멘털, 구속 160㎞/h, 변화구, 운(運), 인간성'을 정했다. 이어 각 핵심 목표를 달성하기 위한 '하위 목표'들을 결정했다. 예를 들어 '인간성'을 갖추기 위한 핵심 목표를 달성하기 위해 '계획성, 사랑받는 사람, 감성, 배려, 예의, 신뢰받는 사람, 지속성, 감사' 등 8가지 '하위 목표'를 정했다. 이런 식으로 8개 구단 드래프트 1순위에 되기 위해 노력할 64가지의 실천 목표가 만들어졌고, 이를 달성하기 위해 노력한 결과 지금은 미국 프로야구에 진출하여 좋은 성적을 얻고 있다.

만다라트 그리기와 논리적 칼럼 쓰기 활동 ··················

만다라트를 창의적으로 활용하면 논리적 칼럼 쓰기를 할 수 있다. 만다라트는 대주제에 관련된 8개의 핵심 목표, 64개의 하위 목표를 한눈에 볼 수 있기 때문에 이를 활용하면 대주제에 관한 논리성을 갖춘 칼럼을 작성할 수 있다. 이 활동의 단계별 진행 과정을 정리하면 [표4-9]와 같다.

[표4-9] 만다라트 그리기와 논리적 칼럼 쓰기 단계별 활동

단계	주요 활동	하위 역량
1단계	기사를 읽고 '대주제' 찾아보기	접근 역량
2단계	대주제에 관한 언론의 보도 형태 비교하기	분석, 평가 역량
3단계	대주제의 해결을 위한 '핵심 목표'와 '하위 목표' 중심의 만다라트 그리기	창조 역량
4단계	만다라트에 기초해 대주제에 관한 논리적 칼럼 쓰기	행동 역량

1단계는 [자료4-7]의 멘토 텍스트를 읽고 '대주제'를 찾아보는 활동을 하는 시간이다. 제시된 기사는 '대북 전단, 강화·김포서 10년간 561만 장 살포' 소식을 다루고 있다. 대북 전단 살포를 두고 여당은 '대북 전단 살포 금지'를 주장하고 있고, 야당은 '대북 전단 살포 금지는 표현의 자유를 억압하고 통제하는 헌법 위반'이라며 맞서고 있다. 다시 말해 한쪽은 대북 전단 살포 금지를, 다른 한쪽은 대북 전단 살포 허용을 두고 대립하는 상태이다. 이를 통해 제시된 기사에서 뽑을 수 있는 대주제는 '대북 전단 살포'라고 할 수 있다.

2단계는 대주제인 대북 전단 살포에 대한 언론의 보도 형태 변화를 살피는 활동을 하는 시간이다. 대북 전단 살포에 대한 J신문의 보도 형태를 보면 2012년 10월 24일과 2014년 10월 27일의 사설을 통해 대북 전단 살포는 위험천만한 일이라고 세차게 비판하고 있다. 그런데 정권이 바뀌자 2020년 6월 9일 기사를 통해서는 대북 전단 살포는 북한 주민을 돕는 일이라며 옹호 입장

대북전단, 강화·김포서 10년간 561만장 살포

접경지역 다 합치면 1923만9천장
송영길·윤상현 등 여야 공방 격화

북측이 탈북단체 등의 대북 전단 살포를 문제 삼아 연일 남측에 대한 공세를 이어가고 있는 가운데 최근 10년간 인천 강화, 경기 김포에서만 약 561만장이 넘는 전단지가 북측에 살포된 것으로 파악됐다. 인천 정치권에서도 국회 외교통일위원회 위원을 지낸 더불어민주당 송영길(인천 계양을), 무소속 윤상현(인천 동구·미추홀구을) 의원 등을 중심으로 대북 전단지 공방이 격화되고 있다.

11일 민주당 송영길 의원이 통일부로부터 받은 '연도별 대북 전단 살포 현황'을 보면 탈북민단체 등은 2010년부터 최근까지 인천 강화, 경기 김포 일대에서 25차례에 걸쳐 561만장이 넘는 대북 전단을 살포했다. 같은 기간 강원 철원, 경기 파주·연천 등 접경지역에서 북측으로 보낸 전단은 총 1천923만9천장으로 통일부는 파악했다. 2010년도만 하더라도 2만~3만장 수준이었던 대북 전단은 갈수록 늘어나 10만장을 넘었고, 2016년 2월 11일 '인민의소리'가 파주에서 102만장을 날려 보내 역대 최대를 기록했다.

이와 같은 대북 전단 살포와 관련해 인천지역 정치권에서도 공방이 가열되고 있다. 송영길 의원은 최근 자신의 페이스북과 라디오 방송 등에서 "남북을 넘어 여야의 대립으로까지 확산되고 있는 대북 전단 살포 금지는 더 이상 논쟁의 대상이 될 수 없다"며 "판문점 선언 비준 동의안만 국회에서 처리됐더라도 지금의 논란은 훨씬 더 쉽게 진정될 수 있었을 것"이라고 강조했다. 반면 윤상현 의원은 "대북 전단 살포 금지는 표현의 자유를 억압하고 통제하는 헌법 위반"이라며 "대한민국 헌법 위에 북한 '하명법(下命法)'이 있다"고 주장했다.

◐ 관련기사 3면
/김명호기자 boq79@kyeongin.com

을 내고 있다. 이처럼 똑같은 쟁점을 두고 돌변하는 언론의 이중 잣대를 비판적 미디어 수용 교육 차원에서 진행하면 된다.

3단계는 대주제인 대북 전단 살포에 관한 해결책을 만다라트 그리기를 통해 구체화하는 활동이다. 대주제인 대북 전단 살포를 만다라트의 정중앙에 적고, 그 주변에 8개의 핵심 목표를 핵심어 중심으로 정리한 뒤에 그에 따른 하위 목표를 64개의 빈칸에 모두 채워 만다라트를 완성하면 된다. 활동 장면과 결과물은 [그림4-11-①, ②]과 같다.

4단계는 만다라트에 기초해 대주제에 관한 입장을 밝히는 칼럼 쓰기를 하는 시간이다. 8개의 핵심 목표 중에서 하나의 영역인 [그림4-12]와 같은 하위 목표를 중심으로 짧은 칼럼 쓰기를 하면 된다.

[그림4-11-①] 만다라트 그리기 활동 장면

[그림4-11-②] 만다라트 그리기 활동 결과물

[그림4-12] 만다라트의 8개 핵심 목표와 하위 목표

만약에 8개의 핵심 목표 중에 '남북관계'를 중심으로 짧은 칼럼 쓰기를 한다면 8개의 하위 목표에 해당하는 '대립 관계, 매우 악화, 냉전, 연락 두절, 통일, 탈북자 증가, 갑과 을, 연락 두절' 등의 핵심어를 사용하여 [자료4-8]과 같은 논리적 칼럼 쓰기를 하면 된다.

[자료4-8] 8개의 하위 목표 중심의 짧은 칼럼 쓰기 사례

대북 전단 살포는 '남북관계' 측면에서 보면 금지되어야 한다. 북한이 원하지 않기 때문에 전단 살포를 계속하면 '대립 관계'가 '매우 악화'될 수 있다. 다시 '냉전' 시대로 돌아가 '연락 두절' 상태를 유지하면서 서로를 외면할수록 '통일'에 대한 우리의 의지가 훼손될 수 있다. 이런 상황이 심해지면 체제 유지를 위해 북한은 북한 사람에 대한 통제를 강화할 것이고, 이에 따라 '탈북자가 증가'할 수 있다. 근본적으로 남북관계는 '갑과 을'의 관계가 아니라 서로 소통하고 존중하는 대등한 관계로 발전시켜야 통일을 앞당길 수 있을 것이다.

한편 대주제에 관련된 8개의 핵심 목표와 그에 따른 64개의 하위 목표를 총체적으로 아우르는 논리적인 칼럼 쓰기를 할 수도 있다. [자료4-9]는 대주제인 '대북 전단' 살포에 관한 자기 입장을 펼친 논리적 칼럼 쓰기 사례이다. 대북 전단 살포 문제는 학생들의 관심사가 아니었지만 이처럼 만다라트 그리기를 통해 해결책을 '창조'하였고, 나아가 이 문제를 해결하기 위한 칼럼 쓰기를 통해 자기 입장을 내세우는 '행동'을 하게 되었다.

[자료4-9] 만다라트에 기초한 논리적 칼럼 쓰기 사례

만다라트 그리기 사후 활동
학번(   ) 이름(   )
▣ 대북 전단 살포, 자제해야 한다.

 요즘 들어 대북 전단 살포 문제가 사회적으로 큰 화제가 되었다. 대북 전단 살포는 단지 북한으로 종이를 보내는 것 이외에도 다양한 사람들의 관점이 얽혀 있다. 대북 전단 살포를 둘러싸고 찬성과 반대 주장들이 팽팽하게 대립하고 있다.

 그러나 우리가 어떤 문제를 판단할 때 가장 먼저 생각해야 할 부분은 그 문제로 인해 얼마나 많은 사람이 피해를 받게 되느냐이다. 대북 전단 살포는 크게 세 부류의 사람들과 관련이 있다. 첫째, 접경지 주민들의 생계에 악영향을 미친다. 매년 바람이 북쪽으로 가는 시기가 올 때마다 자기 지역에 찾아와 대북 전단을 뿌리고 사라지는 단체들의 행보를 접경지 주민들은 좋게 보지 못한다. 그들은 단지 하루 와서 뿌리고 가면 전부이지만, 주민들에게는 평생 살아야 할 공간이기 때문이다. 실제로 북한에서 살포했던 지역으로 총격을 가했던 사건도 있던 만큼, 살포는 그 지역의 생활을 영위하기 힘들게 만든다.

 다음으로 국민의 안전이 위협받는다. 아무리 북한이 실제 전쟁을 시작할 확률이 낮다고는 해도, 우리나라는 북한의 작은 도발에도 큰 경제적 휘청거림을 겪는다. 근래 들어 늘어난 대북 전단의 양은 최근의 격화된 남북관계와 북한의 대남 도발과 무관하지 않을 것이다.

 마지막으로 대북 전단의 살포는 어디까지나 북한 주민들에게 사회적 정보를 전달하기 위해서이다. 그러나 이런 전단의 목적이 유의미한 결과를 맺고 있는지는 의문이다. 북에서 남으로 부는 기류가 많은 한반도에서 대북 전단은 무사히 북한에 도착할 확률도 30% 언저리이며, 그마저도 북한군에 의해 대부분 수거되어 우리가 진정으로 바라는 목표인 북한 주민의 계몽에 영향을 주지 못한다. 또, 이렇게 전달되더라도 북한 주민의 탈북 방법은 요원하다. 마음대로 거주지를 이전하지 못하는 북한의 특성상 휴전선 근처 주민들이 압록강이나 두만강을 건너 북한에서 벗어날 방법은 사실상 없기 때문이다.

 남북관계는 다른 국가들과는 달리 민간 단위의 교류는 거의 일어나지 않고 있다. 이는 북한의 의도적인 정보 차별의 결과이기는 하지만, 북한과 통일하기 전까지 우리는 일단 이 규칙을 따라야 한다. 그래야 북한과의 관계 개선에 도움이 되는 것뿐 아니라 어디까지나 현재 우리나라의 영향에서 벗어나 북한의 지배를 받는 북한 주민들이 피해를 입지 않게 하기 위해서이다. 이처럼 남북관계에 불필요한 혼선을 주는 대북 전단 살포는 자제되어야 할 것이다.

09
다문화 교육을 위한 소셜 네트워크 게임

소셜 네트워크 게임의 이해 ·················

소셜 네트워크 게임(social network game)은 원래 소셜 네트워크 서비스를 기반으로 게임 그 자체보다 온라인 환경에서 자신의 인적 네트워크 형성을 목적으로 즐기는 게임을 말한다. 이러한 특징 때문에 '사회관계망 게임'이라 부르기도 한다.

온라인 기반의 소셜 네트워크 게임을 창의적으로 변용하면 오프라인에서도 실행할 수 있다. 가령 처음 만난 사람끼리 어색함을 떨치는 친교 활동으로 소셜 네트워크 게임을 활용할 수 있다. 동아리 활동을 할 때 처음 만난 친구들 사이의 어색함을 줄이거나, 교원학습공동체에서 처음 만난 사람들끼리 마음 열기 차원에서 게임을 진행하는 것이다.

친교 목적의 소셜 네트워크 게임을 할 때는 [자료4-10]과 같은 공통 질문을 만들어야 한다. 동아리 활동 때는 포스트잇에 '자신의 버릇, 좋아하는 게임, 좋아하는 스포츠, 기억에 남는 영화' 등의 공통 질문을 기록하고, 그에 대한 답변을 작성하면 된다. 다문화 이해를 위한 모임을 한다면 '내가 생각하는 다문화 이해 교육이란?', '우리 가족 중에 다문화 가정이 생긴다면?' 등의 공통 질문을 만들고 각자 답변을 기록한다. 공통 질문을 만들 때는 각자 만든 질문을 토대로 유사 질문을 통합하고, 상관성이 없는 질문은 삭제하는 등의 절차를 거쳐 공통 질문을 대여섯 개 만들면 된다.

[자료4-10] 친교 활동을 위한 소셜 네트워크 게임 질문지

다문화 이해를 위한 모임에서 소셜 네트워크 게임을 하는 방법을 [그림 4-13]을 통해 알아보자. 참가자는 공통 질문에 답변을 적은 뒤 전지의 가장자리 부근에 일정한 간격을 유지하여 붙인다. 만약에 모둠 구성원이 4명이라면 전지에 4개의 공통 질문지가 부착된 상태에서 게임을 진행하면 된다. 이때 Ⓐ라는 모둠원이 '1. 내가 생각하는 다문화 이해 교육이란?'에 '피부, 종교, 성별, 종교, 이념 등에 상관없이 인간으로서 존엄성을 인정받는 것'이라고 적었다면, Ⓑ라는 모둠원이 자신의 질문지에서 Ⓐ의 1번 질문 쪽으로 화살표를 연결하고 화살표 중간에 아주 간략하게 동의 또는 부동의 내용을 정리하면서 계속하여 소셜 네트워크 게임을 해나가면 된다.

[그림4-13] 질문과 질문 사이를 화살표로 네트워크한 모습

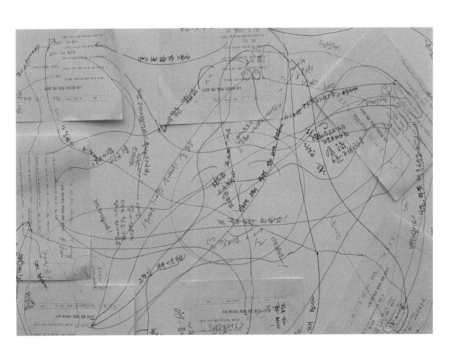

이런 형식으로 모든 질문에 대한 네트워크가 끝나면 마지막으로 이 활동 때 느낀 점을 이야기한 뒤에 마무리하면 된다. 이런 방식을 익히면 젠더 갈등, 청소년 문화, 미디어 리터러시, 학교 폭력 등의 다양한 주제를 바탕으로 서로 이야기를 나누는 소셜 네트워크 게임을 할 수 있다.

신문을 활용한 다문화 교육을 위한 소셜 네트워크 게임 ·················

다문화 교육은 인종, 민족, 사회적 지위, 성별, 종교, 이념에 따른 집단의 문화를 동등한 가치로 인식하며, 다른 문화에 대한 편견을 줄이고, 다양한 문화를 이해하기 위한 지식, 태도, 가치 교육을 하는 것이다.

미디어는 다문화나 다양성에 관한 지식을 사회적으로 구성하는 데 여러 가지 역할을 한다. 첫째, 미디어는 다양성에 관한 정보를 제공한다. 둘째, 미디어는 다문화 정보와 아이디어를 조직하는 데 도움을 주고 있다. 셋째, 미디어는 다양성과 관련된 가치를 퍼뜨린다. 넷째, 미디어는 다문화에 대한 기대를 형성하는 데 이바지하고 있다. 다섯째, 미디어는 다양성과 관련된 역할 모델을 제시해 주고 있다(정의철, 2013). 이처럼 미디어는 다문화 교육과 밀접하게 관련되어 있다.

여러 가지 미디어 텍스트 중에서 신문을 활용하여 소셜 네트워크 게임을 진행하는 방법을 구체적으로 알아보자. 이 활동을 위해서는 4명 정도를 한 팀으로 구성하고, 팀마다 전지 1장, 세계 백지도 1장(A4 크기), 가위 4개, 신문 2부 정도, 풀, 컬러펜 등을 준비해야 한다.

다문화 교육을 위한 소셜 네트워크 게임을 순서대로 정리하면, 첫 번째는 교사가 다문화 교육의 취지를 설명하고, 팀마다 신문을 1~2부 제공한다. 두 번째는 [그림4-14]처럼 학생들이 신문에서 외국과 관련된 기사(기사는 헤드라인이나 핵심어 중심으로 스크랩), 사진, 인물, 건물, 과일, 광고, 통계, 그림, 큰 글자, 책, 여행지, 문화 등을 자유롭게 개인당 5개 이상 가위로 오리는 활동을 한다.

[그림4-14] 신문을 읽고 외국에 관련된 자료를 스크랩하는 과정

세 번째는 [그림4-15]처럼 팀마다 사전에 제공된 세계 백지도를 전지의 한가운데에 붙이고, 네 번째는 세계 백지도 주변에 신문에서 오린 것을 일정한 간격을 유지하며 풀로 단단하게 붙인다.

[그림4-15] 스크랩한 외국 관련 자료를 세계 백지도 주변에 붙이는 장면

다섯 번째는 [그림4-16]처럼 신문에서 오린 것과 관련된 지역(국가)을 세계 백지도에서 찾아 화살표로 연결하면서 그 이유를 팀원들에게 설명한다. 이때 이슬람 건축물을 오렸다면 중동 지역으로 화살표를 연결하면서 건축물의 특징을 설명하고 핵심 내용을 화살표 중간에 적는다. 다른 나라의 문화에 대한 이해가 부족하면 스마트폰 검색을 통해 정보를 수집한 뒤에 구체적으로 설명한다.

[그림4-16] 화살표로 연결하면서 다문화를 설명하는 과정

마지막으로는 소셜 네트워크 게임 결과물을 벽면에 부착한 뒤에 갤러리 워크(gallery walk) 형식으로 각 팀이 설명하는 시간을 갖는다.

이처럼 소셜 네트워크 게임을 활용하면 미디어 텍스트가 다문화 교육을 위한 좋은 소재가 될 수 있다는 것을 이해하게 된다. 더불어 지식 중심의 교육이 아닌 활동 중심 교육을 통해서도 여러 나라의 문화를 간접적으로 체험하게 된다.

10
창의·융합력을 키우는 마을 만들기 프로젝트 수업

창의·융합력을 키우는 프로젝트 수업의 이해 ·················

창의적 미디어 활용과 생산 교육의 확장성은 무궁무진하다. 성취기준 재구조화를 통해 교과 수업에서 다양하게 실천할 수 있고, 학교 행사나 동아리 활동 등을 통해서도 실천할 수 있다. 그러나 교과와 비교과에서 창의적 미디어 활용과 생산 교육을 하려면 품이 너무 많이 들기 때문에 가능하면 여럿이 함께 수업을 준비하고 실행하는 팀티칭을 하는 게 효율적이다.

창의적 미디어 활용과 생산 교육의 꽃은 '창의·융합력을 키우는 프로젝트 수업'이라고 할 수 있다. 이 프로젝트 수업을 효율적으로 진행하려면 설계와 실행 단계에서 고려할 게 많다.

첫째, 어떤 미디어 텍스트를 활용할지 판단해야 한다. 활용할 수 있는 미디어 텍스트가 다양하므로 어떤 미디어 텍스트를 활용하여 프로젝트 수업을 할 것인가를 고려해야 한다.

둘째, 팀티칭 기반의 융합 수업 실행을 고려해야 한다. 창의·융합력을 키우는 프로젝트 수업은 혼자서 진행하는 것보다는 여러 교과가 함께하는 게 훨씬 효율적이다. 여러 교과가 함께 할 때는 인적 네트워크를 어떻게 구축할 것인가를 판단한 뒤에 시작해야 한다.

셋째, 학생과 교사가 함께하는 공동 주도성 발현을 고려해야 한다. 이를 위해 창의·융합력을 키우는 프로젝트 수업의 설계부터 가능하면 학생들의 의사를 적극적으로 반영하고, 수업 과정에서 생기는 다양한 질문들도 교사와 학생이 함께 해결하는 열린 자세가 필요하다. 공동 주도성을 키워야 교사의 실재감과 학생의 실재감이 동시에 높아질 수 있다.

넷째, 미디어 교육, 독서교육, 민주시민교육 등의 교육 요소를 어떻게 융합시킬 것인가도 고려해야 한다. 창의·융합력을 키우는 프로젝트 수업은 두 가지 이상의 학습 방법을 결합하는 혼합형 수업이 되어야 효과적이다. 그러므로 미디어 교육의 범위, 독서교육과 함께할 방안, 프로젝트 수업 운영 과정에서 민주시민교육과 연계시킬 방안 등을 종합적으로 고려해야 한다.

이처럼 창의·융합력을 키우는 프로젝트 수업은 수업 설계 때부터 팀티칭을 할 사람들이 모여 브레인스토밍을 통하여 '학생이 실제 세계에서 부딪히는 도전과 문제 상황에 대한 활동과 경험을 통해 더 깊은 앎에 도달할 수 있도록 디자인된 역동적인 학생 중심의 수업'이 되도록 해야 한다.

창의·융합력을 키우는 마을 만들기 프로젝트 수업 ··················

창의·융합력을 키우기 위한 마을 만들기 프로젝트 수업은 방과 후 수업이나 동아리 활동을 통해 실시하는 게 바람직하다. 수업 진도에 얽매이지 않고 자유롭게 실시해야 하기 때문이다. 물론 정규 수업에서도 성취기준 재구조화를 통해 충분히 실시할 수 있다. 마을 만들기 프로젝트 수업은 [표4-10]처럼 미디어 교육, 독서교육, 민주시민교육 등을 혼합하여 구성하면 된다.

[표4-10] 혼합형 프로젝트의 교육 내용

구분	내용
미디어 교육	소통과 공동체 의식의 부재에 따라 발생한 이웃과의 갈등 상황을 다룬 신문 기사를 읽고 마을 만들기 활동의 의미를 이해하는 교육을 한다.
독서교육	김찬호의《도시는 미디어다》를 읽고 마을 공동체의 의미를 이해하는 마을 삶의 기쁨을 누리려면 어떻게 구성되어야 할지를 고민하는 시간을 갖는다. *《도시는 미디어다》는 도시가 소통을 북돋는 환경이 되도록 하는 길을 모색하고 있다. 더 나아가 '도시 자체가 삶의 기쁨을 불러일으키는 미디어가 될 수 없을까' 등의 물음에 대한 탐구서이다.
민주시민교육	소통과 공동체 의식의 중요성을 이해하고, 모둠별 협력 학습에 기초한 프로젝트 수행 과정에서 민주시민에게 요구되는 협력의 의미를 이해하도록 한다.

마을 만들기 프로젝트 수업에 참여하는 학생들은 [표4-11]의 개요처럼 사전 활동, 수업 활동, 마무리 활동을 해야 한다.

[표4-11] 마을 만들기 프로젝트 수업 활동 개요

구분	소요 시간	주요 활동
사전 활동	4일 정도	소통과 공동체 의식의 부재로 인해 발생한 사건 사고 관련 기사와《도시는 미디어다》(김찬호 지음)를 읽고, 책 속에 소개된 유럽의 마을처럼 교차로를 잘 설계하여 소통 극대화를 통한 공동체 의식을 키울 방안을 생각한다.
수업 활동	120분	소통과 공동체 의식 강화를 위한 마을 만들기 프로젝트 수업의 의미를 3명의 교사가 팀티칭 기반의 융합수업으로 설명하고 학생들은 그에 관련된 활동을 한다.
	120분	신문, 전지, 색연필, 가위, 풀 등을 준비하여 신문 기사, 책 읽기, 팀티칭을 통해 익힌 내용을 되새겨 소통 기반의 공동체 의식이 살아 있는 마을을 설계하는 활동을 한다.
마무리 활동	60분	모둠별로 제작한 소통 기반의 공동체 의식이 살아 있는 마을 만들기 프로젝트 결과를 발표하고, 평가와 피드백을 한다.

본격적으로 프로젝트 수업을 하기 전인 '사전 활동' 때는 마을 만들기 프로젝트 수업과 관련된 기사 읽기와 책 읽기를 통해 소통과 공동체의 의미를 이해하는 활동을 미리 해야 한다. 이를 위해 사전 활동에 필요한 [활동지4-8]을 팀티칭 중심의 '수업 활동'이 시작되기 전에 제공한다.

'수업 활동'은 교사들의 팀티칭을 기반으로 이뤄진다. 이때 필요한 문학, 수학, 윤리 활동지는 팀티칭을 함께하는 교사들의 협의를 통해 만든다. '마무리 활동'은 프로젝트 결과물을 교실 공간에 배치하여 갤러리 워크 형식으로 발표하고, 다른 모둠으로부터 질문을 받고 대답하는 활동으로 진행한다.

마을 만들기 프로젝트 수업 때는 [표4-12]처럼 팀티칭을 기반으로 문학 과

[활동지4-8] 마을 만들기 프로젝트 수업 사전 활동지

소통 기반의 공동체 의식이 살아 있는 마을 만들기 프로젝트 사전 활동

학번(　　　) 이름(　　　　　　)

■ 소통과 공동체 의식의 부재로 일어난 사건 사고를 다룬 기사를 스크랩한 뒤에 정리해 보세요.

신문 스크랩 붙이는 곳

출처: (　　) 신문, (　　) 년 (　　) 월 (　　) 일

- 소통과 공동체 의식이 부족한 장면을 중심으로 요약하세요.

- 요약한 내용을 해결하기 방안을 3가지 정도 제시해 보세요.
①
②
③

■ 《도시는 미디어다》를 읽고 주요 내용과 연계하여 소통과 공동체 의식이 살아 있는 마을을 만든다는 생각으로 다음 표를 정리해 보세요.

여러분이 만들 마을이 추구할 가치는 무엇인가?		
여러분이 만들 마을에 이름을 붙인다면?		
마을의 가치가 잘 드러나는 데 필요한 세부적인 가치 요소에는 무엇이 있을까?	① ② ③ ④	
마을이 이용할 만한 주변 시설 및 환경은 무엇이 있을까?	주변 시설(환경)	이유

목은 시를 통해 마을이라는 공동체가 주는 이미지와 역사를 설명하고, 수학 과목은 시사 이슈를 연계해 '도로명 주소의 원리와 소통'을 설명하고, 윤리 과목은 '민주적 공동체'라는 개념을 중심으로 '소통 기반의 공동체 의식이 살아 있는 마을을 어떻게 만들 것인가'를 설명한다.

[표4-12] 마을 만들기 프로젝트 수업을 위한 팀티칭 개요

과목	주요 활동	내용
문학	성북동 관련 시 읽기	성북동을 소재로 한 김광섭, 김유선, 권혁웅 시인의 시를 읽고 마을이 주는 이미지와 역사에 얽힌 이야기를 한다.
수학	도로명 주소의 수학 원리 알아보기	도로명 중심의 새로운 주소 속의 수학 원리를 살펴보면서 새로운 주소 체계를 소통과 공동체적 관점에서 비판적으로 살펴본다.
윤리	공동체 의식을 살리는 마을 스케치하기	소통을 기반으로 공동체 의식을 살릴 수 있는 이상적인 마을을 설계하기 위한 기초 작업을 모둠별로 생성하여 기본 개요를 구체화한다.
경제	마을 만들기 프로젝트 진행하고 갤러리 워크 형식으로 발표하기	3가지 조건(공동체 의식을 강화하는 마을 설계, 현재의 녹지는 그대로 보존, 문학·수학·윤리 교사의 수업 내용)을 염두에 두고 마을 만들기를 하고 그 결과를 갤러리 워크 형식으로 발표한다.

소통 기반의 공동체 의식이 살아 있는 마을 만들기 프로젝트를 위한 팀티칭에는 [활동지4-9-①, ②, ③]를 활용한다.

[활동지4-9-①] 마을 만들기 프로젝트 수업 문학 과목 활동지

[문학] 시로 읽는 소통과 공동체 이야기

학번(　　　) 이름(　　　　　　)

- 김광섭의 시 '성북동 비둘기'의 '이제 산도 잃고 사람도 잃고/사랑과 평화의 사상까지/낳지 못하는 쫓기는 새가 되었다'의 구절처럼 도시화가 진행되면서 쫓겨났거나 사라진 존재는 무엇이 있는지 말해 보세요.

- 김유선의 '김광섭 시인에게'의 시 구절인 '60년대 초 당신이 살던 성북동에서는/비둘기들이 채석 장으로 쫓겨 돌부리를 쪼았다지만/20여 년이 지난 지금/성북동에 비둘기는 없는 걸요'에 기초하여 도시화가 진행됨에 따라 달라진 풍경은 무엇이 있는지 말해 보세요.

- 권혁웅의 산문시 '드래곤'을 감상한 뒤에 내가 사는 마을에 관한 이야기를 다음 양식에 맞춰 이야기해 보세요.

[우리 마을 이야기]

구분	이야기
제목	
소재	
인물	
사건	
배경	

[활동지4-9-②] 마을 만들기 프로젝트 수업 수학 과목 활동지

[수학] 새로운 주소 체계로 알아보는 소통과 공동체 이야기

학번(　　　) 이름(　　　　　　)

■ 새로운 주소 체계의 주요 내용을 알아보세요.

1. 도로명은 도로 폭에 따라 대로(8차로 이상), 로(2~7차로), 길(그 밖의 도로)로 구분한다.

2. 건물번호는 도로 시작점에서 20m 간격으로 왼쪽은 홀수, 오른쪽은 짝수를 부여한다.

3. 도로 구간을 설정할 때는 직진성, 연속성을 고려하여 '서 → 동, 남 → 북' 방향으로 설정한다.

4. 건물번호는 주 출입구에 인접한 도로의 기초 번호 사용을 원칙(건물번호 부여 대상은 생활의 근거가 되는 건물)으로 한다.

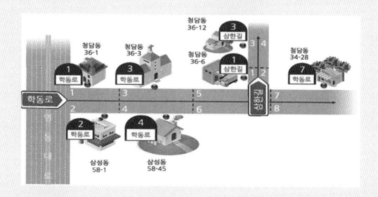

■ 새로운 주소 체계의 장단점을 말해 보세요.

장점	
단점	

[활동지4-9-③] 마을 만들기 프로젝트 수업 윤리 과목 활동지

[윤리] 소통 기반의 공동체 의식이 살아 있는 마을 기본 설계

학번(   )   이름(   )

1. 소통 기반의 공동체 의식이 살아 있는 마을에 관한 모둠 의견

이름	주요 의견	비고

※ 우리 모둠이 만들고 싶은 마을은 무엇인지, 어떤 가치를 추구하고 싶은지 모둠 구성원
과 충분히 토론한 뒤에 각자의 의견을 정리한다.

2. 주변 공간 탐색하기

※ 마을이 자리 잡을 공간 주변에는 어떤 시설이 있는지, 마을이 활용할 수 있는 주변 환경을
살펴본다.

3. 마을 공간 나누기

※ 마을을 건설할 때 가장 중요한 것은 마을 공간을 나누는 일이다. 나누어진 구역들은 도
로로 구분될 것이다. 대부분의 건물은 길이 없으면 들어가지 못하기 때문에 반드시 도로와
접하고 있어야 한다. 구역을 어떻게 나누고 싶은가, 어떻게 도로를 구성하고 싶은가를 생각
하여 정리한다.

4. 공공재 배치하기

※ 마을 유지를 위해 필요한 필수 시설인 전기, 상수도, 하수, 쓰레기 처리, 소방, 경찰, 보
건, 행정, 교육, 교통 시설 등과 같은 공공재를 어디에 배치할 것인지 판단한다. 아울러 오
락, 랜드마크처럼 특성화된 시설의 배치도 생각한다.

사전 활동과 팀티칭을 듣고 모둠 활동을 통해 소통 기반의 공동체 의식이 살아 있는 마을 만들기 활동을 진행할 때는 모둠마다 지도 교사가 학생들과 함께 활동하면서 멘토 역할을 한다. 이때 마을 만들기 과정에서 생기는 문제를 교사와 학생이 동등한 위치에서 함께 해결하면서 공동 주도성을 키우도록 한다. 활동 모습과 결과물은[그림4-17-①, ②]와 같다.

[그림4-17-①] 소통 기반의 공동체 의식이 살아 있는 마을 만들기 모습

[그림4-17-②] 소통 기반의 공동체 의식이 살아 있는 마을 만들기 결과물

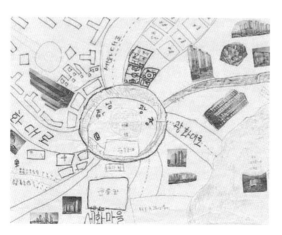 

이 작품들은 마을의 중심에 원형 교차로를 설치해 주민들 사이의 소통을 극대화하여 공동체 의식을 살리기 위한 아이디어를 담은 설계도이다.

학생들의 활동 결과물은 다양한 형식으로 평가하여 피드백할 수 있다. 창의·융합력을 키우는 마을 만들기 프로젝트 수업은 인지적 영역의 평가보다 정의적 영역의 평가를 통해 학생들의 성장과 발전을 돕도록 해야 한다. 정의적 영역의 평가는 평가 패러다임의 확장, 인지적 영역 평가와 상호 의존, 학생 중심 수업과 연계적인 측면에서 판단해야 한다(권영부 외, 2021).

마을 만들기 프로젝트 수업은 [표4-13]과 같은 '자기조절과 협력 확인표'를 통해 평가하고 그에 기초하여 피드팩을 하면 된다.

마을 만들기 프로젝트 수업은 모둠 활동으로 이뤄지기 때문에 자칫 개별 학생의 성장을 파악하지 못할 수 있다. 이럴 때는 모둠 구성원 모두를 대상으로 자신의 성장을 확인하는 정의적 영역의 평가를 하면 된다. 정의적 영역의 평가는 학생이 프로젝트 수업 과정에서 인지적 영역뿐만 아니라 정의적 영역을 평가의 대상에 포함시켜 전인적인 성장을 추구하면서, 미래 사회가 요구하는 창의·융합형 인재가 갖추어야 할 핵심 역량을 함양하기 위한 평가이다. 이런 차원에서 '자기조절과 협력 확인표'를 통해 프로젝트 수업의 전후 상태를 스스로 확인하는 정의적 영역의 평가를 하면 된다. 이때 정의적 영역의 평가는 점수화하지 않는 비형식적 평가로 처리하는 게 바람직하다. 이 확인표를 바탕으로 1차 확인과 2차 확인 사항, 가장 크게 변화한 부분 및 새롭게 중요성을 느낀 부분을 살펴 필요하면 피드백을 하면 된다.

[표4-13] 마을 만들기 프로젝트 수업 자기조절과 협력 확인표

자기조절과 협력 확인표			
학번(　　　) 　이름(　　　　　　)			

다음은 '자기조절'과 '협력'에 관한 설명이 있는 나의 성장 확인표입니다.
자신의 수행 과정에 대해 각각의 항목을 통해 스스로 생각한 뒤에 정직하게 평가해 봅시다.

자기조절과 협력 확인표 사용 방법

1. 프로젝트 수업 시작 전에 1차 확인하세요.
 → 항목을 잘 읽어보고 자신의 마음 상태에 해당하는 정도를 별표 점수로 표현하세요.

2. 프로젝트 수업이 모두 끝난 후 2차 확인하세요.
 → 항목을 잘 읽어보고 자신의 마음 상태를 다시 별표 점수로 표현하세요.

3. 1차와 2차 때 바뀐 부분이 있는지, 자신은 어떤 태도로 참여했는지 생각하여 '나의 성찰'을 써보세요.

항목 / 척도	내용	1차 확인	2차 확인
자기조절	자신이 활용할 수 있는 노력, 시간, 자원 등을 체계적이고 지속적으로 확인해 가면서 끝까지 제대로 활용할 수 있도록 계획적으로 관리하였다.	☆☆☆☆☆	☆☆☆☆☆
	해야 할 일이나 중요한 것을 빠뜨리지 않고 파악하여 순서를 구체적으로 정하고, 그 순서에 따라 일을 하며 수행 여부를 스스로 확인하였다.	☆☆☆☆☆	☆☆☆☆☆
	자신이 모르거나 도움이 필요할 때는 적극적으로 질문하거나 도와달라고 말하고, 받은 피드백이나 도움을 적극적으로 활용하였다.	☆☆☆☆☆	☆☆☆☆☆
협력	문제 해결을 위해 적극적으로 의견을 나누려 하고 다양한 정보를 공유했다.	☆☆☆☆☆	☆☆☆☆☆
	다른 사람의 피드백과 도움을 소중하게 생각하며 자신도 기여하기 위해 적극적으로 노력했다.	☆☆☆☆☆	☆☆☆☆☆

나의 성찰

가장 크게 변화한 부분	
새롭게 중요성을 느낀 부분	

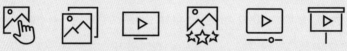

민주시민 역량을 키우는 미디어 리터러시 교육을 위해서는 다양한 프로그램이 창출
되어야 한다. 이때 현장성을 가진 주제 중심의 통합형 미디어 리터러시 교육, 책임감
을 키우는 미디어 리터러시 교육, 사회 참여를 위한 미디어 리터러시 교육, 창의·융합
력을 키우는 미디어 리터러시 교육이 실시되어야 민주시민교육의 발전에 기여할 수
있다.

Part 5

민주시민 역량을 키우는
미디어 리터러시 교육

01
민주시민 역량을 키우는 미디어 리터러시 교육의 이해

민주시민이란 넓은 의미의 주권자로서 공동의 결정과 행동이 필요한 모든 영역에서 자신에게 적절히 배분된 결정권을 행사할 권한을 가진 사람이다. 민주시민 역량을 키우려면 모두가 주권자임을 자각하고, 그에 따라 민주주의의 이념과 제도를 충분히 이해하고 활용할 수 있도록 해야 한다. 나아가 자신과 사회 전반의 문제를 해결하는 활동에 적극적으로 참여할 수 있어야 한다.

이를 위해 모든 교과에 적용될 수 있는 민주시민교육의 가치와 역량을 키울 방안을 찾아 실천해야 한다. 더불어 비교과 활동 차원에서 학생 자치의 활성화를 통한 학생 주도성을 함양하고, 동아리 활동, 봉사 활동, 진로 활동 등을 통한 자율, 존중, 연대의 민주적 가치 실천 및 민주시민으로서의 역량을 함양해야 한다. 아울러 민주적 학교 문화를 통한 민주적 의사결정 및 문제해결 체험을 늘리고, 지역 사회 및 시민사회단체의 민주시민교육 자원과 연계 방안을 찾아야 한다(강원도교육청 외, 2021).

민주시민교육은 '비판적 사고력을 가진 주체적인 시민이 민주주의의 가치를 존중하고 서로 상생할 수 있도록 민주시민으로서의 역량을 향상시키는 교육'(교육부, 2018)이다. 한편 학교 미디어 교육의 목표는 '모든 아이의 비판적 이해력, 합리적 의사소통능력, 창의·문화적 감수성을 키우는 보편적 미디어 교육 실현'(교육부, 2019)에 있다. 이를 통해 민주시민교육과 미디어 리터러시 교육 사이의 관계를 살펴 민주시민 역량을 키우는 미디어 리터러시 교육의 의미를 규정해 볼 수 있다.

[표5-1] 민주시민교육과 미디어 리터러시 교육

구분	규정
민주시민교육	비판적 사고력을 가진 주체적인 시민이 민주주의의 가치를 존중하고 서로 상생할 수 있도록 민주시민으로서의 역량을 향상시키는 교육
미디어 리터러시 교육	모든 종류의 의사소통 수단을 기반으로 접근, 분석, 평가, 창조 그리고 행동할 수 있는 능력을 키우는 교육

[표5-1]의 민주시민교육과 미디어 리터러시 교육을 통해 둘 사이의 공통된 역량으로 '비판적 사고력', '창의적 활동', '학생 주도성'을 꼽을 수 있다.

민주시민교육에서 규정한 '비판적 사고력'은 비판적 미디어 읽기에 기초한 '비판적 미디어 수용 교육'과 밀접한 관련성이 있다. 미디어 리터러시 교육을 할 때 여러 종류의 미디어에 접근하여 '분석'하고 '평가'하는 활동을 통해 비민주적 요소를 가리는 활동을 하기 때문이다. 이렇듯 미디어 텍스트를 대할 때 반성적 사고와 평가적 사고가 필요하고, 이런 과정에서 비판적 사고력을 키울 수 있다.

민주시민교육에서 말하는 '민주주의의 가치를 존중하고 서로 상생하는 능력'은 미디어 리터러시 교육의 '창의적 미디어 활용과 생산 교육'과 맞닿아 있다. 미디어 리터러시 교육을 할 때 '창조'와 '행동'의 사례로 언급했던 아동학대 문제 해결을 위한 청원 활동이나 커뮤니티 결성 등은 민주주의 가치를 존중하고 서로 상생하는 능력과 공통된 부분이다.

민주시민교육과 미디어 리터러시 교육은 모두 학생들이 주도적으로 실천할 때 체화되기 때문에 학생 주도성(student agency)과 연계된다. 학생 주도성은 '나와 내 주변에 관심을 갖고 능동적으로 참여함과 동시에, 그 영향력과 결과에 대해 성찰하고 책임감 있게 행동하는 것'이다. 학생 주도성은 웰빙(well-being)을 교육 목표로 삼는 'OECD 학생 나침반 2030'에서 말하는 미래 교육의 비전이다. 특히 지식, 기능, 태도, 가치 같은 역량을 키우기 위한 핵심 기초(core foundation) 차원에서 강조하는 리터러시, 디지털 리터러시, 데이터 리터러시 등은 미디어 리터러시 교육과 밀접하게 관련되어 있다.

이런 맥락에서 보면 '민주시민 역량을 키우는 미디어 리터러시 교육'은 '지식정보사회에서 책임 있고 성숙한 개인들이 정치, 사회, 경제, 문화에 대한 미디어의 정보와 서비스를 비판적으로 이해하고, 유통하며, 자신의 생각을 표현 및 창작함으로써, 미디어 웰빙과 상생을 추구하는 시민 역량(2019, 김현진 외)'

을 키우는 교육이라고 할 수 있다.

민주시민 역량을 키우는 미디어 리터러시 교육을 위해서는 다양한 프로그램이 창출되어야 한다. 이때 현장성을 가진 주제 중심의 통합형 미디어 리터러시 교육, 책임감을 키우는 미디어 리터러시 교육, 사회 참여를 위한 미디어 리터러시 교육, 창의·융합력을 키우는 미디어 리터러시 교육이 실시되어야 민주시민교육의 발전에 기여할 수 있다.

민주시민교육의 구성 요소는 주요 내용, 가치와 태도, 기술과 능력, 지식과 이해 영역 등의 층위에서 여러 갈래로 정리할 수 있다.

첫째, 주요 내용에는 민주주의와 전제주의, 협력과 갈등, 평등과 다양성, 공정, 정의, 법의 지배, 인권, 자유와 질서, 개인과 사회, 권리와 책임 등이 있다.

둘째, 가치와 태도 영역에는 인간의 존엄과 평등에 대한 신념, 분쟁 해결 의지, 협력과 나눔의 정신, 관용, 도덕적 기준에 따른 판단과 행동, 인권·양성 평등·환경 등에 관한 관심, 예의와 법 존중, 자원봉사 등이 있다.

셋째, 기술과 능력 측면에는 논리적 주장을 펼 수 있는 능력, 다른 사람과 협력해서 효율적으로 일 처리를 할 수 있는 능력, 타인의 생각과 경험을 경청하고 적절하게 평가할 수 있는 능력, 다른 의견에 대한 관용 등이 있다.

넷째, 지식과 이해 영역에는 민주 사회의 성격·기능·변천, 다양성·불일치·사회적 갈등의 양태, 개인과 사회가 직면한 사회적·도덕적·정치적 문제, 정치제도와 법, 경제, 인권 헌장, 지속가능개발과 환경 문제 등이 구성 요소이다. 더불어 인권, 평등, 평화, 환경, 미디어 리터러시 등 다양한 주제가 민주시민교육의 내용이 될 수 있다. 하지만 민주시민교육은 이러한 주제별 교육의 지식을 습득하는 데 그치는 것이 아니라, 시민적 가치와 태도, 역량을 높이고 참여와 실천으로 확장하는 포괄적인 교육이 되어야 한다(교육부, 2018).

  민주시민 역량을 키우는 미디어 리터러시 교육은 성취기준 재구조화를 통해 정규 교과 시간에 실시할 수도 있고, 동아리 활동, 창의적 체험활동, 경시대회, 방과 후 수업, 계기 수업 등을 통해 주제 중심의 통합형 활동이나, 지식·기능·가치와 태도가 어우러지는 역량을 키우는 활동을 통해 실천할 수 있다.

02
민주시민 미디어 일기 쓰기

민주시민 미디어 일기 쓰기는 기사나 유튜브를 스크랩하여 이에 기초하여 일기를 작성하면서 민주시민으로서 갖춰야 할 덕목을 내면화시키는 활동이다. 기사나 유튜브에는 정치, 경제, 사회, 문화, 스포츠, 국제 관계 등의 분야에서 발생하는 비민주적인 행위에 관련된 보도가 연일 쏟아지고 있다. 예를 들어 악성 댓글과 갑질 등과 같은 혐오와 차별 문제, 코로나19 이후 경제 주체들 사이의 조화·상생의 정신이 깨지면서 생긴 갈등, 엘리트 스포츠 시스템이 빚은 체육계의 폭력 문제 등이 있다. 이런 뉴스들은 모두 민주시민 미디어 일기 쓰기의 소재가 될 수 있다.

민주시민 미디어 일기 쓰기의 목적은 우리 사회에서 발생하는 비민주적인 사건의 실체를 파악하고, 그에 대한 자기 입장을 글쓰기로 밝히면서 모든 사람이 평등하게 대우받으며 자유롭게 살아갈 수 있는 세상을 만들기 위한 자기 성찰의 시간을 갖는 데 있다. 민주시민 미디어 일기 쓰기 결과물은 페이스북, 블로그, 카카오스토리 등을 통해 공유하거나, SNS에 직접 민주시민 미디어 일기를 작성할 수도 있다. 이때 유의할 것은 지나치게 정치적인 담론을 게재하여 논쟁을 촉발하는 일기보다 자유와 평등의 민주적 가치를 실현하기 위한 개인의 성찰을 담도록 해야 한다.

민주시민 미디어 일기 쓰기는 자유로운 형식으로 쓸 수 있지만, 일정한 양식을 만들어 활용하는 게 효과적이다. [활동지5-1]은 기사 스크랩을 바탕으로 민주시민 미디어 일기 쓰기에 적합하도록 설계한 것이다.

민주시민 미디어 일기 쓰기 양식의 '해당 영역'에는 정치, 경제, 사회, 문화, 스포츠, 국제, 기타 영역 중에서 스크랩한 기사가 다루고 있는 주요 내용에 해당하는 영역에 동그라미 표시를 하면 된다. '스크랩 출처'에는 자신이 스크랩한 기사를 생산한 언론사와 발행된 연월일을 기록한다. '일기 소재'에는 스크랩한 기사의 내용과 밀접한 민주시민교육의 구성 요소인 평등, 다양성, 공정, 정의, 법의 지배, 인권, 자유와 질서, 협력, 나눔, 관용, 예의, 자원봉사, 다양성, 불일치, 사회적 갈등, 인권, 지속가능개발과 환경 문제, 평화 등을 기록하면 된다. 이들 구성 요소는 지나치게 포괄적이므로 일기 소재를 선정할 때는 구체적으로 세분화시켜야 한다. 예를 들어 '인권'보다는 '청소년 노동 인권', '성소수자 인권', '이주 노동자 노동 인권' 등으로 세분화시키면 된다. '일기 주제'에는 그날 일기를 통해 전달하고자 하는 핵심 내용을 압축하여 하나의 제목처럼 정리한다. 예를 들어 청소년 아르바이트생들에게 최저 임금도 주지 않고 초과 노동을 시키는 기사를 읽었다면, '청소년의 노동 인권 개선을 위해 해야

[활동지5-1] 민주시민 미디어 일기 쓰기 활동지

민주시민 미디어 일기 쓰기	
학번( ) 이름( )	
년 월 일, 날씨( )	
해당 영역	정치( ) 경제( ) 사회( ) 문화( ) 스포츠( ) 국제( ) 기타( )
기사 스크랩 붙이는 곳	
스크랩 출처	( )일보/신문, 년 월 일
일기 소재	
일기 주제	
민주시민 미디어 일기 쓰기	

할 일'을 주제로 정하면 된다.

민주시민 미디어 일기는 여러 갈래로 쓸 수 있다. 첫째, 일상생활 속에서 얻은 생각과 느낌을 형식에 얽매이지 않고 자유롭게 서술할 수 있다. 둘째, 친구에게 이야기하는 방식으로 서술할 수 있다. 셋째, 그림일기 형식으로 표현할 수도 있다. 넷째, 문답 형식으로 작성해도 된다. 다섯째, 기사 내용을 요약하고 그에 대한 의견을 덧붙일 수 있다. 여섯째, 논증적 글쓰기 형식으로 작성할 수 있다. 일곱째, 민주주의 발전과 관련된 역사적인 사건과 연계시켜 작성할 수도 있다.

기사를 바탕으로 민주시민 미디어 일기 쓰기가 익숙해지면 [활동지5-2]를 사용하여 유튜브를 보고 일기 쓰기 활동을 할 수 있다.

민주시민 미디어 일기 쓰기는 어떤 형식으로 작성하든 간에 인간의 존엄성·자유·평등의 가치를 되새겨 작성해야 하고, 그에 따른 자기 성찰 부분을 제대로 담아내야 한다.

민주시민 미디어 일기 쓰기를 비롯한 미디어 리터러시 교육 때에는 손으로 필기하도록 하는 게 의미 있다. 요즘 학생들은 스마트폰 터치나 컴퓨터 자판에 익숙해져 손힘이 약해져 글씨체가 괴발개발이다. 미국 플로리다 국제대학의 로라 다인하트(Laura Dinehart) 교수의 연구에 의하면, 훌륭한 필기력과 학업 성취도 상관 관계를 조사한 결과 필기력이 좋은 학생의 성적이 좋다는 점을 확인했다.[*] 여기서 필기력을 단순히 성적 문제와 연결하려는 것은 아니다.

---

[*] 조선일보(2019.12.27), [전자책 시대] ⑫펜맨의 2019년 독서목록(뇌 건강 및 뇌 단련), http://it.chosun.com/site/data/html_dir/2019/12/27/2019122701415.html(검색일 : 2021.5.17)

[활동지5-2] 민주시민 유튜브 일기 쓰기 활동지

민주시민 유튜브 일기 쓰기	
학번( ) 이름( )	
해당 영역	정치( ) 경제( ) 사회( ) 문화( ) 스포츠( ) 국제( ) 기타( )
유튜브 섬네일 캡쳐 붙이는 곳	
유튜브 제목	
유튜브 주소	
주요 내용	
시청 일자와 날씨	년 월 일, 날씨( )
민주시민 유튜브 일기 쓰기	

가능하다면 또박또박 글쓰기를 하면서 정제된 마음으로 민주시민 미디어 일기를 작성해 보자는 취지에서 한 말이다.

학교 현장에서 보면 글쓰기는 못하지만 다른 형식으로 표현하는 학생이 많다. 그런 학생들에게는 자신이 잘할 수 있는 방식으로 작성할 수 있도록 해야 한다. 예를 들어 그림일기나 영상 일기를 작성해도 된다. 갈수록 문자 텍스트를 접하고, 글쓰기 활동을 힘들어하는 학생이 증가하고 있다. 이런 학생에게 무조건 글쓰기를 강권하기보다 다른 방식으로 민주주의의 가치를 되새기게 하는 것도 민주시민교육 차원에서 의미 있는 일이다.

03
기후 위기 대응을 위한 섬네일 디자인 활동

기후 위기에 관심을 가지고 대응하기 위한 교육은 인류의 생존과 직결되지만, 정작 전국에 있는 환경교사는 2021년 현재 35명에 불과하다. 이런 측면을 고려하여 다양한 교과와 비교과 활동을 통해 기후 위기 대응 교육의 방안을 모색해야 한다.

기후 위기에 대응하는 교육은 다양한 방식으로 진행할 수 있다.

먼저 이미 제작된 프로그램을 활용할 수 있다. 기후 위기 대응 교육을 위해 제작된 수업 활동 자료나 영상 미디어 텍스트들은 의외로 많다. 이런 것을 사용하여 개인, 마을, 사회, 국가, 세계 단위에서 할 수 있는 방안을 찾아 생활 속에서 차근차근 실천하여 지속 가능한 미래를 위한 길을 모색해야 한다.

다음으로 창의적 프로그램을 설계하여 진행할 수 있다. 거창한 프로그램이 아니더라도 기후 위기의 의미를 이해하고 교과와 비교과 활동을 통해 실질적으로 실천할 수 있는 프로그램을 만들어 진행하면 된다. 이를 통해 스웨덴의 그레타 툰베리(Greta Tintin Eleonora Ernman Thunberg)*에 버금가는 선한 영향력을 가진 환경운동가를 키워 우리의 터전인 지구의 구성인자로서의 책무성을 강화해야 한다.

기후 위기 대응이 특정 이해관계에 발목 잡히지 않고 제대로 실행되려면 대기업과 정부가 주도하는 구도에서 벗어나야 한다. 즉 학교를 비롯한 다양한 시민단체들이 주체적으로 참여하여 실천할 수 있는 프로그램이 필요하다. 이런 측면에서 기후 위기를 이해하고 대응할 소소한 프로그램이 학교 안팎에서 여러 형태로 실시되어 잔잔하게 실천되도록 해야 한다. 이런 취지에서 기획한 프로그램이 '기후 위기 대응 동영상 섬네일 디자인' 활동이다.

섬네일(Thumbnail)은 원래 인터넷 홈페이지나 전자책 같은 컴퓨팅 애플리케이션 등을 한눈에 알아보도록 줄여 화면에 띄운 축소판이다. 요즘은 유튜브 동영상의 첫 화면을 뜻하기도 한다. 인터넷 사용자가 늘어나면서 섬네일의 쓸모는 더욱 강조되고 있다. 유튜브 섬네일은 시청자의 이목을 끌 수 있도록 창의적으로 제작해야 한다. 기후 위기 대응에 관련된 동영상을 제작하여 유튜브에 탑재했더라도 누군가가 동영상을 클릭해야 비로소 홍보할 기회가 생긴다. 그러므로 섬네일을 창의적으로 디자인하는 것은 동영상을 촬영하는 것만큼이나 중요하다.

---

* 그레타 툰베리는 2003년 스웨덴에서 태어나 어릴 적부터 아버지의 영향으로 환경 문제에 관심을 가졌다. 2018년 8월 학교를 빠지고 스웨덴 국회의사당 앞에서 기후 변화 대책 마련을 촉구하는 1인 시위를 벌였다. 이 시위가 촉매제가 되어 전 세계 수백만 명의 학생들이 참가하는 '미래를 위한 금요일' 운동이 탄생했다. 이후에도 환경 의식이 부족한 어른들에게 의식 전환을 요구하는 활동을 꾸준히 실천하고 있다.

이런 취지를 살려 기후 위기 관련 기사를 읽고 그 내용을 바탕으로 동영상을 촬영하여 유튜브에 탑재할 때 필요한 섬네일을 디자인하는 활동을 진행할 필요가 있다. 이 활동은 [표5-2]와 같은 흐름으로 진행하면 된다.

[표5-2] 기후 위기 대응 동영상의 섬네일 디자인 단계별 활동

활동 단계	핵심 활동	주요 활동 내용
1단계	기후 위기 문제와 섬네일 디자인 활동 이해하기	'두 번째 지구는 없다'는 슬로건 아래 기후 위기에 대응하기 위해 노력하는 사람들이나 단체들의 활동을 알아보고 섬네일 디자인의 의미를 교사가 설명한다.
2단계	기후 위기 관련 기사 읽고 핵심 내용 요약하기	기후 위기와 관련된 기사를 읽고 기후 위기의 심각성을 이해하고 주요 내용을 요약한 뒤에 자기 입장을 내는 활동을 한다.
3단계	섬네일 제작을 위한 스케치하기	기후 위기 문제를 다룬 기사를 읽고 요약한 내용과 자기 입장을 바탕으로 동영상을 제작한다는 가정 아래 섬네일을 디자인한다.
4단계	섬네일 디자인 완성하고 공유하기	섬네일 디자인을 완성한 뒤에 기후 위기 대응을 위한 활동의 중요성을 서로 논의한다.

1단계는 교사가 주도하여 기후 위기에 대응하는 사람들이나 단체를 소개하고 그들의 활동이 지닌 의미를 설명하는 시간이다. 이때 적합한 인물에는 그레타 툰베리, 단체로는 그린피스(Greenpeace)를 들 수 있다. 아울러 기후 위기 대응 동영상의 섬네일 디자인의 교육적 의미를 여러 과목의 교육과정 성취기준에 맞춰 설명하면 교육적 의미를 더할 수 있다. 이때 채택할 수 있는 교육

과정 성취기준은 [표5-3]과 같다.

[표5-3] 기후 위기 대응 동영상의 섬네일 디자인 관련 교육과정 성취기준

과목	교육과정 성취기준
언어와 매체	[12언매03-06]매체를 바탕으로 하여 형성되는 문화에 대해 비판적으로 이해하고 주체적으로 향유한다.
실용 국어	[12실국02-03]정보를 체계적으로 조직하여 대상과 상황에 적합하게 표현한다.
통합사회	[10통사01-01]시간적, 공간적, 사회적, 윤리적 관점의 특징을 이해하고, 이를 바탕으로 인간, 사회, 환경의 탐구에 통합적 관점이 요청되는 이유를 파악한다.
사회·문화	[12사문01-03]사회·문화 현상의 탐구 과정에서 활용되는 다양한 자료 수집 방법의 유형과 특징을 비교한다.
정보	[12정보03-01]복잡한 문제 상황에서 문제의 현재 상태, 목표 상태를 이해하고 목표 상태에 도달하기 위해 수행해야 할 작업을 분석한다.
미술 창작	[12미창01-02]자신의 내면, 사회적 현상에 대한 느낌과 생각을 표현 주제로 구체화할 수 있다.

'언어와 매체' 과목의 성취기준인 '[12언매03-06]매체를 바탕으로 하여 형성되는 문화에 대해 비판적으로 이해하고 주체적으로 향유한다'로 기후 위기 대응 동영상의 섬네일 디자인 활동에 대한 교육적 의미를 두 가지 측면에서 설명할 수 있다. 첫째, 1인 미디어의 발달로 유튜브 동영상 제작이 활발해

지면 클릭 수를 높이기 위하여 지나치게 자극적이고 선정적인 섬네일을 올리는 문제를 비판적 관점에서 봐야 한다는 점을 강조할 수 있다. 둘째, 섬네일을 디자인할 때 구독, 좋아요, 댓글 등에 사로잡혀 선정적인 문구나 이미지로 디자인하기보다 내용이 알찬 동영상을 제작하여 주체적으로 문화를 향유할 수 있는 사람이 될 것을 당부한다. 다른 과목의 교육과정 성취기준도 기후 위기 대응 동영상의 섬네일을 제작하는 의미와 연계시켜 설명하면 된다.

2단계는 [활동지5-3]을 만들어 기후 위기 관련 기사를 읽고 기후 변화의 심각성을 중심으로 요약한 뒤에 그에 대한 자기 입장을 내는 시간이다.

3단계는 기후 위기 문제를 다룬 기사를 요약한 내용과 자기 입장을 바탕으로 동영상을 제작한다는 가정 아래 섬네일을 디자인하는 시간이다.

4단계는 [그림5-1-①, ②]처럼 색칠하는 과정을 거쳐 섬네일을 완성한 뒤에 각자 설명하는 시간을 갖고, 기후 위기 대응의 중요성을 논의하면서 마무리하면 된다.

[그림5-1-①] 기후 위기 대응 동영상의 섬네일 디자인 활동 모습

[활동지5-3] 기후 위기 대응 동영상의 섬네일 디자인을 위한 2단계 활동지

기후 위기 뉴스 읽기 활동

학번(　　　)　　이름(　　　　　　　)

여름은 118일 가을은 69일, 온난화가 바꾼 사계절

기상청, 109간 관측자료 분석
봄·여름 길어지고 가을·겨울 짧아져
최근엔 1월 대한·소한에도 영상권

한반도는 100년 전보다 기온이 1.6도 올랐고, 겨울이 22일 줄었으며 여름이 20일 증가한 것으로 조사됐다. 이런 추세라면 2100년엔 충청도까지 아열대 기후를 보일지 모른다는 전망도 나온다. 기상청은 28일 1912년부터 109년간의 기후관측자료를 분석한 결과를 공개했다. 100년 이상 관측자료가 있는 서울·인천·부산·대구·목포·강릉의 6개 지역 자료를 토대로 했다.

1912~1940년과 가장 최근의 30년(1991~2020)을 비교한 결과 연평균기온은 1.6도 올랐다. 10년마다 0.25도씩 오른 셈이다. 대구는 2도, 서울은 1.9도가 올랐고 목포는 0.85도가 올랐다.

김정식 기상청 기후변화감시과장은 "서울과 대구의 기온이 더 많이 오른 건

우리나라 사계절 길이 변화

여름은 20일 길어지고 겨울은 22일 짧아졌음
자료: 기상청

도시화의 영향도 있다"며 "도시화가 기온 상승에 미치는 효과가 3~11%라는 설과 30~45%라는 설 등 다양한 주장이 있는데, 이와 관련한 기상청 분석 결과를 하반기중 공개할 예정"이라고 밝혔다. 109년 전보다 열대야는 8.4일 늘고, 폭염일수는 1일 증가했다. 반면 한파일수는 4.9일 줄었고, 결빙일수도 7.7일 감소했다.

1월부터 12월까지 모든 날의 기온이 올랐는데 특히 봄, 겨울의 기온상승이

두드러졌다. 최근 들어서는 1월의 소한(小寒)과 대한(大寒)도 영상권의 기온을 보일 정도다. 통상 가장 추운 절기로 여겨지던 겨울 후반부의 대한이었지만, 겨울 후반부의 기온 상승이 빨라지면서 1월 초의 소한이 가장 추운 절기가 됐다.

봄과 여름은 빨리 찾아오고 길어졌다. 봄의 시작은 17일 빨라졌고, 개나리가 깨어나다는 경칩(驚蟄)은 13일 빨리 찾아왔다. 여름은 11일 빨리 시작해 20일 길어졌고, 일 년의 3분의 1에 가까운 118일을 차지한다. 여름의 시작을 알리는 입하(立夏)도 8일 빨라졌다.

반면 일 년 중 182일을 차지했던 가을과 겨울은 156일로 줄어들었다. 가을은 9일 늦게 시작하고, 69일밖에 이어지지 않아 년 중 가장 짧은 계절이 됐다. 겨울은 시작이 5일 늦어지고 기간은 22일 짧아졌다. 김 과장은 "과거에는 겨울에 한강에서 얼음 두께를 측정하기도 했는데, 지금은 볼 수 없는 모습이 됐다"며 "최근 신규 평년값에서

아열대 기후 기준을 충족하는 지역이 제주도와 남해안 일부인데 현재 추세대로라면 2100년에는 거의 충청도까지 아열대 기후가 될 것으로 전망된다"고 말했다.

109년간 강수량은 늘었지만, 강수일수는 줄었다. 한 번에 강한 비가 내리는 날이 많아졌다는 뜻이다. 연 강수량은 135.4㎜가 늘었고, 그중 여름철 강수량이 97.3㎜나 늘었다. 반면 비가 내린 날(강수일수)은 21.2일 줄었다. 김 과장은 "7, 8월에 강수량이 많이 증가했다. 특히 100㎜ 이상 비가 내린 날이 크게 늘었고, 강한 비가 내리는 날이 많아졌다"고 설명했다. 하루에 80㎜ 이상 비가 내리는 호우일수도 0.6일 늘었다. 가을은 강수일수는 줄었지만 강수 강도가 가장 큰 폭으로 강해졌다. 기상청은 이번 내용이 담긴 '우리나라 109년 기후변화 분석 보고서'를 30일 홈페이지를 통해 공개할 예정이다.

김정연 기자
kim.jeongyeon@joongang.co.kr

스크랩 출처	(　　)일보/신문, 　년 　월 　일
주요 내용 요약하기	
나의 입장 정리하기	

[그림5-1-②] 기후 위기 대응 동영상의 섬네일 디자인 결과물

　학생들의 결과물을 보면 기후 변화에 따라 나타날 위기를 실감 나게 표현하고 있다. 이런 활동 경험을 바탕으로 기후 위기 대응에 관심을 가지고 생활 속에서 자신이 할 수 있는 작은 행동부터 실천하도록 강조하면서 전체 활동을 종결하면 된다.

04
현상기반학습을 통한 주제 중심 통합형 민주시민교육

현상기반학습의 이해 ·················

현상(phenomenon)의 사전적 의미는 '사람이 알아서 스스로 느낄 수 있는 사물의 모양과 상태'를 말한다. 현상은 두 가지 방식으로 느낄 수 있다. 하나는 오감으로 느끼는 것이고, 다른 하나는 관심을 통해 느끼는 것이다. 전자는 본능적으로 느끼는 추움, 더움, 배고픔, 슬픔, 기쁨 등의 현상이고, 후자는 자신의 관심 영역에 대한 개별적 탐색 활동이나 사회 구성원으로서 세상에서 일어나는 다양한 문제를 미디어를 통해 보고 느끼는 현상이다.

현상기반학습(PBL, phenomenon based learning)은 '일상의 현상을 주제로 관련 과목을 통합하여 해당 주제를 깊이 있게 탐구하는 협력적 학습'을 말한다. 현상기반학습은 학습에 대하여 총체적인 접근을 강조하고, 문제해결 능력을 키우기 위해 교과 지식과 실제 세계의 문제를 연결해야 한다는 생각을 기초로 한다. 학생은 협력적으로 새로운 해법을 창조하는 법을 배워야 한다. 그것은 학습을 더 넓은 관점으로 풀 수 있게 한다. 학생의 질문에서 시작된 탐구는 종종 과목 사이의 경계를 뛰어넘게 만들어 창의력 발달에 도움이 된다(kirsti Lonka, 2018).

현상기반학습은 몇 가지 측면에서 민주시민교육의 방안으로 적합하다.

첫째, 미디어를 기반으로 학생들이 주도적으로 생활 주변에서 보고 느낀 현상에서 아이디어를 얻어 학습주제를 정하기 때문이다. 학습주제는 교사가 선정하는 게 일반적이지만, 현상기반학습 때는 생활 주변의 현상을 보고 학생들이 스스로 학습주제를 추출해야 한다.

둘째, 하나의 학습주제가 프로젝트가 되어 학생들 스스로 질문을 만들어가면서 문제 상황을 해결하기 때문이다. 학습주제가 정해지면 그것을 수행하기 위한 핵심 질문을 서로 협의하여 만들고 그 질문을 해결할 때 필요한 뉴스, 지식, 정보를 스스로 찾아 문제를 해결해야 한다.

셋째, 학생들의 사회적 상호작용과 자율성에 기초해 협력적으로 문제를 해결해야 하기 때문이다. 현상기반학습을 할 때 학생들은 교사가 가르치는 것을 받아먹는 수동적인 태도를 버리고 스스로 질문하고 탐색하는 등 배움을 위한 협력적인 노력을 부지런히 수행해야 한다.

이처럼 현상기반학습을 제대로 수행하려면 학생들의 자율적 참여 의지, 서로를 존중하는 협력적 활동, 문제 상황의 해결을 위해 이질적 집단 사이의 연대가 요구되기 때문에 민주시민교육과 밀접하게 관련되어 있다.

한편 현상기반학습은 불확실성이 증대하는 사회를 살아가기 위한 생존 프로그램이기도 하다. 미래 사회는 스스로 질문하고 탐색하는 활동을 하지 않으면 생존하기 어렵기 때문이다.

현상기반학습에 기초한 주제 통합형 민주시민교육을 실천할 때 고려할 점이 있다.

첫째, 주제를 설정하는 과정부터 학생들의 참여와 협력을 기본으로 해야 한다. 교사의 일방적인 주제 선정을 지양하고 학생들이 협력하여 선정하도록 해야 한다. 학생들의 경험을 기반으로 깊은 배움에 도달할 수 있는 주제가 되어야 하기 때문이다.

둘째, 학습 과정에서도 학생들이 능동적으로 참여하고 협력을 통해 주어진 과제를 수행할 수 있도록 해야 한다. 이를 위해 능동적으로 참여할 수 있도록 주제 선정, 수행 과정, 마무리 활동 등이 설계되어야 한다.

셋째, 평가도 학생들이 참여할 수 있도록 하는 게 중요하다. 흔히 실시하고 있는 자기가 속한 모둠 구성원 사이에서 이뤄지는 동료평가는 물론 한 학급의 프로젝트 학습 결과물을 다른 학급의 특정 학생들이 평가할 수도 있다.

넷째, 학교 생활 속에서 실천할 방안도 고려해야 한다. 학급 자치와 학생 자치, 봉사 활동, 동아리 활동, 학교 행사 등을 할 때 주제 중심 통합형 민주시민교육 차원에서 실행 방안을 모색할 수 있다.

현상기반학습을 위한 준비와 활동 ·················

정치, 경제, 사회, 문화, 스포츠 등 세상사에 관심이 많은 사람일수록 미디어에 접근하여 이해·분석하고 평가하여 행동하는 역량이 높은 경향이 있다. 이를 증명하듯 2019년 캘리포니아 대학이 수행한 연구에 따르면, 디지털 미디어를 통한 학습 경험이 많을수록 온라인 기반의 정치 참여 활동이 활발하다는 결과가 나왔다.[*] 일상생활 주변에서 일어나는 여러 현상을 디지털 미디어를 통해 자주 접할수록 그 속에 담긴 문제 상황을 해결하기 위한 시각을 가지게 되고, 이를 구체화하는 과정에서 민주시민으로서의 역량을 키울 수 있다.

현상기반학습을 준비하고 실천하는 절차와 차시별 활동지를 바탕으로 활동하는 실제 과정을 [표5-4]를 통해 구체적으로 알아보자.

[표5-4] 현상기반학습 절차와 활동 내용

차시	순서	절차	활동 내용
1차시	1	현상기반학습을 수행할 모둠 구성하기	4명 정도의 모둠을 구성하여 각자 역할을 부여하고 설명한다.
	2	관심 있는 현상에 관한 의견을 나누고 모둠이 탐구할 현상 결정하기	생활 주변에서 학교 급식, 옷, 교통 등 자신이 관심을 두고 있는 현상에 관한 의견을 나눈 뒤에 모둠이 탐구할 현상을 결정한다.
2차시	3	모둠이 탐구할 현상에 관련된 미디어 텍스트 탐색하기	모둠이 탐구할 현상을 기사, 유튜브 등의 미디어 텍스트를 통해 탐색하는 활동을 한다.
	4	모둠이 탐구할 현상에 관련된 교과서 내용 찾아보기	현상기반학습이 추구하는 융합 마인드를 키우기 위해 모둠이 탐구할 현상에 관련된 여러 교과의 내용을 파악하여 마인드맵을 그리는 활동을 한다.

---

[*] 한국교육신문(2019.8.2). 고교학점제 연계 미디어 선택 과목 신설. https://www.hangyo.com/news/article.html?no=89377(검색일 : 2021.3.22)

	5	탐구할 현상에 관한 핵심 질문을 만들고 그에 관한 탐색 결과 정리하기	탐구할 현상에 관한 핵심 질문을 만들고 그에 상응하는 답변을 다양한 미디어 텍스트를 탐색하여 정리하는 활동을 한다.
3차시	6	탐구한 현상에 관한 발표를 위한 파워포인트 만들기	모둠별로 탐구한 현상을 상대방이 쉽게 이해할 수 있도록 20장의 파워포인트 슬라이드를 만드는 활동을 한다.
4차시	7	페차쿠차 형식으로 탐구한 현상을 발표하고 질의응답 하기	20장의 파워포인트 슬라이드를 장당 20초씩 발표하는 페차쿠차(Pecha Kucha) 방식으로 발표한 뒤에 참가자와 질의응답 활동을 한다.

1차시는 [활동지5-4]를 기반으로 4명 정도의 모둠을 구성하여 각자 역할을 정하고, 학교 급식, 옷, 교통 등과 같이 생활 주변에서 찾을 수 있는 현상에 관한 의견을 충분히 논의한 뒤 모둠이 탐구할 현상을 결정하면 된다.

2차시는 [활동지5-5]를 이용하여 모둠이 탐구할 현상을 기사, 유튜브 등의 미디어 텍스트를 통해 탐색하고, 교과서 내용과 연결해 보는 시간이다. 만약에 '학교 급식'을 탐구할 현상으로 결정했다면, 우선 학교 급식에 관한 내용을 신문 기사나 유튜브 영상을 통해 탐색하면 된다. 다음으로 학교 급식에 관련된 교과서 내용을 찾아 마인드맵을 작성하면 된다. 이때 교과서 내용을 토대로 영양학적 가치(생명과학), 학교 급식비의 산출 문제(수학), 학교 급식의 질을 개선하기 위한 대책(사회문화), 특정 종교를 믿는 학생들을 위한 식단 구성(윤리) 등의 학습 요소를 선정할 수 있다. 마인드맵을 그릴 때는 한가운데의 동그라미에 '학교 급식'을 기록하고, 그 주변에 생명과학, 수학, 사회문화, 윤리 과목의 학습 요소를 배치한다. 이를 통해 빠진 게 없는지 확인한 뒤에 탐구할 현상과 관련된 교과의 내용을 확정하면 된다.

[활동지5-4] 현상기반학습 1차시 활동지

[1차시] 현상기반학습을 위한 모둠 구성과 탐구할 현상 찾기
( )학교 학번( ) 이름( )

모둠 이름	
모둠 구성원	

모둠 구성과 역할 분담			
역할	학번	이름	연락처

관심 있는 현상에 관한 의견 나누기			
학번	이름	관심 있는 현상	의견

모둠이 탐구할 현상	

[활동지5-5] 현상기반학습 2차시 활동지

[2차시] 현상기반학습을 위해 모둠이 탐구할 현상 집중 탐구하기

( )학교 학번( ) 이름( )

모둠 이름	
모둠 구성원	
모둠이 탐구할 현상	

모둠이 탐구할 현상을 미디어 텍스트에서 탐색하여 정리하기

	출처	헤드라인	주요 내용
신문			

	주소	섬네일 제목	주요 내용
유튜브			

모둠이 탐구할 현상과 관련된 교과서의 주요 내용 정리하기

모둠이 탐구할 현상 [   ]

학번	과목	단원	주요 내용
모둠이 탐구할 현상 관련 교과서 내용			

모둠이 탐구할 현상을 교과목을 중심으로 마인드맵 그리기

탐구할 현상과 관련된 교과서의 학습 요소는 인문, 사회, 과학, 기술, 미술 등 다양한 과목에서 추출하여 탐구하도록 하여 이질적인 요소를 융합하는 과정에서 창의력을 발휘하는 방법을 익히도록 해야 한다.

3차시는 [표5-5]처럼 탐구할 현상에 관한 핵심 질문을 만들고, 이를 탐색한 뒤에 발표할 파워포인트를 만드는 시간이다. 학교 급식에 관련된 교과의 학습 요소를 영양학적 가치(생명과학), 학교 급식비의 산출 문제(수학), 학교 급식의 질을 개선하기 위한 대책(사회문화), 특정 종교를 믿는 학생들을 위한 식단 구성(윤리)으로 결정했다면, 이에 기초하여 '학교 급식의 영양학적 가치를 측정할 수 있을까?(생명과학)', '학교 급식비의 산출 방법은 무엇인가?(수학)', '학교 급식의 질을 개선하기 위한 해결책은 무엇인가?(사회문화)', '특정 종교를 믿는 학생들을 위한 식단 구성은 어떻게 해야 할까?(윤리)' 등의 핵심 질문을 만들면 된다. 핵심 질문은 열린 답변, 토론 가능성, 고등사고력 증진 등을 전제한 질문이다.

[표5-5] 학급 급식 관련 과목별 학습 요소와 핵심 질문

과목과 학습 요소	핵심 질문
[생명과학] 학교 급식의 영양학적 가치	학교 급식의 영양학적 가치를 측정할 수 있을까?
[수학] 학교 급식비의 산출 문제	학교 급식비의 산출 방법은 무엇인가?

[사회문화] 학교 급식의 질을 개선하기 위한 대책	학교 급식의 질을 개선하기 위한 해결책은 무엇인가?
[윤리] 특정 종교를 믿는 학생의 식단 구성	특정 종교를 믿는 학생들을 위한 식단 구성은 어떻게 해야 할까?

탐구할 현상에 관련된 교과목의 학습 요소와 그에 따른 핵심 질문이 만들어지면, 그에 관련된 자료를 다양한 미디어를 통해 수집하여 파워포인트를 제작하는 활동을 해야 한다. 현상기반학습을 위한 발표용 파워포인트는 20장의 슬라이드로 구성하고 한 장당 20초씩 약 6분 40초 동안 발표하도록 한다. 이렇게 페차쿠차 형식으로 파워포인트를 만들 때는 파워포인트 메뉴 중에서 '전환'으로 들어간 뒤에 '화면 전환' 아래에 있는 '다음 시간 후'를 20초로 설정하면 각 슬라이드는 20초 동안만 보이고 이후에 자동으로 다음 슬라이드로 넘겨진다. 이때는 [활동지5-6]을 이용하면 된다.

4차시는 모둠의 대표가 자기 모둠이 탐구한 현상을 발표하고 참가자의 질문에 대답하는 시간이다. 페차쿠차는 탐구한 현상을 정해진 시간 동안 압축하여 발표하는 방식이다. 이 때문에 듣는 사람의 이해도가 떨어질 수 있어 반드시 질의응답 시간을 마련해야 한다.

현상기반학습은 미디어 리터러시 기반의 주제 중심 통합형 민주시민교육에 적합하다. 또한 현상기반학습에는 미디어 리터러시 교육, 융합교육, 질문 생성교육, 문제기반학습, 발표기반교육 등이 두루 포함되어 있어 고등사고력을 키우는 데도 도움이 된다.

[활동지5-6] 현상기반학습 3차시 활동지

[3차시] 현상기반학습 발표를 위한 파워포인트 설계하기
( )학교 학번( ) 이름( )

모둠 이름	
모둠 구성원	
모둠이 탐구할 현상	

모둠이 탐구할 현상에 관한 핵심 질문 만들기		
	과목	질문
모둠이 탐구할 현상 관련 핵심 질문		

현상기반학습 발표를 위한 파워포인트 설계하기				
①	②	③	④	⑤
⑥	⑦	⑧	⑨	⑩
⑪	⑫	⑬	⑭	⑮
⑯	⑰	⑱	⑲	⑳

※ 현상기반학습 결과 발표용 파워포인트를 설계할 때 첫 번째 슬라이드인 ①번에는 탐구한 현상, 모둠 이름, 모둠 구성원, 발표 일자 등을 순서대로 정리하고, ②번에서 ⑲번까지는 탐구한 현상에 관한 내용을 이미지와 핵심어 중심의 카드뉴스 형식으로 정리하면 된다. 마지막 슬라이드인 ⑳번에는 '우리 모둠의 발표를 경청해 주셔서 감사합니다.'라는 인사말을 넣는다.

05
다크 투어리즘을 통한 민주시민교육

다크 투어리즘의 이해 ·················

다크 투어리즘(dark tourism)은 처참했던 역사 현장이나 재난·재해 지역 등을 다니며 역사적 교훈을 얻거나 평화의 의미를 되새기는 여행을 말한다. 전쟁·학살 등 암울했던 역사의 현장이나 엄청난 재난과 재해가 일어났던 현장을 돌아보며 성찰과 사유의 시간을 갖는 여행이므로 평화의 소중함을 일깨우는 민주시민교육의 한 영역이다.

한국에서는 1980년 5월 18일을 전후하여 광주와 전라남도 일원에서 신군부의 집권 음모를 규탄하고 민주주의의 실현을 요구하며 전개한 민중항쟁 지역을 둘러보는 '5.18 광주민주화운동 다크 투어리즘'과 1947년 3월 1일을 기점으로 하여 1948년 4월 3일에 발생한 소요 사태 및 1954년 9월 21일까지 제주도에서 발생한 무력 충돌과 진압 과정에서 주민들이 무참히 희생당한 사건과 관련된 '제주 4.3 다크 투어리즘' 등이 널리 알려져 있다. 일본 제국주의가 쌀을 비롯한 다양한 자원을 수탈하여 일본에 내보내던 창구였던 군산을 둘러보는 다크 투어리즘도 있다.

외국에도 암울한 역사 현장을 둘러보는 다크 투어리즘 프로그램이 있다. 제2차 세계대전 당시 약 400만 명이 학살당했던 폴란드에 있는 아우슈비츠 수용소 탐방 프로그램, 미국대폭발테러사건(9.11테러)이 발생했던 뉴욕 월드트레이드센터 부지인 그라운드 제로(ground zero)를 돌아보는 여행 프로그램이 대표적이다.

역사는 수많은 사람들이 겪은 희로애락을 담고 있다. 이 때문에 항상 즐겁고 아름다운 역사만 있을 수 없다. 슬프고 애잔한 역사도 똑바로 마주하고 그 속에서 교훈을 얻어야 한다. 그래야 다시는 그런 일이 반복되지 않는다. 이런 차원에서 역사의 엄중함과 평화의 소중함을 일깨우는 다크 투어리즘을 적극적으로 실천해야 한다.

다크 투어리즘의 실천 ···················

다크 투어리즘은 학교 안팎에서 다양한 방식으로 실천할 수 있다.

첫째, 자신의 생활 반경 속에서 여행지를 찾아 실천할 수 있다. 우리나라는 외세의 침입이 자주 있었고, 크고 작은 재해와 재난이 많았다. 이 때문에 자신의 생활 터전을 중심으로 다크 투어리즘 여행지를 쉽게 찾을 수 있다. 다크 투어리즘 관련 여행지는 잘 정비되어 있고 관련 정보를 구하기도 쉬운 편이다. 예컨대 [그림5-2]처럼 서울에 사는 사람이라면 서대문형무소나 3.1운동 관런 건물을 중심으로 여행을 설계할 수 있고, 부산에 사는 사람이라면 일본 왜관을 중심으로 여행을 구성할 수 있다. 경상남도 진주에 사는 사람은 형평사 운동을 중심으로 설계할 수 있고, 충청남도 태안에 사는 사람은 원유 유출 사건과 관련된 재난 지역을 답사하는 형식으로 구성하고, 강원도 고성 지역 사람들은 대형 산불 현장을 찾아가는 여행을 설계할 수 있다. 이처럼 장거리 이동을 하지 않고 지역 중심의 다크 투어리즘을 실천할 수 있다.

[그림5-2] 생활 반경에서 찾을 수 있는 다크 투어리즘 여행지

서울 서대문형무소역사관, 경상남도 진주 형평운동 기념탑, 강원도 고성 산불 현장, 충청남도 태안 원유 유출 사건(왼쪽 위부터 시계 방향으로)

둘째, 반드시 여행지를 찾아가지 않더라도 다크 투어리즘 계획서를 작성해 보는 것도 의미 있다. 바쁜 일상을 살아가는 학생들이 여행 계획을 세워 현장을 직접 방문하는 게 쉽지 않을 수 있다. 그런 경우에는 다크 투어리즘을 위한 실행 계획서를 작성하여 다른 사람들에 공유하는 것도 민주시민교육 차원에서 의미 있는 일이다. 완성도가 높은 다크 투어리즘 계획서는 인터넷 공간에 공개하여 다른 사람들이 활용하도록 할 수 있다.

3.1운동과 대한민국임시정부수립 100주년 기념 다크 투어리즘 계획서를 작성하는 수업 활동을 [표5-6]을 통해 구체적으로 알아보자.

[표5-6] 3.1운동과 대한민국임시정부수립 100주년 기념 다크 투어리즘 계획

단계		주요 내용
사전 활동	사실 알기	미디어를 기반으로 3.1운동과 대한민국임시정부수립에 관한 역사적 사실을 정부의 공식 자료를 중심으로 알아보기
본시 활동	설계하기	3.1운동과 대한민국임시정부수립 100주년 기념 다크 투어리즘 계획서를 모둠별로 설계하기
	발표하기	모둠별로 계획한 3.1운동과 대한민국임시정부수립 100주년 기념 다크 투어리즘의 방안을 발표하기
	성찰하기	다크 투어리즘을 계획하면서 느낀 점을 이야기하고 민주주의의 가치에 대한 의견 나누기
사후 활동	여행하기	방학이나 주말을 활용하여 이미 설계한 3.1운동과 대한민국임시정부수립 100주년 기념 다크 투어리즘 여행하기

'사실 알기'는 3.1운동과 대한민국임시정부수립에 관한 역사적 사실을 알아보는 활동 단계이다. 학생들이 디지털 기기를 사용하여 역사적 사실에 관한 정보를 수집할 때 정부나 전문 연구기관이 제공하는 정보를 활용하도록 교육해야 한다. 개인이 운영하는 유튜브, 블로그, 카페 등에는 지나치게 주관적인 정보가 많고, 독립투사를 테러분자로 규정하거나 우리의 독립운동을 비하하는 등의 친일적인 자료도 쉽게 접할 수 있다. 이 때문에 사실 알기 단계에서 뉴스, 지식, 정보에 대한 비판적 미디어 읽기에 기초한 비판적 미디어 수용 교육을 반드시 해야 한다.

'설계하기'는 [활동지5-7]과 같이 주어진 수행과제인 3.1운동과 대한민국임시정부수립 100주년 기념 다크 투어리즘을 위한 설계를 모둠별로 하는 단계이다.

'설계하기' 활동지의 '다크 투어리즘 할 곳'은 국내로 할 것인지, 해외로 할 것인지를 결정한 뒤에 구체적인 장소를 정해 기록하면 된다. '다크 투어리즘 할 곳 선정 이유'는 선정한 곳의 역사성 또는 재해나 재난 지역의 피해 정도를 확인해 보고 그를 바탕으로 정리하면 된다. '다크 투어리즘 설계'는 선정한 장소를 오가는 교통편, 여행 코스, 여행 일정, 여행 경비 등을 지도에 표시하거나 팸플릿 형식으로 만들어도 된다. '다른 팀의 발표 내용 정리'는 다른 팀의 내용을 듣고 장단점을 메모하거나 궁금한 점에 대한 질문을 정리하면 된다. [그림5-3-①, ②]는 모둠별로 모여 활동하는 모습이다.

[활동지5-7] 3.1운동과 대한민국임시정부수립 100주년 기념 다크 투어리즘 설계 활동지

3.1운동과 대한민국임시정부수립 100주년 기념 다크 투어리즘 설계하기	
구분	내용 정리
모둠 이름	
모둠 구성원	
다크 투어리즘 할 곳	
다크 투어리즘 할 곳 선정 이유	
다크 투어리즘 설계	
다른 팀의 발표 내용 정리	

[그림5-3-①] 3.1운동과 대한민국임시정부수립 100주년 기념 다크 투어리즘 수업 장면

'발표하기'는 팀별로 설계한 다크 투어리즘의 정리 내용을 발표하는 단계이다. 이때 다른 팀들은 여행지 선정, 여행 경비 등에 관한 설명을 듣고 궁금한 점은 질문하면 된다.

'성찰하기'는 다크 투어리즘을 구성하면서 알게 된 역사적 사실이나 설계 과정에서 느낀 점을 중심으로 이야기를 나누는 시간이다. 이때 다른 팀의 발표를 경청하면서 서로 성찰할 수 있도록 집중하는 분위기를 조성해야 한다. 또한 다크 투어리즘을 통해 평화의 중요성을 인식할 수 있도록 마무리해야 한다. 이 활동을 통해 우리 선조들의 독립운동을 가슴에 새기고, 나아가 전쟁

없는 평화로운 세상을 만들기 위해 우리가 해야 할 일이 무엇인가에 대한 문제의식을 품는 게 중요하다.

'여행하기'는 말 그대로 자기 팀이 설계한 다크 투어리즘 여행지나 다른 팀이 구성한 다크 투어리즘 여행지를 방과 후, 주말, 방학 등을 이용하여 방문하는 활동 단계이다. 방문한 여행지를 사진이나 영상으로 정리하여 SNS 등을 통해 공유하도록 지도하면 된다.

[그림5-3-②] 지도를 기반으로 다크 투어리즘을 구성하여 발표하는 장면

06

커뮤니티 매핑 활동을 통한 사회참여교육

커뮤니티 매핑(community mapping)은 특정 주제와 관련한 지도를 만들기 위해 온라인 지도 서비스를 이용하여 직접 정보를 수집하고 지도에 표시하여 완성함으로써 정보를 공유하고 활용하는 참여형 지도 제작 활동을 말한다. 이런 커뮤니티 매핑 활동으로 쇠락해 가는 전통시장을 살리는 사회참여교육을 실천할 수 있다.

전통시장은 상품을 사고파는 경제적 공간, 마을 사람들이 만나 서로 소통하는 사회적 공간, 가족들이 나들이하는 여가 활동 공간 등의 역할을 톡톡히 해내고 있다. 하지만 대형 마트와 백화점의 등장으로 전통시장을 방문하는 사람들이 급격하게 줄어드는 추세이다. 이런 상황에서 전통시장을 살리기 위한 커뮤니티 매핑 활동은 주제 중심의 통합형 민주시민교육으로서 의미를 지니고 있다.

이 활동은 단순히 지도 위에 전통시장의 위치를 표시하는 활동이 아니다. 다른 지역 사람이나 외국인 등이 전통시장을 방문했을 때 자기가 사고 싶은 상품을 쉽게 찾을 수 있도록 점포의 위치나 주요 판매 상품을 소개하는 안내형 지도 만들기 활동을 여럿이 협력하여 진행하는 게 핵심이다. 이 활동을 할 때 전통시장을 방문하여 점포의 위치, 주요 판매 상품 등을 조사하는 데 어려움이 따를 수 있다. 하지만 우리 마을의 전통시장을 알리고 타인이 쉽게 방문할 수 있도록 봉사하는 마음으로 참여하도록 해야 한다.

전통시장 살리기 커뮤니티 매핑 활동의 구체적인 실천 과정을 [표5-7]을 통해 알아보자.

[표5-7] 전통시장 살리기 커뮤니티 매핑 활동 실천 과정

단계별 주요 활동	주요 활동
1단계 활동[80분] 커뮤니티 매핑의 이해와 모둠 구성 및 사전 조사하기	• **전통시장 커뮤니티 매핑의 의미와 필요성 이해하기** 　– 전통시장과 커뮤니티 매핑에 관해 알아보기 　– 전통시장 살리기 커뮤니티 매핑의 필요성 이해하기 　– 전통시장이 처한 어려움에 관한 기사 읽고 공감하기 • **모둠 구성하기** 　– 모둠 구성원 결정하기(4명 1모둠 구성) 　– 모둠 이름 정하고 역할 분담하기 • **커뮤니티 매핑을 위한 전통시장 결정하고 사전 조사하기** 　– 방문할 전통시장에 관한 기초 정보를 인터넷으로 조사하기 　– 인터넷 조사 결과를 바탕으로 전통시장 방문 계획 수립하기

2단계 활동[180분] 모둠별 커뮤니티 매핑 준비 활동 전개하기	• **모둠별로 결정한 전통시장 방문하기** 　– 전통시장 전경 사진 찍기 　– 전통시장 둘러보고 규모를 파악하고 모둠별로 조사할 구 　　역 정하기 　– 전통시장 주요 특성 파악하기 • **구역을 정해 커뮤니티 매핑을 위한 점포 현황 조사하기** 　– 점포별 주요 판매 상품 파악하고 사진 촬영하기
3단계 활동[180분] 커뮤니티 매핑 활동과 결과 발표하기	• **구역별로 커뮤니티 매핑하기** 　– 커뮤니티 매핑을 위한 점포(가게)의 주요 판매 상품 아이 　　콘 그리기 　– 출발 지점(버스 정류장, 지하철역 출구, 특정 건물 등)을 　　정해 커뮤니티 매핑하기 • **커뮤니티 매핑 결과 발표하기** 　– 모둠별로 커뮤니티 매핑 결과 발표하기 　– 질의응답하기 • **전통시장 커뮤니티 매핑 결과 공유하기** 　– 결과물을 인터넷에 공유할 방안 결정하기 　– 공유하고 반응 살피고 피드백하기

전통시장 살리기 커뮤니티 매핑 활동의 단계별 주요 활동 내용과 소요 시간은 학생들의 수행 역량을 고려하여 조정할 수 있다.

1. 1단계 활동 ·················

1단계는 '커뮤니티 매핑의 이해와 모둠 구성 및 사전 조사하기'가 활동 목표이다. 이를 위해 전통시장과 커뮤니티 매핑에 관한 이해와 필요성 및 전통시장이 처한 어려움에 관한 기사를 읽고 공감하는 활동 등을 사전 교육 차원에서 실시해야 한다. 이때 필요한 교육 자료는 [자료5-1]과 같이 구성하면 된다.

[자료5-1] 전통시장 살리기 커뮤니티 매핑 이해 자료

커뮤니티 매핑(community mapping)은 커뮤니티와 매핑의 합성어로, 사람들이 특정 주제와 관련한 지도를 만들기 위해 온라인 지도 서비스를 이용하여 직접 정보를 수집하고 지도에 표시하여 완성함으로써 정보를 공유하고 활용하는 참여형 지도 제작 활동이다. 이른바 집단지성을 활용하는 방식으로, 주제와 관련하여 개인이 알고 있는 정보를 지도에 표시하면 여러 사람의 정보와 지식이 하나로 모였을 때 전체적인 지도가 완성되어 개인이 알고 있었던 것보다 더 많은 정보를 다수가 공유하게 되고, 이와 관련한 문제의 해결에 효과적으로 활용할 수 있다. 이러한 커뮤니티 매핑의 발달은 정보통신기술이 빠르게 발전하면서 인터넷과 모바일이 보편화되고 지리정보시스템에 기반을 둔 커뮤니티 매핑용 온라인 지도 서비스가 다양하게 제공되면서 가능해졌다.

이번 활동은 커뮤니티 매핑을 이해한 뒤에 종이에 그리는 매핑 활동으로 변형하여 진행한다. 이 활동을 위해 전통시장을 직접 방문하여 점포들의 주요 판매 상품과 판매 현황 등을 사진 촬영과 인터뷰를 통해 확인해야 한다. 이를 바탕으로 전통시장을 방문하는 사람들이라면 누구나 쉽게 점포 위치, 판매 상품 등을 알 수 있도록 정리하여 결과물을 서로 발표하고, 인터넷 커뮤니티에 기부하는 활동을 할 것이다.

전통시장 살리기 커뮤니티 매핑의 이해와 필요성에 대한 교육 이후에 4명을 1모둠으로 구성하고, 모둠의 이름을 정한 뒤에 역할 분담 활동을 해야 한다. 더불어 [활동지5-8]을 이용하여 방문할 전통시장에 관한 기초 정보를 인터넷을 통해 사전 조사하고, 그 결과를 바탕으로 전통시장 방문 계획을 수립해야 한다.

[활동지5-8] 전통시장 살리기 커뮤니티 매핑 1단계 활동지

[1단계 활동] 전통시장 살리기 커뮤니티 매핑을 위한 사전 활동
( )학교 학번( ) 이름( )

전통시장이란?	
커뮤니티 매핑이란?	

모둠 구성과 역할 분담			
역할	학번	이름	연락처
모둠 이름			
준비물			
전통시장 살리기에 참여하는 나의 다짐			

커뮤니티 매핑을 위한 전통시장 결정하고 사전 조사하기		
구분		주요 내용
커뮤니티 매핑할 전통시장	주소	
	위치	
	대중교통편	
	주요 거래 상품	
방문 계획	방문 일시	
	모일 장소	

커뮤니티 매핑을 위한 사전 활동이 끝나면 전통시장의 쇠락을 생생하게 알수 있는 [자료5-2]와 같은 멘토 텍스트를 함께 읽고 공감하는 활동을 해야한다. 멘토 텍스트를 보면, 설 명절이 되었지만 내수 경기 침체, 한파, 코로나19, 택배 등의 여파로 한산한 상황에서 한숨을 짓고 있는 전통시장의 딱한 현실을 알 수 있다.

전통시장 살리기 커뮤니티 매핑 활동을 효과적으로 하려면, 먼저 전통시장전체를 훑어보고 규모를 파악하는 일을 해야 한다. 도시에 있는 전통시장은대규모이기 때문에 모든 점포를 조사하기 어려울 수 있다. 이런 곳은 특정 한구역을 정해 커뮤니티 매핑을 해도 된다. 빠진 구역은 주로 팔리는 상품을 중심으로 개략적으로 소개하면 된다. 예를 들어 커뮤니티 매핑에서 빠진 구역에는 '과일과 잡화를 파는 상점들이 있다'는 식으로 정리하면 된다.

2. 2단계 활동 ·················

2단계는 모둠별로 커뮤니티 매핑 준비를 활동 목표로 한다. 이를 위해 모둠별로 결정한 전통시장을 방문하여 시장 전경을 촬영하고 둘러보면서 전체적인 규모를 파악한다. 이후 구역을 정해 점포별로 주요 판매 상품을 파악하고사진 찍는 활동을 한다. 구역별로 조사한 점포 현황은 [활동지5-10]을 이용하여 점포 이름과 주요 판매 상품을 기록하고, 점포 모습과 판매 상품을 사진을 찍어 남기면 된다.

[자료5-2] 전통시장의 현실을 알아보기 위해 함께 읽은 멘토 텍스트

설 명절이 다가오면 전통시장 상인들은 대목을 준비하기 위해 많은 상품을 준비하여 손님을 기다리지만, 경기 침체의 여파로 손님들의 발길이 뚝 끊기는 현실 앞에 한숨만 내쉬고 있다. 상인들의 이야기를 들어보면 예전에는 보통 명절 열흘 전부터 손님들로 붐비는데 갈수록 이런 풍경을 보기 어렵다고 한다. 전통시장 상인회에서 난방시설을 보강하려 하고 있지만, 연료비 부담과 화재 위험 등의 문제가 있어 이마저 쉽지 않은 상황이라고 한다.

요즘에는 대부분의 전통시장은 천장에 가림막을 설치하여 눈이나 비바람을 막고 있지만, 강추위가 오면 무용지물이 되는 상황이다. 설상가상으로 코로나19 여파로 사람들이 외출을 자제하고 있다. 그리고 굳이 전통시장을 찾지 않고 집에서 택배를 이용하는 풍토가 확산되어 갈수록 어려움이 더해지고 있다.

침체된 전통시장 활성화를 위해 지방자치 단체들이 전통시장에서 설 제수용품 장보기 캠페인 등을 지속적으로 진행하고 있고, 전통시장에서 사용할 수 있는 온누리상품권에 대한 홍보도 적극적으로 실시하고 있지만, 상황을 반전시키는 데는 한계가 있다.

[활동지5-9] 전통시장 살리기 커뮤니티 매핑 2단계 활동지

[2단계 활동] 전통시장 살리기 커뮤니티 매핑을 위한 현장 활동
( )학교 학번( ) 이름( )

전통시장 주요 전경 사진

모둠별 조사할 구역 정하기
1구역 ( ) 모둠	2구역 ( ) 모둠
3구역 ( ) 모둠	4구역 ( ) 모둠

[활동지5-10] 구역별 점포 현황 조사 활동지

구역별 점포 현황 조사 활동지		
구분	**점포(가게) 이름**	**주요 판매 상품**
1구역 (　) 모둠		
2구역 (　) 모둠		
3구역 (　) 모둠		
4구역 (　) 모둠		

3. 3단계 활동 ··················

3단계는 사전 조사와 현장 조사에 근거하여 전통시장을 구석구석 제대로 알리는 커뮤니티 매핑 활동을 하고, 그 결과를 발표하고 공유하는 시간이다. 이를 위해 [활동지5-11]을 이용하여 구역별로 점포(가게)의 주요 판매 상품 아이콘을 그리고, 출발 지점(버스 정류장, 지하철역 출구, 특정 건물 등)을 정해 커뮤니티 매핑을 본격적으로 실시하면 된다. 이후에 결과를 발표하고 결과물을 인터넷에 공유할 방안을 결정하여 탑재한 뒤 반응을 살펴 보완할 부분이 있으면 수정하면 된다. 전통시장 커뮤니티 매핑을 할 때 [그림5-4]와 같은 예시 자료를 제시하여 구체적으로 표현할 수 있도록 안내한다.

[그림5-4] 전통시장 커뮤니티 매핑 참고 예시 자료

[활동지5-11] 전통시장 살리기 커뮤니티 매핑 3단계 활동지

[3단계 활동] 전통시장 살리기 커뮤니티 매핑 활동하기

(   )학교   학번(   ) 이름(   )

[커뮤니티 매핑을 위한 주요 판매 상품 아이콘]

판매 상품	아이콘	판매 상품	아이콘

[아이콘 예시]

과일 가게		생선 가게	

모둠별로 커뮤니티 매핑을 끝낸 결과물은 [그림5-5]처럼 발표하는 자리를 마련하여 공유하는 활동이 필요하다. 이때 전통시장 살리기 커뮤니티 매핑 활동을 하면서 느낀 점을 토대로 사회참여교육의 의미를 되새기도록 해야 한다.

[그림5-5] 전통시장 살리기 커뮤니티 매핑 발표 장면

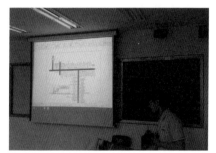 

전통시장 살리기 커뮤니티 매핑 활동의 최종 마무리는 학생들이 제작한 결과물에 대해 다른 사람의 의견을 듣고 보완하고 수정할 부분이 있으면 고치는 작업을 하는 것이다. 이러한 보완 작업을 끝낸 커뮤니티 매핑 자료는 필요한 곳에 기부하도록 한다. 이때 커뮤니티 매핑 결과물을 확대 복사한 입간판을 만들어 전통시장 입구에 게시하거나, 전통시장 커뮤니티에 탑재하는 방안을 논의한 뒤 실행하면 된다.

Media Literacy

07
악성 댓글 방지를 위한 국무회의식 토론

국무회의식 토론의 이해 ·················

국무회의는 정부의 권한에 속하는 주요 정책을 심의하는 최고 정책심의기관이다. 대통령을 포함하여 국무총리와 15명 이상 30명 이하의 국무위원으로 구성되고, 대통령은 국무회의의 의장이 되며 국무총리는 부의장이 된다. 헌법이 특정하는 심의사항은 국무회의의 심의를 거칠 뿐 대통령에 대하여 법적인 구속력은 없으므로 국무회의가 의결하더라도 대통령은 이에 구속받지 않는다. 반면에 대통령과는 별도로 존재하는 헌법기관으로서 반드시 국무회의의 의결을 거쳐서 대통령의 재가를 얻어야 하는 중요한 정책들이 있다. 헌법에 규정되어 반드시 국무회의의 심의를 거쳐야 하는 17개의 조항이 있는데, 그중에서 '국정의 기본 계획과 정부의 일반 정책'에 근거를 두어 기획한 것이 '악성 댓글 방지를 위한 국무회의식 토론'이다.

정부는 국민의 생활과 안전에 직결된 다양한 문제를 해결하기 위한 국무회의를 개최하여 논의한다. 예를 들어 특정한 복지 서비스가 있다는 것 자체를 몰라서 서비스를 못 받는 사람들을 직접 찾아 안내하기 위한 시행령을 논의하기도 하고, 최근 발생하고 있는 신종 디지털 성범죄 등에 체계적으로 대응하기 위한 심의기구 설치 문제를 논의하기도 한다.

이런 국무회의의 역할을 염두에 두고 '악성 댓글 방지 문제'를 논제로 각부 장관이 토론하는 과정을 연출하는 것이 국무회의식 토론이다. 정부의 각부에는 지금 기준으로 기획재정부, 교육부, 과학기술정보통신부, 외교부, 통일부, 법무부, 국방부, 행정안전부, 문화체육관광부, 농림축산식품부, 산업통상자원부, 보건복지부, 환경부, 고용노동부, 여성가족부, 국토교통부, 해양수산부, 중소벤처기업부가 있다. 이 중에서 어떤 부를 선택하느냐에 따라 논의가 쉽게 진행될 수도 있고, 그렇지 않을 수도 있다. 예를 들어 교육부를 맡은 팀은 악성 댓글 문제를 다루기가 쉽지만, 농림축산식품부를 맡은 팀은 상대적으로 힘들 수 있다. 그렇지만 창의적인 상상력을 발휘하여 자기 팀이 맡은 정부 부처에 맞게 준비하는 과정이 중요하다.

준비와 진행 과정 ·················

인터넷의 게시판 등에 탑재한 내용에 대해 악의적으로 평가하여 쓴 악성 댓글이 사회 문제로 떠오른 지 오래되었다. 악성 게시물로 인해 고통을 받는 사람들을 외면할 수 없는 지경이다. 이른바 악플러에 의해 극심한 고통에 시달리는 사람이 갈수록 증가하고 있다. 이런 상황에서 혐오 표현과 악성 표현의 문제를 해결하기 위한 활동들을 개발하여 문제의 심각성을 공유할 필요가 있다.

먼저 악성 댓글 방지를 위한 토론 대회를 위해 참여하는 학생들에게 [자료 5-3]과 같은 공지 사항을 전달해야 한다.

[자료5-3] 악성 댓글 방지를 위한 토론 대회 공지 사항

■ 토론 주제: 악성 댓글 방지를 위한 각부 장관의 입장을 제시하시오.

■ 토론 목적: 사회적 문제로 부상한 악성 댓글 방지 문제에 대해 대책을 각부의 장관으로서 논리적이고 창의적으로 제시하는 능력을 배우고, 협력을 바탕으로 문제 상황을 해결하는 능력을 키우기 위해 실시한다.

■ 참가 팀 구성: 3명이 한 팀이 되고, 팀원이 장관, 차관, 국장의 역할을 자율적으로 정한다. 장관, 차관, 국장은 두 개 학년 이상으로 구성해야 한다.

■ 참가 팀별 역할 분담: 장관은 발제, 차관은 장관의 발제 요약, 국장은 다른 부처의 국장과 질의응답형식의 토론 활동을 맡는다.

■ 팀별 발표: 장관 발제는 5분 이내, 차관 요약은 1분 이내, 다른 부처의 국장에게 질의는 30초, 그에 대한 응답도 30초 이내를 준수하도록 한다.

■ 질의 방법: 순번 1의 발표(장관)와 요약(차관) 뒤에 순번 2의 국장이 순번 1번의 국장에게 질의, 순번 3의 발표 뒤에 순번 4의 국장이 순번 3의 국장에게 질의하는 순서로 진행하고 마지막 팀의 발표와 요약에 대한 질의는 순번 1이 맡는다. 단, 순번에 상관없이 각 부처의 장관과 차관이 다른 부처의 대책에 대해 1번의 돌발 질문을 할 수 있다. 이에 대한 응답은 장관, 차관, 국장 중에서 누구나 할 수 있다.

■ 순번과 각부 뽑기: 8월 28일(목) 12시 40분 지하 소회의실에서 제비뽑기 형식으로 실시하고, 토론대회는 9월 1일(화) 4시 20분에 본관 지하 회의실에서 진행한다.

<제비뽑기 용지 예시>

순번	팀명	해당 부처	장관 [대책 발제] (학번, 이름)	차관 [발제 요약] (학번, 이름)	국장 [질의응답] (학번, 이름)
1		기획재정부			

※ 제비뽑기 용지를 뽑으면 발제 순번을 확인한 뒤에 팀명과 장관, 차관, 국장의 역할을 할 사람의 학번과 이름을 기록하여 담당 교사에게 제출한다.

■ 토론 발제 준비: 각 팀은 정부의 부처가 하는 주요 업무를 찾아보고 이를 바탕으로 토론 발제문을 A4 1장(한글 10포인트, 한김마탕체)을 준비해 8월 31일(월) 오전 11시까지 담당 교사의 메일로 제출한다.

<토론 발제문 제출 양식>

순서	팀명	해당 부처	장관 [대책 발제] (학번, 이름)	차관 [발제 요약] (학번, 이름)	국장 [질의응답] (학번, 이름)
1	빛나라	기획재정부	11103, 홍길동	20121 정의남	30302 김의리
발제할 내용 기록					

※ 장관의 발제문만 제출하고, 차관의 발제 요약문은 제출하지 않는다.

■ 심사기준

장관 발제 [40점]	차관 요약 [20점]	국장 질의응답 [30점]	돌발 질문 [10점]
논증력과 창의력	요약 전달력	질의응답력	의문점 파악력

악성 댓글 방지를 위한 국무회의식 토론 대회는 [그림5-6]처럼 장관, 차관, 국장이 나란히 앉아 토론 활동을 진행한다.

[그림5-6] 국무회의식 토론 대회 모습

[자료5-4]는 악성 댓글 방지를 위한 국무회의식 토론을 위해 각 팀이 준비한 장관들의 발제문이다.

[자료5-4] 악성 댓글 방지 국무회의식 토론을 위한 각 팀 장관들의 발제문

순번	팀명	해당 부처	장관	차관	국장
1	논생논사	고용노동부	OOO	OOO	OOO

안녕하십니까? 고용과 노동에 관한 사무를 관장하는 고용노동부 장관 OOO입니다. 악성 댓글에 대한 해결 방안을 제시하기 전에 우선 악성 댓글에 대해서 알아보려고 합니다. 악성 댓글은 상대방에게 모욕감과 치욕감을 주는 악의적인 댓글을 의미하는데, '악플러'라는 말이 생길 정도로 크게 이슈화되고 있는 주제입니다. '네이버'에서 일일 뉴스 게시판 이용자 120만 명을 분석한 결과 하루에 약 천여 개의 악성 댓글이 생산된다고 합니다. 남녀노소 모두가 이용하는 건전한 인터넷 문화를 조성할 입장에서 살펴보았을 때 이러한 수치는 간과해서는 안 될 문제이기 때문에 우리 고용노동부에서 개인적, 국가적 대안을 마련했습니다.

첫째, 국내 기업 구조를 악의적으로 비난하는 댓글이 있습니다. 굳이 기업에 관한 기사가 아니어도 노동 문제와 연관이 있는 기사에는 항상 고용, 연봉 문제뿐만 아니라 근무시간, 직급 체제를 근거 없이 무분별하게 폄하하는 댓글이 뒤따릅니다. 이는 초등학생부터 청년들까지 국내 기업에 대한 부정적 인식과 국내 기업은 근무 환경이 비인간적이고 해외 기업은 근무 환경이 매우 우수하다는 선입견을 갖게 하며 우수한 인재가 해외 기업으로 몰리는 현상이 발생하고 이것은 국가적 손해로 이어질 수 있습니다. 그래서 저희는 나라의 인재들이 해외 기업으로 무분별하게 빠져나가는 것을 방지하기 위해서 산하 기관인 '한국고용정보원'에 기업의 시스템과 문화를 정확하고 객관적으로 기재하도록 하는 정책을 펼칠 것입니다. 이렇게 함으로써 우리나라의 젊은 이들은 악성 댓글을 통해서 기업에 대한 편협한 정보를 배우는 것이 아닌 정확한 자료를 접함으로써 국내 기업에 대한 회의적 인식을 갖지 않게 될 것입니다.

또한, 고용노동부 입장에서 가장 중시하는 일자리 창출의 관점에서 바라본다면, 앞으로 기업에 종사하게 될 노동자들에게 인터넷 사용자로서 책임을 부여하여 악성 댓글에 대해 죄의식을 느끼고 올바른 네티켓을 양성할 수 있도록 하겠습니다. 이런 측면에서 우리 고용노동부에서는 근로자를 고용하고 평가하는 데 있어서 '네티켓 점수제도'를 전면 시행하겠습니다. '네티켓 점수제도'란 노동자들의 사이버 의식을 가장 확실하고 정확하게 파악할 수 있는 제도로써, 정보화된 인터넷 기록을 통해 인성평가에 의무적으로 반영시켜 지원자들을 평가할 수 있도록 하겠습니다. 또한, 기업들이 근로자들의 사이버 윤리의식 고취를 위한 교육을 실시할 것입니다. 이는 회사 규모에 따라 차별적으로 이수 시간을 설정하여 의무적으로 시행될 것입니다. 노동자들을 대상으로 한 사이버 윤리교육은 피고용인들의 불만이 악성 댓글로 표현되는 것을 사전에 방지하고 올바른 네티켓을 형성시켜줄 수 있을 것입니다. 고용노동부에서는 악성 댓글의 확산을 막기 위한 노력도 게을리 하지 않을 것입니다. 데이터베이스 및 온라인 정보 제공업체에서 신고를 접수하고 규칙에 어긋나는 글을 처리하는 일명 '운영자'로 통칭되는 부류의 사람들의 고용량을 대폭 늘릴 것입니다. 특히 악성 댓글의 파급력이 강하게 작용하는 네이버, 다음카카오 등의 '포털 사이트' 업체들에게는 더욱 엄격히 적용할 것입니다. 이로써 악성 댓글이 게시되면 신속하고 정확한 처리가 가능해져, 악성 댓글로 생기는 부정적인 사고를 미연에 방지할 수 있도록 하겠습니다.

결과적으로 악성 댓글은 국민의 고용 및 노동 문제에 끊임없이 직·간접적 영향을 끼치고 있습니다. 따라서 우리 부서에서는 위와 같은 대안들을 통해 악성 댓글의 문제점을 효과적으로 해결하겠습니다.

순번	팀명	해당 부처	장관	차관	국장
3	리얼 사이다	교육부	ㅇㅇㅇ	ㅇㅇㅇ	ㅇㅇㅇ

안녕하십니까? 저는 미래 사회를 이끌어 갈 창의적 인재 양성을 꿈꾸는 교육부 장관입니다. 최근 악성 댓글로 인해 많은 연예인과 일반인들의 피해가 심각해지면서 10대들의 악성 댓글 또한 문제가 되고 있습니다. 저희는 10대들이 악성 댓글에 대한 주원인으로 부각되는 것을 안타깝게 여기며 이를 해결하기 위한 해결책을 교육부 입장에서 제시하고자 합니다.

한국인터넷진흥원 조사 결과 악성 댓글을 다는 연령층은 점점 낮아져 2013년 기준 10대들의 악성 댓글 작성 경험자는 전체 10대 인터넷 이용자 중 48%를 차지하고 있으며 허위사실 유포 경험은 73.8%에 이릅니다. 스마트폰이 많이 보급된 지금 10대들의 악성 댓글 작성 경험자의 비비율은 더 증가하였을 것으로 예상됩니다. 저희는 10대들이 악성 댓글을 다는 것이 교육부의 책임이라 생각하였으며 이 문제에 대한 대책을 교육부 차원에서 검토해 보았습니다.

10대들이 악성 댓글을 다는 주원인은 '다른 사람의 글에 기분이 상해서'라는 경우가 가장 많았으며 재미나 호기심 때문에 악성 댓글을 다는 경우가 다른 인터넷 이용자에 비해서 3배 이상 많았습니다. 이를 교육부 차원에서 검토해 본 결과, 초등학생이 단순 재미를 위해서 타인을 헐뜯는 상황은 미래 사회를 이끌어 갈 인재 양성이라는 저희의 비전과는 많이 다르며, 이를 해결하는 것은 교육부의 관할이라고 생각됩니다. 그래서 저희는 악성 댓글의 주원인을 학생들의 인성교육 미흡으로 보고 이를 해결하기 위해 유치원 및 초·중·고등학교에 인성교육을 대폭 강화하고 사이버 예절 교육 또한 확대할 것입니다. 또한, 인성평가가 생활기록부 및 학생부에 기록되는 비율을 늘려서 적극적인 인성교육의 참가가 이루어지도록 할 계획입니다. 학생들이 사이버 폭력에 대한 피해를 두 눈으로 보고 그 슬픔과 고통을 공유하게 함으로써 재미로 다른 사람의 마음에 비수를 꽂는 일이 우리나라의 미래를 책임질 10대들의 손으로 이루어지지 않도록 하겠습니다.

또 조사해 본 결과, 악성 댓글을 다는 사용자 중 대부분이 대인관계의 부족, 자신감 결여, 사회생활에서의 불만 등의 문제를 갖고 있는 것으로 드러났습니다. 이는 악성 댓글을 다는 10대에게도 해당되는 사항이라고 생각됩니다. 그래서 포털 사이트, 게임, 뉴스 등 10대들이 이용하는 인터넷 사이트에 학교 이름을 반드시 기입하도록 하여 악성 댓글 사용 신고가 많이 들어오는 10대 사용자는 해당 학교에 학생의 정보를 전달하여 Wee클래스에서 깊이 있는 상담을 받도록 다른 부서와 연합하여 추진하겠습니다. 악성 댓글을 다는 학생을 무조건적으로 꾸짖는 것이 아닌 학생의 고민들을 해결하고 학생이 생각하는 바를 같이 생각해 보면서 악성 댓글을 달았던 학생이 다른 사람과 교감하고 인간됨을 보이는 학생으로 성장하여 미래 사회를 이끌어갈 창의적인 인재가 될 수 있도록 하겠습니다.

중·고등학생 대상으로 선플 달기 운동을 확대시키고 선플 운동이 봉사활동으로 인정되도록 하겠습니다. 실제로 울산시교육청에서 선플 운동 본부와 제휴를 맺어 1주일 기준 선플 20개를 1시간 봉사활동으로 인정되도록 한 결과 언어폭력 피해율이 40.7%에서 5.6%로 크게 줄었으며 학교 폭력 또한 큰 감소치를 보였습니다. 울산에서 실시된 이 운동을 전국적으로 확대하여 사이버 언어폭력을 크게 줄이겠습니다.

결론적으로 악성 댓글 문제는 우리 모두가 해결해야 하는 과제이며 미래를 책임지는 인재 양성을 위해 교육부는 이 문제를 해결하는 데 적극적으로 임하겠습니다. 다른 부서들 또한 악성 댓글 문제의 해결을 위해 협력하여 악성 댓글로 인해 고통을 받는 사람이 없도록 노력하겠습니다.

순번	팀명	해당 부처	장관	차관	국장
7	펜타곤	국방부	OOO	OOO	OOO

안녕하십니까. 대한민국의 안보를 책임지는 국방부 장관 OOO입니다. 이번 국무회의 주제인 악성 댓글 문제에 대한 대책에 관해 우리 국방부의 해결책을 생각해 보았습니다.

현재 우리 대한민국은 지난 6.25사변 이후 계속되는 북한의 대남 도발로 인해 데프콘 4단계를 발령하고 도발에 신속하게 대응 반격하고 적이 전면전을 걸어올 경우 적을 격퇴시키기 위해 현재까지 징병제를 운영하고 있습니다. 현재를 기준으로 만 19세 모든 대한민국 남성들은 신체검사를 받고 그에 따라 등급을 판정받아 입대를 하게 됩니다. 작년 2014년에는 366,733명의 장병들이 신체검사를 받고 입대를 하였습니다. 이렇게 보통 1년에 대략 30만 명의 장병들이 입대를 합니다. 이 인원은 결코 무시할 수 없는 숫자이고, 장병들의 가족까지 대략 4명으로 하면 120만 명이 한 해에 징병문제에 관심을 쏟고 있는 것입니다. 또한 현 국군의 인원만 해도 63만 명이 넘고 예비군까지 포함하면 그 수는 대략 400만 명에 육박합니다. 즉, 40% 정도의 국민이 징병 및 군과 관련이 있으며 이들의 안녕이 곧 국가 안보와 연결되어 있다는 말이 됩니다.

이에 대해 우리 국방부에서는 국가 안보와도 직접적으로 연결되어 있는 우리 장병들의 심리적 정신적 건강을 위해 군부대 내에 사회에서 악플로 정신적 피해를 입은 장병들에게 언제든지 상담을 제공해 주고 악플로 인해 생기는 고민을 들어주고 같이 해결 방안을 찾아보는 상담센터를 더욱 더 확충하고 전문 상담가들을 고용하여 적극 운영을 하겠습니다. 그리고 얼마든지 이 장병들이 이미 자신도 모르게 악플을 단 경험이 있거나 미래의 악플러가 될 가능성이 있기 때문에 정기적으로 3개월에 1번씩 자신도 모르게 저지르는 악플이 어떤 악영향을 야기할 수 있는지 알려주는 교육과 교화 프로그램을 중대 단위로 적극적으로 시행하겠습니다.

그리고 이번 북한의 포격도발 사건이 일어났을 때 SNS에 "예비군이 동원되었다"는 등의 허위사실과 유언비어들이 서슴없이 올라왔고 이에 국민들은 사실을 알지 못하여 불안해 하였습니다. 이에 대해 우리 국방부는 악플이 단지 개인의 정신적 심리적인 피해를 미치는 것만이 아니라 국론을 분열시키고 국민의 혼란을 초래하고 국가 안보에 치명적인 피해를 끼칠 것으로 규정하고 이에 대해 대처 방법을 고려해 보았습니다.

우선 그러한 악성 댓글의 출처를 파악하고 근절하기 위해 2010년 설치된 사이버사령부의 참모장 예하 직속으로 국가 안보를 해치는 악성 댓글을 대처하고 관리하는 부대를 설치하고 적극적으로 운영을 하여 국가 안보를 해치는 악의 무리들을 근절하여 국민들이 적의 도발과 관련된 유언비어에 불안감을 느끼지 않고 살아갈 수 있도록 하겠습니다. 또 이런 댓글을 다는 무리가 북한 사이버 전사들과 관련이 있다는 의혹이 있어 철저하게 조사, 검토하여 만일 사실일 경우 사이버사령부의 전력을 1.5배로 우선적으로 확충하여 그에 대응하도록 하겠습니다.

또한, 예비역, 민방위교육을 통해서도 악성 댓글을 퇴치하기 위한 교육을 실시하는 등 군 차원에서 할 수 있는 악성 댓글 방지에 적극적으로 할 계획입니다.

악성 댓글로부터 건전한 우리 사회를 지켜내는 것 또한 우리 군의 임무입니다. 이러한 노력에는 우리 국방부뿐만이 아닌 다른 정부 기관과 부처, 더불어 시민단체 등의 노력도 포함될 것입니다. 우리 군은 희망의 새 시대에 걸맞은 행복 사회를 건설하는 데 맡은 바를 충실히 해내겠습니다.

순번	팀명	해당 부처	장관	차관	국장
11	말뚝이	산업통상 자원부	OOO	OOO	OOO

안녕하십니까? 저는 대한민국의 산업, 통상, 무역을 관리하는 산업통상자원부의 장관입니다. 정보와 통신이 발달한 현재, 인터넷은 온라인 쇼핑과 인터넷뱅킹, SNS 이용까지 많은 사람의 삶에서 떼어낼 수 없는 존재가 되었습니다. 하지만 악성 댓글이 생겨남으로써 사람들에게 아픔을 주기도 합니다. 악성 댓글로 인한 피해는 비단 개인의 문제를 벗어나 이제 전 사회적, 나아가 국가적인 문제가 되었습니다. 개인적 차원일 때는 우리 산업통상자원부의 역할이 미미하겠지만 기업이나 단체 등 사회적인 문제, 국가 위상을 떨어뜨리는 상황으로 확대된 이상 저희 부서에서도 간과할 수 있는 문제는 아니라고 생각합니다. 특히 기업의 성장과 발전을 저해하는 악성 댓글의 근절을 위해 우리 부서는 더욱 적극적이고 능동적인 방안을 마련하고자 합니다.

악성 댓글에 의해 기업이 영향을 받는 정도는 매우 큽니다. 개인에게는 심적인 고통을 안겨주며, 기업에게는 이미지 실추, 활동 위축의 피해를 주게 됩니다. 심지어 국가의 위상을 하락시키기도 합니다. 또 최근에 대한항공사가 일명 '땅콩회항'으로 수많은 악성 댓글이 달렸는데, 이로 인해 대한항공의 이미지가 많이 실추되었고, 국가 이미지에도 영향을 끼쳤습니다. 물론 그 사건의 처리 과정에서 보여준 대한항공 측의 대응 방안에 실망했지만, 그것만으로 기업 전체의 능력을 폄하할 수는 없습니다. 그런데도 악성 댓글은 기업의 존폐를 다루면서 큰 영향을 주었습니다. 지난해 '처음처럼'이라는 소주의 성분으로 사용된 알칼리 환원수가 유해하다, 유해하지 않다는 논란은 악성 댓글로 이어져 제품을 만든 롯데주류의 판매에 큰 영향을 주었으며 아직도 회복하지 못하고 있다고 합니다.

이런 점에서 저의 산업통상자원부에서는 우선 악성 댓글에 쓰이는 어투를 검열할 수 있는 검색 프로그램을 개발하여 기업에게 무료로 제공하겠습니다. 기업의 공식 사이트에 사람들이 올리는 댓글을 못 쓰게 할 수는 없습니다. 그렇다고 모든 댓글을 확인하는 일은 쉽지 않을 것입니다. 악성 댓글에 쓰이는 욕설이나 비방 문구 등을 정리하고 새롭게 올라오는 악성 댓글의 특징적 표현을 모은 후 검색 프로그램에 대입하여 언제든지 악성 댓글을 찾아내고 삭제한다면 악성 댓글로 인한 피해는 어느 정도 막을 수 있습니다. 물론 기업도 소비자의 쓴소리를 들어야 합니다. 기업에 도움이 되는 댓글은 살리고 과장되거나 잘못된 사실로 발생되는 악성 댓글은 미리 차단하여 기업이 악성 댓글 때문에 업무에 지장을 받는 일이 없도록 해야 우리나라 경제가 원활하게 돌아갈 것입니다.

그렇지만 악플을 이용하여 도움이 된 사례도 있습니다. 현대자동차는 미국에서의 연비 논란으로 수많은 악성 댓글이 달리자 보상 프로그램을 가동해 빠르게 대응하여 악성 댓글을 기회로 삼아 성장세를 이어나갔습니다. 이런 방식으로 악성 댓글을 없앨 수 없다면, 근절시키기보다는 활용하는 방안을 강구할 필요가 있습니다. 그러기 위해서 각 기업이 악성 댓글의 공간을 따로 만들어 관리할 수 있는 프로그램을 개발하거나 인력 배치 등 필요한 조치를 취하겠습니다. 악성 댓글의 양성화를 통해 기업이 더 적극적으로 마케팅을 펼칠 수 있다면 산업의 안정적 발전을 이끌 수 있을 것입니다.

마지막으로, 악성 댓글에 영향을 받은 사례 연구를 통한 기업의 악성 댓글 극복 프로그램을 제작하겠습니다. 이는 중소기업을 대상으로 하는 프로그램입니다. 대기업의 경우 자체적인 프로그램 개발 능력이 있겠지만 중소기업은 사례 연구가 부족할 것이 예상됩니다. 국내·외 악성 댓글의 영향을 받은 기업의 사례들을 중소기업에 소개해 주는 프로그램으로 중소기업들이 문제점을 인식하고 적절한 해결 방안을 낼 수 있도록 돕겠습니다. 필요하다면 교육이나 인력 파견도 진행할 계획입니다.

악성 댓글은 개개인에게 심한 정신적 아픔을 주기도 할뿐더러 기업에도 많은 손해를 끼칩니다. 그러면 우리나라 산업 활성화에도 적신호가 켜질 수 있습니다. 따라서 악성 댓글에 의한 피해는 국가적인 문제라고 보아도 무방합니다. 이에 따라 우리 부서는 산업 차원에서의 해결 방안을 내놓았습니다. 다른 부서에서 이 악성 댓글에 대한 해결 방안을 추진하는 데 있어 산업통상부의 도움이 필요하다면 기꺼이 도움을 드리겠습니다. 모두가 협력하여 악성 댓글에 의한 피해가 최소화 될 수 있도록 노력하겠습니다.

08
노사교섭 토론대회

노사교섭 토론대회의 이해 ·················

자본주의 사회에서 노동자와 사용자 사이의 갈등은 있을 수밖에 없다. 노동자와 사용자 또는 노동조합과 회사가 근로조건에 대해 입장이 서로 다르기 때문이다. 임금, 근무시간, 복지, 고용이나 해고, 기타 처우 등의 근로조건을 두고 노사가 치열하게 대립하는 구조는 자본주의 역사 이래 지속되고 있다.

노동자와 노조는 처우 개선과 일자리 안정을 요구한다. 그러나 사용자와 회사는 경영 여건을 이유로 난색을 표한다. 심지어 경영 악화는 임금 삭감과 구조조정으로 이어진다. 심할 경우 노사 갈등이 심화되면서 태업, 파업, 직장 폐쇄 등까지 일어난다. 노사 갈등 해소를 위해서는 제도적 기반 마련과 강화가 중요하지만, 노와 사가 서로를 존중·배려하는 것이 더욱 중요하다. 그래야 노사 갈등을 근본적으로 해소할 수 있다고 전문가들은 제언한다.[*] 노사가 근거를 토대로 적극적으로 토론하면서 대립이 아닌 상생을 모색하는 것도 민주주의 발전에 기여하는 길이다.

노사교섭 토론대회의 준비와 실행 ··················

노사교섭 토론대회는 2명이 한 팀이 되어 1명은 노동조합 대표, 다른 1명은 사용자 대표가 된다. 노사교섭 토론대회에 참가하는 팀은 [표5-9]의 형식에 맞춰 파워포인트 슬라이드를 구성해야 한다.

[표5-9] 노사교섭 토론대회 파워포인트 슬라이드 구성 방법

첫 번째 슬라이드	두 번째 슬라이드	세 번째 슬라이드	4~20번째 슬라이드
0000 년 노사교섭 토론대회 주제 : 학번 :　이름 : 학번 :　이름 :	주제 관련 뉴스 배치	주제 관련 뉴스 배치	노사의 입장을 반영한 통계를 반드시 10장 이상의 슬라이드에 넣고, 나머지는 글과 이미지로 구성 가능

파워포인트 슬라이드를 구성할 때 전체 20장의 슬라이드 중에서 10장 이상은 자신의 주장을 뒷받침할 통계를 반드시 제시해야 한다. 노사교섭에서 단순히 극한 대치 상태를 유지하거나, 감정적으로 대립하여 교섭 자체가 깨지는

---

* 뉴스포스트(2021.5.25). [소통광장~사회갈등] ③ "노사, 대립 아닌 상생으로 인식 전환". http://www.newspost.kr/news/articleView.html?idxno=93091(검색일 : 2021.8.20)

것을 막고, 통계를 통해 서로 상황을 논리적으로 설명하는 방법을 익히기 위해서이다.

　이런 맥락에서 노사교섭 토론대회에 참가한 팀은 사전에 준비한 20장의 슬라이드를 넘기면서 노동조합과 사용자가 각자의 통계를 근거 삼아 집중 토론을 하면 된다. 이때 사용한 파워포인트는 [자료5-5]와 같다.

　노사교섭 토론대회에 참가한 학생들은 지하철 노조, 마을버스 노조 등과 같이 자신의 생활과 밀접한 현실을 소재로 활용하여 열띤 토론을 하면 된다. 토론대회장은 [그림5-7]처럼 노사가 마주 볼 수 있도록 좌석을 구성하여 전면의 슬라이드와 준비한 대본을 보면서 자유롭게 토론을 진행하도록 하면 된다.

[그림5-7] 노사교섭 토론대회 장면

[자료5-5] 노사교섭 토론을 위한 파워포인트

노사교섭 토론대회는 미래의 노동자인 학생들이 노동의 가치와 협상의 의미를 몸소 느끼도록 하여 민주시민으로서 역량을 강화하는 활동 차원에서 상당한 의미를 지닌다. 노사교섭 토론대회의 의미를 [자료5-6]처럼 정리하여 학생들에게 전달하고 대회를 마무리하면 된다.

[자료5-6] 노사교섭 토론대회의 의미

한국 언론은 주로 노사교섭의 극한 대립 상태를 보여준다. 노사가 며칠째 공을 들여 기본 원칙과 실무적 사안을 진중하게 합의하는 모습은 별로 보도하지 않는다. 이 때문에 노사관계를 상생하고 협력하는 관계로 보기보다 대립과 격렬한 투쟁의 관계로 왜곡하여 볼 수 있다. 그렇지만 기업의 발전을 위해 노사협상은 반드시 필요한 과정으로 이해해야 한다.

그동안 한국의 기업들은 초헌법적인 경영 방침을 유지하기 위해 회사 쪽이 온갖 무리수를 동원했고, 이에 맞선 노동자들의 힘겨운 싸움과 죽음까지 버리는 희생이 이어져온 것은 부인할 수 없다. 그렇기 때문에 정치적 민주화 못지않게 경제적 민주화 차원에서 노사교섭의 민주성도 매우 중요하다. 국내 굴지의 글로벌 기업들은 그들의 위상에 걸맞게 노사관계와 기업 문화를 발전시키는 것이 민주주의 발전에 실질적으로 기여하는 것이다. 노동조합의 책무도 무겁다. 무조건적인 반발보다 통계를 활용하여 논리적으로 사측을 설득하는 자세도 갖춰야 한다. 노사가 합심해 상생의 노사관계를 만들어 뛰어난 노동생산성을 확보해야 하는 일도 노동자가 지녀야 할 자세이다.

오늘 실시한 노사교섭 토론대회의 경험을 살려 상대를 설득하기 위한 논리적 근거로써 통계의 중요성을 이해하고, 사회생활을 할 때도 근거에 입각하여 자기주장을 펼칠 수 있기를 바란다.

09
웹 접근성 강화를 위한 토론대회

웹 접근성에 대한 이해 ··················

웹 접근성은 누구나 인터넷의 개별 웹사이트에 접근하기 쉽도록 기술적으로 보장하는 일을 말한다. 웹 접근성은 장애인이거나 나이가 많아 인터넷을 이용하기 어려운 사람들을 돕는 게 목표이다.

우리는 일반적으로 컴퓨터, 인터넷, 스마트폰 등과 같은 디지털 기기를 자유롭게 이용하지만, 장애인과 고령자의 상당수는 사용에 어려움을 겪고 있다. 다시 말해 눈으로 보고, 귀로 듣고, 키보드나 마우스 등을 이용하여 디지털 기기를 목적에 맞게 사용하거나 조작하기 힘든 상황이다. 아무리 최첨단의 디지털 기기가 등장한다고 해도 웹 접근에 한계를 느끼는 사람 없이 평등하게 사용할 수 있는 기술을 개발해야 한다. 웹 접근성을 강화하는 일은 디지털 세상의 유익함에서 소외되는 사람들의 막막함을 경감시켜 디지털 민주주의를 실현하는 과정이라고 할 수 있다.

이렇듯 누구나 평등하게 디지털이 주는 혜택을 누릴 수 있어야 한다. 한국에도 웹 접근성과 관련된 법률이 [자료5-7]처럼 제정되어 있지만, 현실과는 괴리가 있다.

[자료5-7] 웹 접근성 관련 법률

[장애인 복지법 제 22조(정보에의 접근)]

① 국가와 지방자치단체는 장애인이 정보에 원활하게 접근하고 자신의 의사를 표시할 수 있도록 전기통신, 방송시설 등을 개선하기 위하여 노력하여야 한다.

[장애인차별금지 및 권리구제등에 관한 법률 제20조(정보접근에서의 차별금지)]

① 개인·법인·공공기관(이하 이 조에서 "개인 등"이라 한다)은 장애인이 전자정보와 비전자정보를 이용하고 그에 접근함에 있어서 장애를 이유로 제4조 제1항 제1호 및 제2호에서 금지한 차별행위를 하여서는 아니 된다.

[국가정보화 기본법]

제32조(장애인·고령자 등의 정보 접근 및 이용 보장)

① 국가기관 등은 인터넷을 통하여 정보나 서비스를 제공할 때 장애인·고령자 등이 쉽게 웹사이트를 이용할 수 있도록 접근성을 보장하여야 한다.

웹 접근성 강화를 위한 토론대회 운영 ··················

웹 접근성 강화를 위한 토론대회는 비경쟁식 토론 활동으로 운영한다. 이

대회의 목적은 장애인과 고령자의 웹 접근성 강화를 통해 민주시민의식을 키우는 데 있기 때문에 치열한 논쟁보다 발제를 듣고 참여자가 궁금한 점을 질문하면 발제자가 답변하는 형식으로 [표5-10]의 절차에 따라 진행한다.

[표5-10] 웹 접근성 강화 토론대회 절차와 활동 내용

단계	절차	활동 내용
1단계	대회 준비 회의와 요강 마련 및 공지	웹 접근성 강화를 위한 토론대회 운영 요원을 꾸린 뒤에 대회 요강을 준비하여 학생들에게 공지한다.
2단계	대회 진행과 심사	한 참가자의 발제가 끝나면 참가자 중의 한 사람이 질문하고 발제자가 답변하는 비경쟁식 토론으로 진행한다. 평가는 웹 접근성 강화의 의미를 제대로 이해한 정도와 논리적인 발표력을 기준으로 한다.
3단계	수상 처리와 교내 공유	심사 결과를 토대로 입상자를 선발하여 수상하고, 그 결과물을 학생들이 두루 알 수 있도록 교내 게시판 등을 통해 공지한다.

1단계는 민주시민교육 차원에서 이뤄지는 웹 접근성 강화의 의미를 이해한 사람들을 중심으로 대회를 운영하는 요원을 꾸린 뒤에 회의를 거쳐 대회 요강을 준비하여 학생들에게 공지하는 일을 하는 시간이다.

2단계는 대회 참가자가 준비한 발제용 파워포인트 슬라이드를 넘기면서 웹 접근성 강화를 위한 발제를 하는 시간이다. 이그나이트 방식을 적용하여 한 사람마다 5분씩 발표를 하고, 이후 참가자의 질문에 대답하는 절차를 거치도록 한다. 이런 일련의 과정을 살펴 심사자는 발표 자료 구성과 웹 접근성 강화의 의미를 이해하고 발표했는지를 중점적으로 심사한 뒤 입상자를 결정한다.

3단계는 심사 결과를 토대로 입상자를 선발하여 수상하고, 그 결과물을 학생들이 두루 알 수 있도록 교내 게시판 등을 통해 공지한다.

세부적인 절차는 앞서 알아본 '사회 문제 해결을 위한 게이미피케이션 코딩 대회'(257쪽 참고)를 참고하면 된다. 웹 접근성 강화를 위한 토론대회 모습은 [그림5-8]과 같다.

[그림5-8] 웹 접근성 강화를 위한 토론대회 모습

웹 접근성 강화를 위한 토론대회의 발제문에 해당하는 파워포인트 슬라이드는 [표5-11]의 양식에 맞춰 제작하도록 대회 요강을 통해 공지하면 된다.

[표5-11] 웹 접근성 강화를 위한 토론대회 파워포인트 슬라이드 구성 방법

첫 번째 슬라이드	2~19번째 슬라이드	슬라이드 마지막 장
○○○○년 웹 접근성 강화를 위한 토론대회 학번( ) 이름( ) ○○○○년 ○월 ○일	노인이나 장애인 중에서 한 영역을 선택하여 웹 접근성을 강화하기 위한 방안을 통계, 이미지, 사진 등을 활용하여 자유롭게 구성	발표를 경청해 주셔서 감사합니다.

[자료5-8]은 웹 접근성 강화를 위한 토론대회의 발제문에 해당하는 파워포인트 슬라이드이다.

발제를 할 때는 파워포인트 슬라이드를 넘기면서 논리적인 흐름을 유지할 수 있도록 20장의 슬라이드에 해당하는 발제문을 [자료5-9]처럼 작성해야 한다.

[자료5-8] 웹 접근성 강화를 위한 토론대회 파워포인트 슬라이드

[자료5-9] 웹 접근성 강화를 위한 토론대회 발제문 사례

(1) 안녕하십니까? 웹 접근성 강화 방안을 발표할 O학년 O반 OOO입니다. 일반적으로 웹 접근성은 장애인과 노인과 장애인을 대상으로 저는 주로 장애인을 위주로 강화 방안을 제시하겠습니다.

(2) 대한민국은 디지털 최강, 세계에서 손꼽히는 IT 강국입니다. 이제 인터넷은 장애인과 고령층 등 모두에게 생활에 필요한 필수도구입니다.

(3) 그럼에도 불구하고 소외된 사람들이 바로 장애인입니다. 장애인의 인터넷 이용률은 계속해서 증가하는 추세이지만, 그래도 아직 많은 부분이 장애인을 힘들고 불편하게 만들고 있습니다.

(4) 이런 문제를 해결하기 위해 등장한 개념이 '웹 접근성'입니다. 웹을 통한 활동은 때로 장애인 혹은 고령자에게 생존과 직결될 수 있습니다. 우리나라는 장애인 차별 금지법을 통해 웹 접근성의 의무 준수를 강조하고 있습니다.

(5) 웹 접근성 규정이 의무화되었지만, 모든 기업이 그것을 지키고 있는 것은 아닙니다. 2019년에서 20년이 되며 많은 기업이 웹 접근성을 준수하기 시작했지만, 여전히 평균적으로는 전체 사이트의 60%만 웹 접근성을 지키고 있습니다.

(6) 웹 접근성 연구소는 여기의 네 가지를 강조합니다. 그러나 조사한 바에 따르면, 운용과 이해의 용이성이 상대적으로 낮음을 알 수 있었습니다. 즉, 장애인이 웹을 쉽게 이용하기 비교적 힘들고 이해하기 어려울 수 있다는 것입니다.

(7) 웹 접근성 향상을 위해 세 가지를 강조하고 싶습니다. 첫 번째, 장애의 유형별로 세분화된 편의를 제공해야 합니다. 둘째, 웹 접근성 준수에 강제성을 부여하고, 지원해야 합니다. 셋째, 장애인의 욕구를 충족할 수 있는 콘텐츠가 필요합니다.

(8) 웹 접근성을 적용하는 장애 유형은 크게 네 가지로 나눌 수 있습니다. 슬라이드를 통해 알 수 있듯이 네 개의 장애 유형만 해도 완전히 다른 접근 방법이 필요합니다. 이 때문에 개별 웹사이트는 장애 별로 차별화된 서비스를 제공해야 합니다.

(9) 저시력 시각장애인의 경우, 보통 화면을 확대하거나 고대비로 이용합니다. 이를 위해서는 콘텐츠와 배경이 명확히 구분되도록 명도대비를 4.5:1 이상으로 하고, 색상 외의 다양한 방식으로 정보를 표현하도록 해야 합니다.

(10) 전맹시각장애의 경우 스크린 리더와 점자정보단말기를 이용합니다. 이미지 콘텐츠 정보 등의 수단을 제공해야 하며, 장애인이 메뉴 등을 찾기 어려운 것을 감안하여 서비스를 찾아갈 수 있도록 초점을 제공해야 합니다.

(11) 손 운동 장애의 경우 한손 키보드나 트랙볼을 이용합니다. 이를 위해 불편한 수준을 감안한 다양한 조작방식을 제공하고 사용자가 의도하지 않은 기능이 마음대로 발생하지 않도록 해야 합니다.

(12) 중증 운동장애의 경우 거동이 어려우므로 머리에 고정한 헤드 포인터와 빅키 키보드 등을 가지고 이용합니다. 이를 위해 키보드만을 쉽게 조작할 수 있게 하고, 시간 초과 등이 발생하지 않도록 해 줘야 합니다.

(13) 웹 접근성 지침을 잘 따르지 않는 기업이 있습니다. 웹 접근성을 준수하기 위한 작업 난이도나 비용 부담이 크다는 이유 등 때문입니다. 이를 개선하기 위해, 정부의 지원과 지속적인 홍보가 필요합니다.

(14) 알아본 바에 따르면, 웹 접근성의 명확한 기준이 없고, 개발 인력이 부족해 웹 접근성 준수가 힘든 현상이 드러났습니다. 따라서 첫째, 전문 기관이나 정부가 웹 접근성 지침을 준수할 수 있도록 표준화된 개발 툴과 인력을 제공해야 합니다.

(15) 둘째, 웹사이트 개발비를 기업에게 모두 부담시키기보다 정부가 경제적 유인을 제공해 웹 접근성을 준수하도록 도와야 합니다.

(16) 셋째, 법안의 강제성이 적다는 문제에 대한 인식 개선이 필요합니다. 웹 접근성 실태 조사 대상 기업은 극히 일부에 불과합니다. 조사 자체가 잘 알려지지 않은 경우도 많습니다. 따라서 조사 대상을 확대하고, 기업 대상의 교육이 필요합니다.

(17) 우리는 정보화 시대에 살고 있습니다. 우리가 당연하게만 여겨왔던 웹 검색이 누군가에게는 꼭 필요하지만 접근하기 힘든 요소일 수 있습니다. 특히 고령화가 빠르게 진행되는 우리나라에서, 웹 접근성은 반드시 향상되어야 합니다.

(18) 우리나라 장애인들 대상의 여론을 조사한 결과, 대다수가 웹사이트로는 구글, 디바이스로는 아이폰을 사용하는 것으로 나타났습니다. 우리나라보다 외국 기업과 법이 웹 접근성을 더욱 철저히 준수하기 때문입니다.

(19) 자기의 의지와 상관없이 장애인이 될 수 있습니다. 웹 접근성을 높이는 것이 민주주의의 성숙을 알 수 있는 척도라고 생각합니다. 웹의 창시자 팀 버너스 리(Timothy John Berners Lee)가 말했듯이, 웹은 누구나 쉽게 이용할 수 있어야만 합니다.

(20) 발표를 끝까지 경청해 주셔서 감사합니다.

10
일본의 역사 왜곡에 대처하는 인터랙티브 스토리 만들기

일본의 역사 왜곡과 인터랙티브 스토리의 이해 ·················

1939년 독일과 이탈리아, 일본을 중심으로 한 추축국과 영국, 미국, 프랑스, 소련 등을 중심으로 한 연합국 사이의 제2차 세계대전이 벌어졌다. 당시 독일과 일본은 대량 학살을 저지른 대표적인 전범국이다. 일본의 침략 전쟁과 강제 병탄으로 한국은 36년간 참혹한 식민지 생활을 감내해야 했다. 중국, 필리핀, 지금의 베트남, 미얀마, 말레이시아, 인도네시아 등 아시아의 많은 나라도 같은 처지였다.

전쟁이 끝난 뒤에 일본은 독일과 다른 행보를 보이고 있기 때문에 지탄을 받고 있다. 독일은 과거의 침략 전쟁으로 인한 타국의 희생을 인정하고 반성하는 자세를 실질적인 행동으로 보여주고 있지만, 일본은 과거에 대한 반성은 커녕 마치 자기들이 전쟁의 희생양이 된 것처럼 역사 왜곡을 일삼고 있다. 이에 대해 한국, 중국을 비롯한 아시아 국가와 세계의 지성들이 일본의 강력한 참회를 요구하고 있지만 도통 수용하지 않고 있어 주변국과의 불편한 관계가 계속되고 있다. 일본의 역사 왜곡 상황에 대처하기 위한 외교적 노력은 정부를 중심으로 이뤄져야 하지만, 교육 현장에서도 다양한 프로그램을 개발하여 실천해야 한다.

일본의 올바른 역사 인식을 촉구하기 위해 개발한 프로그램이 '일본의 역사 왜곡에 대처하는 인터랙티브 스토리 만들기'이다. 인터랙티브 스토리(interactive story)는 상호작용성과 이야기를 결합한 것으로 특정인의 독주에 의존하지 않고 여러 사람의 생각을 반영하여 여러 갈래로 이야기를 전개한 뒤에 마무리하는 형식을 말한다.

인터랙티브 스토리는 이용자의 선택에 따라 콘텐츠의 플롯이 다르게 진행될 수 있는 기술 환경이 구축되면서 가능하게 되었다. 인터랙티브 스토리는 줄거리뿐 아니라 결론까지 이용자의 선택에 따라 달라질 수 있는 구조이다. 예컨대 '춘향전'을 토대로 드라마를 제작할 때, 춘향과 몽룡이 역경을 딛고 행복하게 살아가는 이야기와 기생의 딸이라는 신분적인 이유로 갈등을 빚다가 파국을 맞는 두 가지 줄거리 중에서 개인이 선택할 수 있는 구조가 인터랙티브 스토리이다.

인터랙티브 스토리 만들기 기획과 실천 과정 ···················

일본의 역사 왜곡은 지속으로 이뤄지고 있다. 최근 불거진 군함도 사건도 그중 하나이다. 식민지 조선의 선량한 백성들을 자신의 의사에 상관없이 강제로 동원하여 열악한 환경에서 강제 노동을 시킨 역사적 현장을 유네스코 세계 문화유산에 등재하면서 일본은 강제 동원과 노동자의 희생을 인정하고 기억하기 위한 적절한 조치를 하겠다는 약속을 했다. 하지만 아직까지 제대로 지키지 않고 있어 국제 사회로부터 비난을 받고 있다.

일본의 역사 교과서 왜곡 문제도 어제오늘의 일이 아니다. 그동안 이뤄진 역사 교과서 왜곡 사례 중에서 '일본군 위안부 강제 동원' 부분만 보더라도 왜곡의 심각성을 분명하게 알 수 있다. 2022년부터 일본의 모든 고등학생이 배워야 할 역사 교과서 12종 중에서 단 하나만이 일본군 위안부 동원의 강제성을 서술한 것으로 나타났다. 검정을 통과한 12종 교과서 가운데 '위안부'를 언급한 것은 8종인데, 그나마 '위안부가 있었다'는 식의 간단한 서술만 마지못해 넣었다. 이런 교과서로 배운 일본의 학생들은 일본군 위안부 제도가 전시 성폭력이었다는 역사적 사실조차 배울 수가 없다.[*]

이런 상황을 고려하여 일본의 역사 교과서 왜곡에 대처하기 위한 인터랙티브 스토리 만들기를 [표5-12]의 형식으로 기획하여 실천하였다.

[표5-12] 일본의 역사 교과서 왜곡 대처 인터랙티브 스토리 만들기 단계별 활동

단계		주요 내용
1단계	인터랙티브 스토리 만들기 기획	

---

[*] 한겨레(2021.3.31). [사설] '위안부 강제 동원' 뺀 교과서, 약속 팽개친 일본. https://www.hani.co.kr/arti/opinion/editorial/988873.html(검색일 : 2021.8.25)

2단계	인터랙티브 스토리 만들기 활동	
3단계	인터랙티브 스토리 결과물 나누기	교지, 학교 홈페이지 등 활용

1단계는 기획 단계로 일본의 교과서 왜곡 문제에 대처할 방안을 게임으로 만든다는 가정 아래 게임용 대본을 인터랙티브 스토리로 만들기를 기획하는 시간이다. 실제 코딩보다 기술이 지렛대가 될 수 있는 사회 문제를 발견하여 해결책을 모색하는 게 중요하다고 판단하여 기획한 것이 인터랙티브 스토리 만들기 활동이다. 이런 취지를 반영하여 대회 요강을 만들어 전체 학생에게 공지했다.

2단계는 인터랙티브 스토리 만들기 활동을 위한 코딩 대회를 실시하는 과정이다. 이때 [활동지5-12]의 문제지에는 인터랙티브 스토리의 의미와 실제 사례를 제시하여 충분히 이해하도록 했다. 또한 '갈수록 심해지는 교과서 왜곡, 일본을 규탄한다'라는 사설을 제시하여 일본의 교과서 왜곡의 실체를 이해하도록 했다. 일본의 교과서 왜곡에 대처하기 위한 인터랙티브 스토리 만들기 코딩 대회에 참여한 학생들은 문제지의 사설을 통해 현실을 바로 보고, 올바른 역사 인식에 기초하여 성실하게 활동했다. 활동 모습과 결과물은 [그림 5-9-①, ②]와 같다.

[활동지5-12] 인터랙티브 스토리 만들기 코딩 대회 문제지

2019년 인터랙티브 스토리 만들기 코딩 대회
학번(   ) 이름(   )

갈수록 심해지는 교과서 왜곡, 일본을 규탄한다

일본 문부과학성이 26일 발표한 초등학교 3~6학년 사회과 교과서 12종 검정 결과 '독도 왜곡'이 더욱 심화된 것으로 나타났다. 한·일 간 우호적 교류에 관한 기술은 줄어든 반면 일본의 침략전쟁이나 과오에 관한 책임 소재를 모호하게 표현하는 등 한·일관계 기술이 전반적으로 퇴행했다. 갈수록 우경화되고 있는 아베 신조 정권이 어린 학생들에게 영토왜곡뿐 아니라 한국에 대한 불신과 편견을 심어줄 우려가 커진 것이다. 강력히 규탄한다.

초등학교 사회과 교과서의 독도 영유권 주장 기술은 한층 강화됐다. 도쿄서적 5학년 교과서에는 독도를 '한국이 불법으로 점거하고 있다'는 기술에 '이에 대해 일본이 항의를 계속하고 있다'는 내용이 추가됐다. 독도의 전경사진을 게재한 교과서도 늘어났다.

한국에 관한 서술이 퇴행하고 있는 점도 당혹스럽다. 니혼분쿄출판 교과서에는 '도래인이 대륙으로부터 문화와 기술을 전해줬다' 등 한반도 출신 도래인에 대한 서술이 삭제됐다. 한·일관계와 관련해 '2002년에 월드컵을 공동으로 개최하는 등 우호를 강화하고 있다'는 이전 서술에서 '우호를 강화하고 있다'는 표현도 빠졌다. 미래 세대들이 한국에 대해 우호적인 감정을 갖지 못하도록 만들려는 의도가 아닌지 의심스럽다. 아무리 한·일관계가 악화되고 있

다고 해도 과거의 선린우호 역사까지 지워버리려는 일본정부의 태도는 납득하기 힘들다.

침략전쟁에 대한 기술은 미화와 왜곡 투성이다. 임진왜란에 대해 '침략전쟁'이란 말을 빼고 '명을 정복하려고 조선에 대군을 보냈다'고 한 교과서도 있었다. 한국을 함부로 군대를 보내도 되는 나라로 인식하도록 하는 무례한 기술이다. 러일전쟁에 대해 일본의 승리로 '구미 제국의 진출과 지배로 고통받는 아시아 여러 나라 사람들에게 독립에 대한 자각과 희망을 주었다'고 한 서술(니혼분쿄출판)은 일본 우익들의 사관 그대로다. 일본의 전쟁 책임을 언급한 교과서는 단 1개뿐이었다. '전쟁 가능한 나라를 만들겠다'는 아베 정권의 목표를 청소년들에게 은연중 주입시키겠다는 뜻으로밖에 달리 해석하기 어렵다.

분명히 말하거니와 독도는 역사적·지리적·국제법적으로 명백한 우리 고유의 영토다. 일본의 미래 세대들이 잘못된 역사인식에 기반한 영토관념을 받아들여 한국을 '불법을 자행하는 국가'로 여기게 된다면 양국관계를 위해서도 불행한 일이다. 최근 한·일관계는 여러 이유로 악화돼 있지만, 백년대계인 교육에까지 이를 반영하려는 태도는 용납할 수 없다. 한·일관계의 미래를 진지하게 생각한다면 일본정부는 교과서 왜곡을 중단해야 한다.

대회 문제	일본의 역사 교과서 왜곡 문제를 다룬 사설을 읽고 문제 상황을 요약하고, 이를 바탕으로 문제해결을 위한 인터랙티브 스토리를 구성하시오.
문제 상황 요약	
인터랙티브 스토리의 이해	미디어와 기술 발달은 콘텐츠 속 주인공의 운명을 결정하고자 하는 독자의 욕망을 해결할 방법을 찾아냈다. 이른바 인터랙티브 콘텐츠다. 인터랙티브 콘텐츠는 이용자들의 참여를 전제로 하면서 이용자 선택에 따라 콘텐츠의 플롯이 다르게 진행된다. 이를 통해 줄거리뿐 아니라 결론까지 이용자 선택에 달라질 수 있다. 같은 제목의 콘텐츠를 즐겨도 개인 선택에 따라 전혀 다른 이야기를 즐길 수 있다는 의미다. 이번 대회는 제시된 일본 교과서 왜곡 문제를 다룬 사설을 읽고 이에 대처하기 위한 게임을 만든다는 가정 아래 '09. 인어 공주' 인터랙티브 스토리 전개를 참고하여 구성하면 된다.

인터랙티브 스토리 만들기 사례[*]	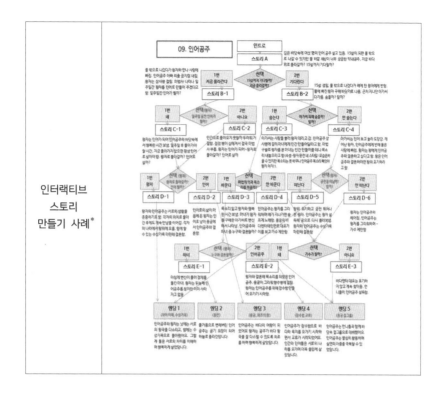

[그림5-9-①] 인터랙티브 스토리 만들기 코딩 대회 장면

---
* 디지털투데이(2018.12.17). 네이버, 인공지능 음성 기술 기반 '인터랙티브 동화 서비스' 선봬. http://www.digitaltoday.co.kr/news/articleView.html?idxno=205849(검색일 : 2021.7.5)

[그림5-9-②]인터랙티브 스토리 만들기 코딩 대회 결과물

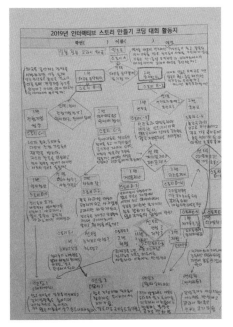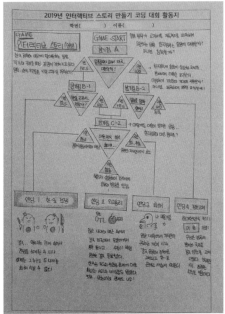

[그림5-9-②]의 왼쪽 작품은 일본이 스스로 역사 교과서 왜곡을 '중단한다'와 '계속 유지한다'는 상반된 이야기 구도를 설정한 뒤에 몇 번의 분기점을 거쳐 해피엔딩, 무시, 왕따당하는 나라, 반성 유도 등의 결말을 도출한 결과물이다. 오른쪽 작품은 일본의 역사 교과서 왜곡에 대응을 '한다'와 '하지 않는다'를 시작으로 몇 번의 분기점에서 여러 갈래의 이야기를 고심한 뒤에 한일전쟁, 외교적 승리, 화해, 정권 교체 등의 결말을 상상한 사례이다.

3단계는 일본의 교과서 왜곡에 대처하기 위한 인터랙티브 스토리 만들기 결과물을 서로 나누는 단계이다. 학생들의 활동 결과물과 소감을 정리하여 학교 교지나 홈페이지 등에 소개하여 일본의 역사 교과서 왜곡 문제의 심각성을 널리 알리면 된다. 아울러 일본의 역사 교과서 왜곡에 대처하는 게임 제작 요청서를 학생들이 만든 인터랙티브 스토리와 함께 관련 업체에 보내는 것도 민주시민교육 차원에서 큰 의미가 있다.

참고문헌

- Cass R. Sunstein(2009). On rumors : how falsehoods spread, why we believe them, and what can be done. 이기동 역(2009). 루머. 프리뷰

- 홍유진·김양은(2013). 미디어 리터러시 국내외 동향 및 정책 방향. 코카포커스 2013-1(67). 한국 콘텐츠진흥원

- 전경란(2015). 미디어 리터러시의 이해. 커뮤니케이션북스

- David Buckingham(2019). The Media Education Manifesto. 조연하, 김경희, 김광재, 김아미, 배진아, 이미나, 이숙정, 이제영, 정현선(공역)(2019). 미디어 교육 선언. 학이시습

- 김아미(2015). 미디어 리터러시 교육의 이해. 커뮤니케이션북스

- 설진아(2017). 소셜미디어. KNOU Press

- Janet Evans 외 10인(2011). Literacy Moves on. 정현선 역(2011). 읽기 쓰기의 진화. 사회평론

- 구본권(2020). 유튜브에 빠진 너에게. 북트리거

- Renee Hobbs(2017). Create to Learn : Introduction to Digital. 윤지원 역(2021). 디지털·미디어 리터러시 수업. 학이시습

- 손영찬 외 4인(2018). 고등학교 사회·문화. 미래엔

- 교육부 민주시민교육과(2019). 학교 미디어 교육 내실화 지원 계획. 교육부

- 권영부 외 3인(2019). 통계를 활용한 고등학교 통합사회 교수·학습 자료. 통계청 통계교육원

- 김영우 외 14인 ⓐⓑⓒⓓⓔ(2006). 사고와 논술. 한국교육방송공사

- 정현선(2007). 미디어 교육과 비판적 리터러시. 커뮤니케이션북스

- 교육부 민주시민교육과(2018). 민주시민교육 활성화를 위한 종합 계획. 교육부

- 최현정(2020). '탈진실' 시대 미디어 메시지 읽기(교원 연수 교재). 한국언론진흥재단 대구지사

- Jay McTighe, Grant Wiggins(2013). Essential Questions: Opening Doors to Student Understanding. 정혜승·이원미(공역)(2016). 핵심 질문 : 학생에게 이해의 문 열어주기. 사회평론 아카데미

- 서혁 외 6인(2020). 고등학교 독서. 좋은책 신사고

- 김현진 외 3인(2019). 민주시민교육을 위한 미디어 리터러시 교육 방안 연구. 한국교육학술정보원

- 권영부 외 7인(2021). 수업 시간에 정의적 영역 평가 실천하기. 서울특별시교육청

- Kirsti Lonka(2018). Phenomenal Learning form Finland. 이동국, 이은상, 김준구, 김현정, 백순주, 양미선(공역)(2020). 핀란드 교육에서 미래 교육의 답을 찾다. 테크빌교육

- 강원도교육청 외 3개 교육청(2021). 학교 민주시민교육 국제포럼 자료집. 에듀니티

- 정의철(2013). 다문화 커뮤니케이션. 커뮤니케이션북스

활동지 찾아보기

Media Literacy Education

미디어 리터러시 교육 어떻게 할 것인가?

1쇄 발행 2021년 11월 30일
2쇄 발행 2022년 11월 28일

지은이 권영부

발행인 윤을식
펴낸곳 도서출판 지식프레임
출판등록 2008년 1월 4일 제2020-000053호
주소 서울시 동대문구 청계천로 505, 206호
전화 (02)521-3172 | **팩스** (02)6007-1835

이메일 editor@jisikframe.com
홈페이지 http://www.jisikframe.com

ISBN 978-89-94655-00-0 (03370)